사랑

끌림의 심리학

사랑

끌림의 심리학

레슬리 베커 펠프스 지음 | 메건 케이 도움 | 김보미 옮김

시그마북스

사랑 끌림의 심리학

발행일 2016년 4월 15일 초판 1쇄 발행
지은이 레슬리 베커 펠프스
도운이 메건 케이
옮긴이 김보미
발행인 강학경
발행처 시그마북스
마케팅 정제용
에디터 권경자, 장민정, 최윤정
디자인 한지혜, 윤수경

등록번호 제10-965호
주소 서울특별시 영등포구 양평로 22길 21 선유도코오롱디지털타워 A404호
전자우편 sigma@spress.co.kr
홈페이지 http://www.sigmabooks.co.kr
전화 (02) 2062-5288~9
팩시밀리 (02) 323-4197
ISBN 978-89-8445-769-0 (03180)

First published in Great Britain in 2016
by Dorling Kindersley Limited
80 Strand, London WC2R 0RL
A Penguin Random House Company

Copyright ⓒ 2016 Dorling Kindersley Limited

2 4 6 8 10 9 7 5 3 1
001 - 259434 - January/2016
All rights reserved. No part of this publication may be reproduced, stored in a retrieval system, or
transmitted in any form or by any means, electronic, mechanical, photocopying, recording, or
otherwise without the prior written permission of the copyright owners.

A CIP catalogue record for this book is
available from the British Library
ISBN 978 0 2411 8227 7

Colour reproduction by Altaimage UK
Printed and bound in China

All images ⓒ Dorling Kindersley Limited
For further information see: www.dkimages.com

신 저작권법에 의해 한국 내에서 보호를 받는 저작물이므로 무단 전재와 무단 복제를
금합니다.

이 도서의 국립중앙도서관 출판예정도서목록(CIP)은 서지정보유통지원시스템
홈페이지(http://seoji.nl.go.kr)와 국가자료공동목록시스템(http://www.nl.go.kr/
kolisnet)에서 이용하실 수 있습니다. (CIP제어번호: CIP2015036231)

＊**시그마북스**는 ㈜ 시그마프레스의 자매회사로 일반 단행본 전문 출판사입니다.

A WORLD OF IDEAS:
SEE ALL THERE IS TO KNOW
www.dk.com

지은이_ 레슬리 베커 펠프스 박사(상담 심리학자)

레슬리 베커 펠프스 박사는 임상심리학자이며 작가인 동시에 강사이기도
하다. 미국의 의료 정보 사이트 웹엠디(WebMD)에 '관계'라는 블로그를 운
영하며, 심리학 전문잡지 『사이콜로지투데이』가 운영하는 블로그에 정기
적으로 글을 기고하고 있다. 또한 2014년에는 『불안정한 사랑』이라는 책
을 출판하기도 했다.
현재 펠프스 박사는 미국 뉴저지에 거주하면서 서머싯에 있는 로버트 우
드 존슨 대학 병원의 직원으로 근무하고 있다. 또한 개인 또는 연인들이
자신의 삶에 대해 더 나은 생각을 할 수 있도록 도와주는 개인 진료실을
운영하고 있다.

옮긴이_ 김보미

고려대학교 국어국문학과를 졸업했으며, 성균관대학교 번역테솔대학원을
졸업했다. 현재 번역 에이전시 엔터스코리아에서 전문 번역가로 활동하고
있다. 옮긴 책으로는 『해결중심치료로 상처 치유하기』, 『돈, 피, 혁명』(공역),
『비즈니스는 유대인처럼』(공역), 『다니고 싶은 회사 만들기』(공역)가 있다.

차례

머리말

모든 사람은 마법처럼 사랑에 빠지기를 꿈꾼다. 하지만 누군가와 사랑에 빠지는 꿈은 우리가 가진 욕구의 시작에 불과하다. 마음속 깊이 우리가 가장 바라고 꿈꾸는 것은 감정적으로 충만하여 서로를 배려하는 관계이기 때문이다. 우리는 이런 관계 속에서 단순히 사랑에 빠질 대상이 아니라 소울메이트를 갈망한다.

제법 긴 시간 동안 싱글인 상태로 지내게 되면 로맨스를 포기해야 하는 것은 아닌지 갈등되기 시작한다. 심지어는 로맨스를 바라는 마음이 창피하게 느껴지기도 할 것이다. 당신이 이런 기분을 느끼고 있는 경우라면, 나는 한 가지 사실을 알려주고 싶다. 지금 당신이 로맨틱한 관계를 갈망하고 있는 것은 본능이 시키는 일이라는 점이다. 과학적으로 우리는 주변 사람들과 깊은 관계를 맺도록 태어난 사회적 동물이다. 어린아이일 때, 부모나 보호자를 향해 온 힘을 다해 형성했던 유대감은 어른이 되어서 다른 형태의 보다 성숙한 유대관계로 변할 필요가 있다. 그리고 우리는 이런 유대관계를 향한 깊은 갈망을 로맨틱한 사랑으로 채운다. 사랑을 찾는 일이 언제나 쉬운 것은 아니다. 하지만 사랑을 향한 갈망은 말 그대로 세상에서 가장 자연스러운 일이다.

치료사로서 보내온 이십여 년의 시간은 나에게 한 가지 통찰력을 주었다. 그것은 바로 온 마음을 다해 사랑을 주고받을 때, 우리가 가장 강해진다는 사실이다. 이에 대해 심리학계는 점점 더 많은 경험적인 증거를 내놓고 있다. 몇십 년에 걸친 심도 있는 연구에서부터 뇌 영상 기법에 이르기까지, 많은 증거들이 우리가 생물학적으로 친밀감을 열망하도록 태어났다는 사실을 증명한다. 연구자들이 더 많은 증거를 찾아낼수록 우리는 어떻게 두 사람이 만나 끌리게 되며 사랑하게 되는지를 더 확실히 알게 된다. 즉, 우리는 사랑하는 사람을 성장시키고, 서로에게 도움이 되는 원리 안에서 사랑을 갈망하고 찾아내며 유지한다.

심리학자로서의 내 일은 경험이 삶에 어떤 영향력을 미치는지를 사람들이 이해하도록 돕는 것이다. 어린 시절부터 최근에 겪었던 일까지, 경험은 사람들의 기대치와 무의식적인 습관, 타인과의 관계 형성에 영향을 미친다. 나는 또한 마땅히 누려야 할 행복을 잘못된 경험이 형성한 여러 패턴 때문에 누리지 못하고 있는 사람들에게 어떻게 하면 더 나은 상황으로 바꿀 수 있는지를 알려주려고 노력한다. 이 책, 『사랑, 끌림의 심리학』은 당신에게 나와 함께 더 나은 방향으로 나아가는 길을 열어줄 것이다.

이 책의 모든 장은 가능한 한 이해하기 쉽도록 구성되었다. 각 장마다 단계별 조언과 간단한 연습, 그리고 핵심 연구와 실험 결과를 보여주는 과학적 수치를 찾아볼 수 있다. 문자가 빽빽한 심리학 논문들을 읽어야 하는 수고 없이 당신은 보기 좋고 이해하기도 쉬운 형식으로 연구 결과들을 읽을 수 있다. 사랑을 추구하는 사람들에게 과학적 연구 결과는 매력적인 동시에 색다른 경험이 될 것이다.

이 책은 당신이 사랑을 찾는 과정을 익히도록 도와준다. 이 책과 함께 당신은 관계 추구에 있어 가장 근본적인 부분, 하지만 종종 가장 간과되는 부분부터 시작하게 될 것이다. 그것은 바로 당신 자신과 맺는 관계이다. 결국 당신 자신은 타인과의 관계에서 중심에 있는 인물이며, 과학적 증거들은 정신이 올바르게 정립된 사람이야말로 가장 행복한 관계를 가지는 경향이 높다는 사실을 말해준다. 이 단계를 거치고 난 후, 이 책은 본격적으로 파트너를 찾는 단계를 설명한다. 새로운 사람을 만나고 훌륭한 연애 상대를 알아보는 법, 그리고 시간을 낭비하지 않고 일렁이는 데이트 시장을 거쳐 안전하고 온전한 연애를 하는 법 등을 알아보게 될 것이다.

당신은 또한 장기적인 관점에서 굳건한 관계를 맺고 유지하는 방법에 관한 심리학을 배우게 될 것이다. 당신이 이제 막 이 책을 집어 들었다면, 아마도 사랑을 찾는 초기 단계에 있을 가능성이 크다. 하지만 그래도 끝까지 읽기를 바란다. 당신 자신의 목표가 오래 지속되는 확고한 사랑이라는 것을 인식하고 있으면, 그런 사랑을 원하지 않거나 함께 해줄 수 없는 사람을 피해갈 수 있다.

분명히 해둘 점이 있다. 사랑은 당신의 생물학적 토대라는 사실이다. 이는 조상 때부터 내려온 하나의 유산이다. 인간을 인간이게 하는 것은 사랑이며, 하나의 종으로 살아있게 하는 것도 사랑이다. 이런 사랑을 찾는 데 있어 다른 사람들보다 운 좋은 사람들이 있다. 하지만 당신이 그런 운 좋은 사람이 아닐지라도, 사랑의 올바른 방향을 잡기 위해 당신에게는 약간의 지식만 있으면 된다. 한 권의 책이 이상적인 남자나 여자를 당신 앞에 데려다주지는 않는다. 이 책이 할 수 있는 것은 당신의 자신감을 키워주고 심리적 건강과 긍정적인 습관을 만들어주는 것이다. 이는 사랑을 주고받는 능력이 더 커지도록 해줄 것이며, 당신을 새롭게 교육받은 전문가의 모습으로 데이트 현장에 나갈 수 있게 해줄 것이다. 세상은 사랑을 원하는 사람들로 가득 차 있다. 그리고 당신에게 딱 맞는 한 사람이 바로 거기에 있다.

레슬리 베커 펠프스

1부

사랑에 빠질 준비가 되었는가?

자기 자신 돌아보기

사랑에 빠지는 이유?

자연의 섭리

인간이 타인과 관계를 맺도록 진화한 이유는 무엇일까? 찰스 다윈의 진화론은 '적자생존'을 주장한다. 이는 주어진 환경에 가장 잘 적응하는 사람이 살아남는다는 뜻이다. 이 세상에 대나무 외에는 먹을 것이 없다고 가정해보자. 그러면 이리저리 뛰어다니느라 에너지를 낭비하는 판다보다는 가만히 앉아 먹기만 하는 판다의 생존 가능성이 더 높을 것이다. 이렇게 생각해보면 생존 가능성을 높이는 어떤 이유 때문에 인간도 타인과 관계를 맺도록 진화했다고 볼 수 있다. 그렇다면 우리는 어떤 관계를 지향하며, 왜 사랑을 갈망하는 것일까?

> 보살펴주고 보살핌을 받는 것은 우리의 본성이다.
>
> – 미국 정신과 의사,
> 브루스 페리(Bruce Perry)

연인을 향한 갈망은 때때로 너무나 강렬해서 비이성적으로 보일 정도지만 인간이 진화해온 모습을 살펴보면 그 이유를 완벽하게 이해할 수 있다. 현재 우리의 모습을 만든 것이 바로 사랑이기 때문이다.

관계 지향적 본성

인간의 생존 능력 중에 가장 중요한 것은 지속적인 관계를 맺는 능력이다. 우리 인간은 무방  비 상태로 태어나 성인이 되기까지 부모의 보살핌을 받는다. 자식을 키워본 사람이라면 누구나 말하듯 아이는 쉬운 존재가 아니다. 아이들은 까다롭고 사람을 지치게 만들기 때문에 돌보는 데 어떤 특별한 동기가 필요하다. 그 모든 고된 일에 대한 보상은 사랑이다. 영국의 심리학자이자 정신분석가인 애착이론의 창시자 존 볼비(John Bowlby)는 1957년에 다음과 같이 말했다. "아기의 웃음은 엄마의 마음을 온통 사로잡는 강력한 무엇이다. 아기들 중에서도 엄마의 노고에 즉시 웃음으로 보답하는 아기야말로 가장 잘 보살핌을 받았다는 사실을 누가 부인할 수 있겠는가?"

5%

인간을 포함한 영장류의 5%만이 일부일처제를 유지한다.

2,500년 전

최초의 결혼 계약 기록이 만들어진 것은 2,500년 전이다.

250만 년

첫 인류의 출현 후, 인간은 250만 년 동안 진화해왔다.

3배

인간의 뇌 크기는 초기 인류보다 3배 증가했는데, 이는 의사소통을 하고, 도구를 사용하며, 사랑을 하기 위해서였다.

영양 섭취를 잘 하더라도 정신적인 보살핌을 받지 못하는 것은 성장에 해로운 영향을 미친다. 이는 여러 연구를 통해 증명되었는데, 예를 들어 1940년대의 한 연구에서는 고아원에서 자란 아이들 중 3분의 1가량이

두 살이 되기 전에 사망한다는 사실을 발견했다. 원인은 굶주림이나 위험에 노출됐기 때문이 아니었다. 이는 아주 기초적인 '성장 장애' 때문이었는데, 포옹과 놀이, 그리고 관심의 부족과 연관이 있었다.

아동기에서 낭만기로

앞서 언급한 모든 것들이 낭만적 사랑과 무슨 관련이 있다는 것일까? 대답은 간단하다. 우리는 모두 유아기에서 벗어나 어른으로 성장하지만 관계를 향한 본능은 절대로 사라지지 않는다. 그저 애착 대상을 어린 시절 보살핌을 주던 어른에게서 새로운 '근거지'로 옮겼을 뿐이다. 일반적인 사람이라면 대개 근거지를 낭만적 사랑을 나눌 대상에서 찾는다. 부모가 되는 일과 더불어 사랑에 빠지는 일은 말 그대로 우리의 뇌를 재조직하는 일이기 때문에 인생에서 경험하는 두 번의 중요한 '신경조정술'과도 같다. 정성을 다해 양육하는 부모가 만족을 느낄 줄 아는 아이를 만들 듯, 건강하고 애정 어린 낭만적 관계는 우리를 더 행복하고 자신감 있게, 그리고 결국에는 훨씬 더 독립적으로 만든다.

사랑의 진화

생태계에서 일부일처제를 유지하는 것은 겨우 약 5%의 포유동물뿐이다. 나머지는 가능한 한 널리 자신들의 유전자를 퍼트리기에 바쁘다. 그런데 인간과 이들을 가르는 분명한 차이점이 있다. 그것은 바로 인간의 뇌 크기가 지난 250만 년 동안 3배나 증가했다는 점이다. 우리는 점점 복잡해지는 사회에서 살아가기 위해 똑똑해져야만 했다. 물론 사랑을 찾고 유지하는 데도 꼭 필요했을 것이다. 인간은 일반 포유류 기준에서 볼 때, 매우 이른 시기에 태어난다. 커다란 뇌를 가진 인간의 머리는 클 수밖에 없는데, 태아가 많이 자란 상태에서는 점점 더 커진 머리로 인해 출산이 어렵기 때문이다.

이렇게 아무것도 할 수 없는 아이를 돌보기 위해서는 많은 일을 해야 하기 때문에, 아이 돌보기는 엄청난 일이다. 심지어 어

떤 과학자들은 인간이 두 발로 걷게 된 것이 아이 양육과 관련이 있다고 주장하기도 한다. 이러한 주장은 차치하더라도 어쨌든 양육은 매우 중요하며, 그 과정에서 아이들은 부모와 유대감을 형성한다. 그리고 이렇게 성장한 아이들이 또다시 자녀를 낳아 같은 방식으로 양육하며 생존해 나간다. 모든 인간은 이처럼 근본적인 유대감이 있다. 즉, 생존을 위해 함께해야만 한다는 생각이 자리 잡고 있는 것이다. 우리를 사회적 동물이게 하는 것은 사랑이다. 물론 우리는 인간관계 없이도 감정적으로 건강할 수 있다. 사실 혼자라는 현실에 잘 맞설 수 있다는 것은 감정 상태가 안정적이라는 확실한 표시이다. 그렇다고 연인을 갈망하는 일이 감정적으로 무언가 잘못되었다는 뜻은 아니다. 생물학적으로 우리는 모두 사랑하기 위해 창조되었다고 해도 과언이 아니기 때문이다.

🕐 사랑과 결혼은 함께일까?

로맨스와 관계가 항상 함께 가는 것은 아니다. 결혼에 관한 가장 오래된 기록은 2,500년 전 이집트에서 찾아볼 수 있는데, 14살짜리 어린 신부가 소 6마리와 교환된 내용이 적혀 있다. 한편, 고대 그리스에는 사랑을 일컫는 4개의 단어가 존재한다. 정신적 사랑인 아가페, 육체적 사랑인 에로스, 우정을 뜻하는 필리아, 그리고 천륜을 의미하는 스토르게가 그것인데, 이들 중 무엇도 로맨스의 개념과 딱 들어맞지 않는다. 로맨틱한 사랑의 개념은 정중한 기사도 사랑을 다루는 중세 설화에서 처음으로 등장한다. 그리고 현대 심리학에 이르러서야 비로소 우리는 초기 아동기 경험과 로맨스를 열망하는 것 사이에 연관 관계를 만들어낸다.

우리는 혼자가 아니며,
생물학적으로
그리고 진화적으로
타인과 깊이 관계를 맺도록
만들어졌다.

UCLA의 정신의학자이자 행동과학자, 마르코 야코보니Marco Iacoboni

당신은 어떤 유형인가?

안정형, 불안형 그리고 회피형

어린 시절, 우리는 타인으로부터 무엇을 기대해야 하는지를 배운다. 그리고 이렇게 형성된 기대치는 사랑을 대할 때, 우리의 행동을 결정한다. 심리학의 '애착이론'을 통해 들여다보면, 상당히 이상하게 보였던 행동들이 명확하게 이해될 것이다.

애착이론은 제2차 세계대전 때, 영국의 정신분석가 존 볼비가 주장한 것이다. 존 박사는 무척 외로운 어린 시절을 보냈는데, 그러한 경험 때문에 유아기에 부모의 돌봄을 받는 것이 중요하다고 생각하게 되었다. 그는 비행 청소년들과 유태인 어린이 수송 작전 참여 아동들, 전쟁터 보호시설의 아이들을 연구하면서, 부모와 아이의 유대감이 심리 건강 측면에서 중요하게 작용한다는 사실을 확신하게 되었다.

'낯선 상황' 실험

1970년대, 볼비의 제자인 메리 아인스워스(Mary Ainsworth)는 '낯선 상황' 실험을 했다. 연구자들은 12개월에서 18개월 정도의 아이를 엄마와 함께 장난감이 가득 찬 방에서 놀게 하다가, 낯선 사람을 안으로 들여보냈다. 그가 아이와 이야기를 나누는 사이, 엄마가 나가고 낯선 사람과 단둘이 남게 된 아이는 놀라고 혼란스러워하는 반응을 보였다. 그 후 얼마간의 시간이 흐르면 엄마가 돌아와 아이를 달래주는 실험이다.

이 실험은 우리에게 분리 두려움에 대한 반응 유형을 보여주었다. '안정형' 아이들은 엄마가 있을 때 자신 있게 장난감을 가지고 놀며, 엄마가 나갔을 때 잠시 울기는 하지만 엄마가 돌아오면 이내 안정을 되찾는다. '불안형' 아이들은 엄마가 함께 있어도 활발하게 놀지 않다가 엄마가 사라지면 격렬히 우는데, 이런 울음을 달래기까지 꽤 오랜 시간이 걸린다. '회피형' 아이들은 엄마의 존재에 무관심한 듯 보이며, 장난감을 가지고 혼자서도 시간을 잘 보낸다. 하지만 무심한 듯 보이는 겉모습과는 달리 엄마가 떠났을 때 동요된 심장 박동을 보여준다.

아인스워스의 연구는 아이들이 한 살 정도의 나이에 이미 부모로부터 무엇을 기대할 수 있는지를 배운다는 점을 보여준다. 즉 세상이 자신의 필요를 충족해줄지에 대해 서로 다른 기대치를 형성하는 것이다. 아이들에게 있어 세상이란 일반적으로 엄마를 통해 바라보는 세계를 뜻한다.

초기 애착

볼비는 한 사람이 어떻게 타인과 자기 자신을 연관시키는지에 관한 애착이론을 세우고, 이를 아인스워스의 연구를 통해 현재 통용되는 형태로 발전시켰다. 메리 아인스워스의 연구 결과는 다음과 같이 분류할 수 있다.

애착유형	양육 스타일	아이의 기본 감정 상태	아이의 삶에 대한 기대치
안정형	따뜻함, 주의 깊음, 비교적 일관적이고 빠른 응답	행복, 자신감, 호기심	"나의 꿈은 이뤄질 것이다."
불안형 (아인스워스는 이를 '양가적/저항형'으로 구분한다.)	일관적이지 않은 응답	불안정, 불안, 감정적으로 격렬함	"내가 올바르게 행동하면 사랑받을 수 있으며, 내 꿈도 이뤄질 것이다."
회피형	냉담하고 다정하지 않음, 냉혹하고 비판적임	마음을 닫아버림	"나는 그 누구도 믿을 수 없다. 나는 스스로 욕구를 충족시켜야만 한다."

러브 퀴즈

1985년, 콜로라도 덴번 주에서 발간된 『록키 마운티 뉴스』에서는 독자들에게 다음 세 진술 중 하나를 선택하도록 했다.

1 나는 타인과 쉽게 친해지며 그들과 함께 있는 것이 편안하다. 나는 버려지는 것을 두려워하지 않으며 반대로 누군가와 정도를 넘을 정도로 가까워지게 될까 봐 미리 겁먹지도 않는다.

2 나는 내가 원하는 정도의 친밀감을 채워줄 수 있는 사람은 없다고 생각한다. 그래서 종종 내 연인이 나를 정말로 사랑하지 않는다거나 나와 함께하는 것을 좋아하지 않는다는 생각에 사로잡힌다. 나는 나의 연인과 아주 가까워지고 싶지만 이런 면이 상대방을 질리게 만들고는 한다.

3 나는 타인과 어울리는 것이 불편하며, 그들을 믿고 기대는 것이 어렵다. 누군가와 너무 가까워지는 것에 거부감을 느끼며, 나의 연인은 종종 내가 좀 더 친밀히 행동해주기를 원한다. 하지만 그 정도가 내가 느끼기에 안정적인 수준을 넘는다.

이 테스트는 미국의 심리학자 신디 하잔(Cindy Hazan)과 필립 셰이버(Philip Shaver)가 공동 개발한 것이다. 테스트의 목적은 볼비와 아인스워스의 애착이론에서 확인한 아동기의 기대감이 성인기까지 지속되는지를 살펴보기 위한 것이다. 그 결과, 아동기의 기대가 어른이 되어서도 지속된다는 점을 확실히 확인할 수 있다.

안정형. 불안형 그리고 회피형 중 어떤 유형에 속하는지 파악했다면 당신의 로맨스 욕구를 이해하기 위한 첫발을 잘 내디딘 것이다. 애착유형을 더 자세히 알고 싶다면 다음 쪽에 나오는 도표를 살펴보도록 하자.

1987년, 심리학자 신디 하잔과 필립 셰이버는 러브 퀴즈의 결과를 다음과 같이 보고했다. 성인 응답자의 56%가 스스로를 안정형이라고 규정했으며, 19%는 불안형 그리고 나머지 25%는 회피형이라고 응답했다.

56% 안정형

19% 불안형

25% 회피형

»

당신은 어떤 유형?

1987년에 '러브 퀴즈'가 실행된 이래로 많은 후속 연구들이 거듭됨에 따라 애착유형의 분포율은 계속 바뀌어왔다. 여기서 다루고자 하는 애착유형 분포율은 오늘날 다양하게 언급되는 비율 중 하나일 뿐, 절대적인 수치는 아니다. 다시 말해, '안정형', '불안형' 그리고 '회피형'은 절대적으로 구분되는 명확한 유형이 아니라는 것이다. 다양한 성격유형이 겹쳐지는 범위가 있을 수 있으며, 같은 애착유형을 가진 두 사람이 일상에서는 완전히 다르게 행동할 수도 있다. 그럼에도 불구하고 애착유형은 비교적 잘 들어맞으며 우리의 사랑 방식을 살펴보기에 유용한 방법이다. 우리의 애착유형, 즉 우리의 욕구가 관계를 지배하기 때문이다.

여기서 한 가지 더 주목할 점은 소수의 사람들은 불안형과 회피형의 특징을 동시에 드러낸다는 점이다. 그 이유는 주로 과거에, 특히 아동기에 겪은 좋지 않은 경험 때문이다. 당신이 이런 유형에 속한다는 생각이 든다면, 불안형과 회피형 두 가지를 모두 배워두는 편이 도움이 될 것이다.

완벽한 조합

당연하게도 안정형에 속하는 사람들이 가장 안정적인 관계를 구축한다. 그렇다고 안정적인 관계를 구축하려면 반드시 연인이 둘 다 안정형에 속해야 하는 것은 아니다. 안정형 사람과 함께라면 불안형 사람도 충실하고 사랑스러운 연인이 될 수 있다. 회피형 사람 역시 홀로 있고 싶어 하는 시간을 이해해주는 사람과 함께라면 구속받는 것에 대한 걱정을 덜 수 있을 것이다. 이렇듯 관계 안에서 타협은 대부분 안정형 사람이 주도해서 만든다.

진짜 문제는 두 불안형 사람이 만나 연인이 되었을 경우이다. 만약 당신의 연애가 언제나 만족스럽지 못하다면 애착유형을 통해 각 유형이 어떻게 부딪히는지 배워야 한다. 이를 이해하면 갈등 해결의 실마리를 발견할 수 있을 것이다.

당신의 애착유형은?

미국 인구 비례 대략적인 비율 (3–5%는 '두려워하는 회피형')	연애 중 문제가 있을 때는?	당신의 경계심이 최고치가 되는 때는
50% 안정형	나는 문제를 해결하고 싶다. 상황에 따라 화날 수도 있겠지만, 상대방과 문제에 대해 명확하게 소통할 수 있도록 노력할 것이다. 연인과 다투더라도 관계 자체를 위협할 만한 싸움으로 번지지 않도록 현재 상황에만 집중할 것이다.	나는 경계심이 높은 사...이 아니며, 연애 문제...있어서는 더욱 그렇다.
20% 불안형	나는 화가 나서 적절하지 못한 행동을 할 것이다. 하루 종일 전화를 해대고 시무룩해 있거나 상대방을 비난하는 등의 행동 말이다.(심리학자들은 이런 행동을 '항의' 행동이라고 부른다. 이 행동은 당신이 상대방으로부터 확신을 얻고 싶지만 직접적으로 말할 용기가 없을 때 하는 행동이다.)	상대방으로부터 거절...기미가 보일 때, 경계...이 발동한다.
25% 회피형	나는 문제에 직면하는 것을 피하기 위해 무감각해지려고 애쓰는 한편, 마음속으로는 상대방을 비난할 것이다.(이 행동은 감정의 '불활성화'라고 불린다. 이별의 아픔을 최소화하기 위해 상대방을 평가 절하하는 것이다.)	연애에 있어 '구속'하려...기미가 보이거나 나아...바라는 것이 너무 ㄷ...때 경계심이 생긴다.

...음 표를 읽고 어떤 것이 당신의 상황과 가장 유사한지 체크해보자.

...밀감에 대해 ...떻게 느끼는가?	상대방의 감정을 어떻게 보는가?	상대방과 잠시 떨어져 있어야 할 때는?	누가 관계를 주도해나가는가?	이별 후 당신의 반응은?
...역시 상대방과 가까워 ...기를 원하는데, 그렇게 ...는 것이 연애의 본질이 ...고 생각하기 때문이다. ...론 어느 정도 나만의 ...간도 필요하다.	나는 상대방의 감정을 이해하고 보살필 책임이 있으며, 내 감정에 있어 상대방도 마찬가지이다. 우리는 한 팀이다.	나는 연인이 그리울 것이다. 하지만 우리의 연애가 안정적이라는 것을 알기 때문에 다른 일에 집중할 수 있다.	연애에 있어 누가 주도권을 잡느냐 하는 것은 중요한 문제가 아니다. 우리는 상황에 맞춰 서로에게 좋은 방식을 찾아 공동의 만족을 추구한다.	한동안 이별을 슬퍼하지만 이내 새로운 연애를 찾아 나선다. 나는 사랑받을 충분한 가치가 있는 사람이기 때문이다.
...는 상대방과 정말로 가 ...워지고 싶지만, 나의 ...심을 보여주는 것은 상 ...방이 질려 도망가게 만 ...는 일이 될 것이다.	나는 그 누구보다 사랑받기를 원해서 나의 단점을 보이면 상대방이 실망하고 더 이상 나를 좋아하지 않을까 봐 두렵다. 나는 연인에게 힘이 되어줄 수 있지만 그렇게 되기 위해서 상대방은 나에게 사랑의 확신을 주기적으로 주어야한다. 그렇지 않다면 상대방이 나를 사랑하지 않는다고 생각할 것이다.	연인과 멀리 떨어져 있을 때면 상대방이 나를 잊거나 다른 사람을 만나게 될까 봐 걱정한다. 문자메시지에 빠른 답장과 같은 사소한 행동들이 나를 안심시켜주기는 하지만 부정적인 생각에 사로잡힌 나는 다른 일에 집중할 수 없다.	나의 연애는 보통 상대방에게 맞춰진다. 왜냐하면 내 방식대로 해서 현재의 연인을 잃는다면 이제 다시는 나를 사랑해줄 사람을 만나지 못할 것 같은 기분이 들기 때문이다.	나는 이미 끝나버린 연애를 후회하며 잊을 수가 없다. 자책과 후회로 시간을 보내며 이별을 극복하기까지 꽤 오랜 시간이 걸린다.
...는 귀찮아지는 것을 원 ...지 않는다. 나는 나만 ...공간이 필요하다.(사실 ...피형 역시 사랑받기를 원 ...지만 그들의 불신은 강한 ...립심을 만들어낸다.)	자신의 감정은 자신만의 몫이다. 사람은 모두 자신의 힘으로 문제를 극복해야 한다고 생각하기 때문에 자신의 문제를 나에게 떠넘기려 하는 행동을 용납하기 힘들다. 나는 드라마에서처럼 구세주가 되어주는 일을 좋아하지 않는다.	연인과 떨어져 있으면 그 빈자리를 깊이 실감하고는 한다. 하지만 우리가 다시 함께 지내게 되면 연인의 사소한 잘못들이 나를 짜증나게 하고 지나친 친밀감에 대한 두려움과 실망이 다시 찾아온다.	나를 길들이려고 하는 사람과는 헤어질 것이다.(회피형은 연애의 주도권을 한 사람이 일방적으로 행사하는 것으로 이해한다. 따라서 연애에서 우위를 차지하기 위해 혼란스럽고 복잡한 행동을 할지도 모른다.)	나는 이별을 마음속에서 털어버리고 가능한 한 빨리 다른 사람을 찾아 나선다.(하지만 그럼에도 불구하고 회피형은 종종 옛 연인을 이상적인 사람으로 떠올리고는 하는데, 그 사람이 완벽했기 때문이 아니라 그렇게 하는 것이 새로운 연인을 비난할 하나의 핑계가 되기 때문이다.)

불안정 유형들이 만나면?

상충하는 기대치

연애는 둘 중 한 사람이라도 안정형이라면 이상적일 수 있다. 하지만 두 사람 중 누구도 안정형이 아니라면 어떻게 될까? 불안형이나 회피형에 속하는 불안정 애착유형들이 만나게 되어 생기는 문제들을 이해한다면 연애의 위기 순간을 피하는 데 도움이 될 것이다.

두 불안형 사람들이 사랑에 빠졌을 때

연애 초반은 괜찮을 수 있으며, 심지어 어떤 커플들보다 열정적일지 모른다. 하지만 문제가 생겼을 때 자신의 감정을 직접적으로 드러내며 소통하는 대신 두 사람 모두 18쪽에서 설명한 '항의' 행동을 한다면 많은 갈등 상황에 빠지게 될 가능성이 높다. 연애가 지속될 수는 있겠지만 두 사람의 관계는 늘 변덕스러울 것이며, 결국 만남이 종지부를 찍는다면 그 원인은 서로에 대한 비난과 혼란 때문일 것이다.

두 회피형 사람들이 사랑에 빠졌을 때

이 커플은 두 사람 중 누구도 지나치게 가까워지기를 원하지 않기 때문에 시간이 흐르면 자연스럽게 헤어져 각자의 길을 가게 될 가능성이 높다. 그럼에도 불구하고 두 사람이 함께하기로 결심했다면, 이 커플은 진실한 사랑으로 맺어진 커플보다 어떤 의미에서는 편리한 결혼 생활을 할 수 있다. 서로

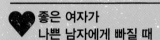

♥ 좋은 여자가 나쁜 남자에게 빠질 때

『브리짓존스의 일기』를 기억하는가? 영화로 만들어지기도 한 이 소설의 엄청난 성공은 세 주인공의 저마다 다른 애착유형이 완벽하게 어울렸기 때문이다. 각자 다른 유형들에 반응하는 주인공들을 보는 것이 감상 포인트이다. 사실 시중에 널린 많은 칙릿 소설들은 다음과 같은 한 줄로 요약할 수 있다. '괜찮은 여자가 나쁜 남자와 사랑에 빠진다. 그런 후 정신을 차리고 결국에는 좋은 남자를 만난다.' 이 문장을 조금 더 심리학적으로 풀어본다면, '불안형 여자가 회피형 남자에게 빠진다. 그런 후 마침내 안정형 남자를 만나 행복을 찾는다.' (『브리짓존스의 일기』에서 주인공 브리짓은 사소한 일로 거의 공황 상태에 빠져 우스꽝스러운 일을 벌인다. 그것이 바로 지나친 경계심과 항의 행동이다.) 세상에는 불안형 사람들이 도처에 있다. 따라서 그들을 피해 안정형 사람을 만나는 것이 당신의 해피엔딩이 될 것이다.

의 부정을 눈감아주기도 하고 상대방에 대한 무시도 이해하며 넘어갈 것이기 때문이다. 하지만 문제는 회피형 사람은 비록 스스로 의식하지 못할지라도 안정적인 관계를 필요로 한다는 사실이며, 같은 회피형에 속하는 연인은 그것을 채워줄 수 없다는 점이다.

불안형과 회피형이 사랑에 빠졌을 때

두 유형의 만남은 아마도 최악일 것이다. 하지만 불행하게도 이는 종종 나타나는 조합 중 하나이다. 자존감이 낮은 사람이 독립심이 강한 사람을 만나는 것은 서로의 자아상을 강화해주기 때문이다. 하지만 이 커플은 좋을 때와 나쁠 때가 극명히 차이가 나는 극단적인 상태를 끝없이 반복하는데, 그 상황에서 더 큰 타격을 입는 것은 일반적으로 불안형 사람이다. 연인 사이에 친밀감을 강요하는 불안형보다 아예 관심을 주지 않는 회피형이 훨씬 더 유리하기 때문이다.

어떤 경우든 당신에게 가장 좋은 것은 안정형 사람을 찾는 것이다. 그것이 어렵다면, 적어도 불안형이나 회피형 사람에게서 안정적인 측면을 찾아야 한다. 하지만 당신이 불안형 사람이라도 상대가 어떤 유형에 속하는가에 상관없이 당신만의 욕구를 추구할 권리가 있다는 사실을 기억해야 한다. 당신은 당신의 요구를 진지하게 받아들여줄 파트너를 가질 가치가 있다.

성별 고정관념?

많은 자기계발서들이 '불안형'은 여성에게, '회피형'은 남성에게 많이 나타나는 유형이라고 가정한다. 존 그레이(John Gray)의 『화성에서 온 남자 금성에서 온 여자』를 읽어보았다면, 남성을 고무밴드에 비유했던 것을 기억할 것이다. 남성들은 스스로 연인에게서 튕겨져 나왔다가 더 큰 힘으로 돌아오게 된다는 직유인데, 이것은 회피형 사람이 어떤 식으로 행동하는지에 관한 생생한 묘

모든 것은 어떻게 바라보는가에 달렸다!

상충하는 두 애착유형이 만나면, 서로 다른 욕구를 인정해주기 어렵다. 따라서 둘 중 한 사람은 정상이 아닌 것처럼 느껴지며, 차라리 상대방을 비난하는 것이 쉬워 보이기까지 한다. 하지만 그래도 안정형 사람은 당신의 욕구를 긍정적으로 받아들여줄 것이며, 자신과 다른 당신의 욕구를 아래와 같은 단어로 표현할 것이다. 다음 중 어떤 것이 다른 사람이 당신을 표현하는 단어인가?

불안형

회피형은 불안형을 이렇게 말한다	안정형은 불안형을 이렇게 말한다
■ 집착하는	✔ 애정 어린
■ 애정에 굶주린	✔ 걱정스러워하는
■ 극단적인	✔ 속상해하는
■ 까다로운	✔ 다정한
■ 강박에 가까운 헌신	✔ 충실한

회피형

불안형은 회피형을 이렇게 말한다	안정형은 회피형을 이렇게 말한다
■ 거리를 두는	✔ 개인적인
■ 혼란스러운	✔ 신중한
■ 이기적인	✔ 자급자족하는
■ 심술궂은	✔ 갈등을 겪는
	✔ 독립적인

사가 된다. 하지만 현실에서 이런 모습은 남성뿐만 아니라 여성에게서도 종종 찾아볼 수 있다.

애착유형 체계를 이해하지 못하면, 자신의 행동을 '전형적'인 남성이나 여성의 행동으로 생각해 자기 잘못을 회피하기 쉬워진다. 하지만 한 사람의 행동은 성별보다는 애착유형을 통해 더 정확하게 설명할 수 있다. 우리는 안정적인 파트너와 함께라면 성

별에 관계없이 불안형과 안정형 사람 모두 만족스러운 관계를 가질 수 있다. 중요한 것은 다음 사항을 기억하는 것인데, 힘든 유아기와 나쁜 경험은 성별에 관계없이 발생할 수 있다는 사실이다. 또한 다행스러운 점은 안정적인 사람이 회피형 사람보다 확실히 그 수가 많다는 점이다.

우리 자신과 타인에 대한 생각?

관계를 좌우하는 기대감

우리는 어릴 때부터 인간이란 무엇인지를 생각하고, 인간에 대한 관념을 발전시킨다. 그리고 이렇게 형성된 관념은 사랑에 대한 기대감이 되며, 결과적으로 사랑 방식에 영향을 미친다.

사 회는 거대한 장소이므로 우리를 안내해줄 정신적 지도가 필요하다. 바로 이것이 우리가 태어나는 순간부터 주변을 이해하고 배우도록 진화한 이유이다. 부모와 지인들을 관찰함으로써 우리는 타인에게 무엇을 기대할 수 있는지에 관한 개념을 만든다. 여기서 우리는 두 가지 정신 모형을 형성하는데, 하나는 '나는 무엇인가?'이며 다른 하나는 '다른 사람들은 무엇인가?'이다. 1990년대 사회심리학자 킴 바솔로뮤(Kim Bartholomew)와 레오나드 호로위츠(Leonard Horowitz)는 이 모형들을 애착이론에 연결해서 네 가지 애착 모형으로 분류했다.

> 어린 시절의 애착관계는 성인이 된 후에도 가족관계를 넘어 인간관계에 영향을 미치는 원형이 된다.
>
> – 킴 바솔로뮤·레오나드 호로위츠, 『성격 및 사회심리학 저널』

당신의 욕구가 충족될 때
좋은 양육 환경에서 자란 사람은 자기 자신과 타인에 대해 긍정적인 모형을 형성한다. 일반적으로 욕구가 올바르게 충족되면 자신이 가치 있는 사람이라고 여기게 되기 때문이다. 이들은 내면의 인간상이 긍정적이어서 타인을 믿을 만하고 친절한 존재로 여

긴다. 그래서 부정적인 경험을 하게 될 때도 그것을 자연스럽게 넘길 방법을 찾을 수 있다. 이들은 인간에 대한 긍정적인 감정을 가지게 되며, 이는 유아기를 거쳐 성인기의 인간관계까지 이어진다.

당신의 욕구가 충족되지 않을 때
어린 시절 감정적인 욕구를 올바르게 충족하지 못한 사람은 자기 자신에 대한 부정적인 감정을 형성하게 된다. '분명히 내가 무

언가 잘못했을 거야.'라는 식으로 받아들이는 것이다. 이러한 자아는 타인의 사랑과 인정을 받으려면 자신의 잘못을 고쳐야만 한다고 생각하므로 결국에는 나보다는 타인이 더 중요하고 강력한 존재라는 결론에 도달하게 된다. 이런 모형을 가진 사람은 관계에서 불안을 느끼게 되는데, 자신이 사랑받을 만한 존재라는 사실을 좀처럼 받아들이지 못하기 때문이다.

한편, 자신의 욕구가 공격받거나 인정받지 못한다고 느껴서 스스로 욕구를 충족해온 사람은 타인에 대한 신뢰를 잃어버린다. '나는 스스로를 책임져야만 해. 그 누구에게도 기댈 수 없어.'라고 생각해버리는 것이다. 이렇게 자기 자신만을 믿을 수 있다고 생각하는 사람의 '자아상'은 긍정적이지만 '타인'에 대한 모형은 부정적일 수밖에 없다. 이런 사람은 타인에게 친밀감을 느끼는 것에는 위험 부담이 따르므로 경계해야 한다고 생각한다.

최악의 경험은 자기 자신과 타인을 아예 무가치하게 여기도록 만든다. 예를 들어, 유아기에 심한 학대를 받은 사람은 자기 자신을 무가치하다고 여기고 타인을 믿는 일을 두려워한다. 하지만 그럼에도 불구하고 학

나는 무엇인가?

당신의 멘탈 맵

여기 애착모형이 있다. 볼비의 세 가지 애착 유형에서 나아가 '두려움형'이 네 번째 모형으로 추가되었다. 자기 자신과 타인에 대한 각기 다른 기대치는 서로 다른 애착유형으로 이어져서 향후 연인과 관계를 맺는 방식을 결정한다.

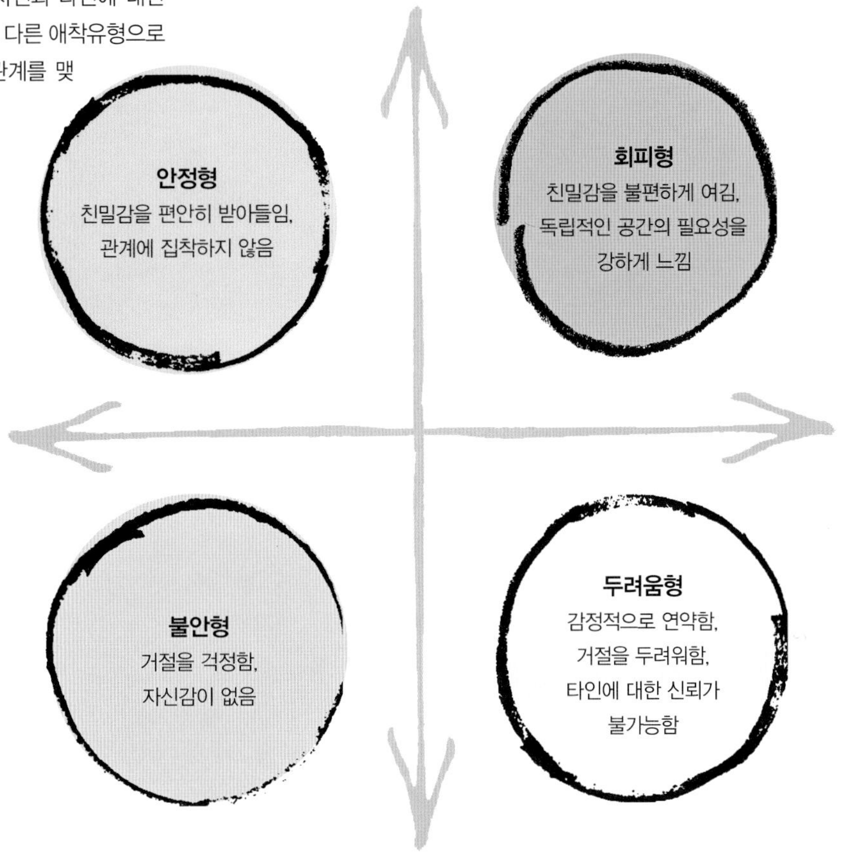

자아상 :
자신이 사랑받을 가치가 있다고 여김(낮은 불안감)

안정형
친밀감을 편안히 받아들임, 관계에 집착하지 않음

회피형
친밀감을 불편하게 여김, 독립적인 공간의 필요성을 강하게 느낌

타인에 관한 모형 :
감정적으로 타인과 잘 지낼 수 있음
(낮은 회피성)

타인에 관한 모형 :
감정적으로 타인과 잘 지낼 수 없음
(고도의 회피성)

불안형
거절을 걱정함, 자신감이 없음

두려움형
감정적으로 연약함, 거절을 두려워함, 타인에 대한 신뢰가 불가능함

자아상 :
자신이 사랑받을 가치가 없다고 여김(고도의 불안감)

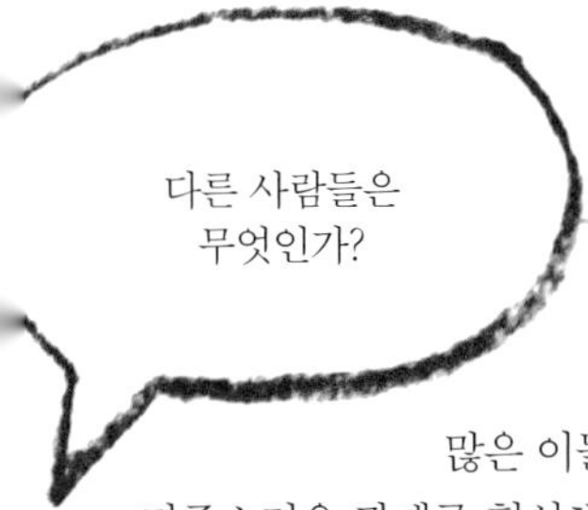

다른 사람들은 무엇인가?

대 경험을 가진 많은 이들이 행복하고 만족스러운 관계를 형성해나가고 있다. 이렇듯 출발이 좋지 않았다고 해서 반드시 고독한 삶으로 이어지는 것은 아니라는 점에 주목할 필요가 있다. 만약 당신에게 나쁜 경험이 영향을 미치고 있다면, 가장 먼저 스스로 상처를 치유할 수 있도록 도와줄 치료사를 찾아야 한다. 이때 당신은 오직 자신

을 위해 치료한다는 마음가짐을 가져야 한다. 당신은 자신에게 긍정적으로 인식될 만한 가치가 있는 사람이기 때문이다.

기분 좋아지기

인내를 가지고 노력하면 삶에 대한 우리의 모형을 조금 더 긍정적인 방향으로 조정할 수 있다. 누군가는 자신이 사랑받을 만한 가치가 있다는 사실을 의심하고, 또 다른 누군가는 타인을 진심으로 대했다가 자신

이 상처 입지는 않을지 의심한다. 여기서 자기 확증과 자기 연민은 일종의 CBT, 즉 인지행동치료로써 작용하며 그런 의심들에 맞설 수 있도록 도와준다.(34-35쪽, 54-57쪽 참고) 치료의 첫 단계는 우리가 두려워하는 대상을 파악하는 것이다. 자기 자신의 기대치를 정확히 알면, 우리 앞에 놓인 많은 문제들이 한결 더 가볍게 느껴질 것이다. 마음에 꼭 드는 상대를 만나 사랑을 나눈다는 어려운 문제까지도 말이다.

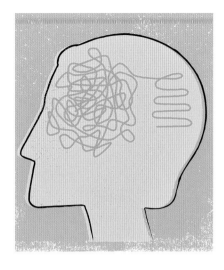

자기 비하를 하지 않으려면?

논리적으로 생각하기

자신에 대해 비관적으로 생각하고 있다는 것을 깨달은 경험이 있는가? 인지행동요법은 당신이 어떻게 그런 식으로 생각하게 되었는지, 그리고 어떻게 하면 그것을 극복할 수 있는지를 논리적으로 풀어내는 방법이다.

부정적인 생각의 덫

생각과 감정, 행동은 모두 얽혀 있다. 때문에 당신은 아래 그림과 같은 생각을 반복하게 된다. CBT모델을 따라 문제의 첫 단계인 부정적인 생각을 조절함으로써 그 굴레를 벗어나자.

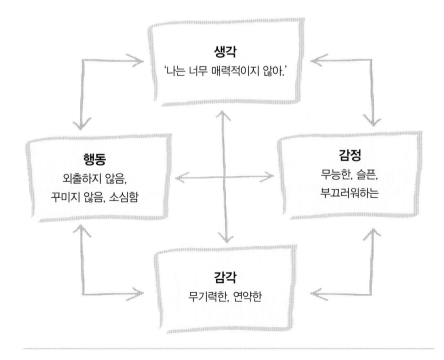

인지행동요법(CBT)은 인기 있는 불안감 치료 방식으로 특정한 생각 패턴이 스트레스와 걱정을 반복하게 만든다는 개념에 근거한다. 치료의 원리는 다음과 같다. 부정적인 생각을 하면 고통스러운 감정이 생기고, 이런 감정이 우리가 생각하고 행동하는 방식에 영향을 미친다. 이러한 논리에 따르면 해결책은 문제의 근원을 차단하는 것이다. 즉 부정적인 생각이 우리의 기분을 망치기 전에 미리 바꿔놓는 것이다.

부정적 생각의 덫에서 빠져나오는 방법은 그 생각에 작용하고 있는 '인지왜곡'이 무엇인지 알아내는 것이다. CBT는 열 가지의 대립쌍을 분류했다. 만약 당신이 자꾸 우울한 생각으로 빠져든다면 다음의 지시 사항을 따라 해보자.

- 어떤 생각이 당신을 괴롭히는가?
- 그중 몇 퍼센트가 진실이라고 믿는가?
- 생각의 과정 중 인지왜곡이 일어나지는 않았는가?
- 더 긍정적으로 해석할 여지는 없는가?
- 자, 진실이라는 생각이 몇 퍼센트가 남았는가?

시간이 흐름에 따라 비율을 조금씩 줄여나가는 것만으로도 더 행복한 사고방식을 만들 수 있다.

다음의 인지왜곡 중 당신과 같은 경우가 있는가?

왜곡	설명	예시
이분법적 사고	흑백 논리로 생각하는 것, 자신이 완벽하지 않다는 이유로 패배자라고 생각하는 것	'이런 못생긴 코를 가진 나를 예뻐해줄 사람은 세상 어디에도 없어.'
과잉 일반화	제한적이고 불충분한 정보에서 광범위한 결론을 이끌어 내는 것	'그가 내게 전화하는 것을 잊어버렸어. 나한테 전혀 신경 쓰지 않는다는 것을 예전부터 알고 있었지.'
정신적 여과	좋은 점은 걸러 내버리고 나쁜 점만 마음에 담아두는 것	'내가 세금 계산을 하는 동안 그녀는 저녁식사를 준비했지. 그녀가 나를 사랑한다면 저녁을 만드는 대신 내 계산을 도왔을 거야.'
긍정적인 것 도외시하기	자신의 장점이나 좋은 경험을 대충 얼버무리는 것	'그가 내 눈이 예쁘다고 했지만, 사실 더 많은 사람들이 당신 눈이 예쁘다고 해요. 사람들은 늘 당신의 아름다운 눈을 칭찬하죠.'
성급한 결론짓기	'독심술(예를 들어 사람들이 당신을 안 좋게 생각한다고 확신하는 것)'과 '점성술(예를 들어 결과가 나오지 않은 사건을 두고 망쳤다고 미리 가정하는 것)'	'데이트에 늦어버렸어. 그녀는 틀림없이 내가 버스도 제대로 타지 못하는 바보라고 생각하고 곧 나를 차버릴 것이 분명해.'
확대(또는 재앙화사고)와 최소화 경향	나쁜 것은 아예 생각하지 않거나 어떤 일이 재앙이 될 거라고만 생각하고 중요한 좋은 면은 과소평가하는 것	'내게 책을 빌려주기로 한 것을 잊어버리다니 믿을 수가 없어. 그는 앞으로 나와의 어떤 약속도 지키지 않을 거야.'
감정적 추론	기분에 따라 결론짓는 것	'나는 너무 매력이 없는 것 같아. 아무도 나 같은 사람은 좋아하지 않을 거야.'
'당위성' 진술	불필요한 규범적 요구로 자기 자신과 주변 사람들을 괴롭히는 것	'우리 관계가 정상이라면 지금쯤 휴가계획을 함께 잘 세웠겠지.'
낙인과 잘못된 명명	과도한 부담의 꼬리표를 자기 자신과 타인에게 붙이는 것	'마지막 데이트를 한 지 너무 오래됐어. 나는 연애 부적합자야.'
개인화	자신이 부정적인 사건을 유발했다고 생각하는 것	'그가 데이트를 내일로 미뤘어. 내가 너무 애정 결핍처럼 보인 게 분명해.'

당신은 얼마나 감수성이 예민한 사람인가?

자, 이제 사랑에 빠져보자

왜 어떤 사람은 쉽게 사랑에 빠지는 반면 어떤 사람은 사랑에 빠졌다는 느낌을 한 번도 제대로 받지 못하는 걸까? 해답은 우리가 과거에 겪었던 애착관계에 있다. 사랑을 하려면 딱 맞는 상대를 만나는 일만큼이나 우리 자신의 태도가 중요하다.

 다음 중 어떤 진술이 당신의 모습과 같은가?

매력적인 사람을 만났을 때, 나는 처음에?
A. 나에게 관심이 있을지 없을지를 따져본다.
B. 재미로 만날 수 있는 상대인지를 가늠해본다.
C. 서로 잘 어울릴 수 있는지를 생각해본다.

데이트 중에 나는?
A. 데이트를 끝내야 할 때를 살핀다.
B. 상대가 진지한 관계를 원하는지를 살핀다.
C. 상대가 나를 다정하게 대하는지를 살핀다.

연애 중에 나는 보통?
A. 내가 상대방을 더 좋아한다고 느낀다.
B. 상대방에게 헌신해야 한다는 압박을 느낀다.
C. 우리가 동반자라고 느낀다.

연애가 힘든 시기라면, 나는?
A. 이 연애가 끝나면 나를 좋아해줄 사람을 다시는 만나지 못할 것이라고 걱정한다.
B. 연애를 끝낸다.

C. 연인 사이를 제대로 돌려놓으려고 노력한다. 하지만 어쩔 수 없다면 관계를 정리한다.

잠시 싱글이 된 나는?
A. 영원히 혼자인 채로 지내게 될까 봐 걱정하다가 나를 조금이라도 괜찮게 여겨주는 사람이 나타나면 바로 데이트를 시작한다.
B. 자유를 만끽하고 즐거움을 누린다.
C. 조바심 내지 않고 인생을 즐기기 위해 노력한다. 성급히 잘못된 사람과 만나는 것보다 기다리는 편이 낫기 때문이다.

A가 많다면 : 당신은 불안형 요소를 가지고 있다.
B가 많다면 : 당신은 회피형 요소를 가지고 있다.
C가 많다면 : 당신은 안정형 요소를 가지고 있다.

대부분의 사람은 혼합형이지만 구체적인 두려움은 그중에서도 우세한 애착유형에 따라 나타나는 경우가 많다.

주변에서 싱글인 상태를 좀처럼 견디지 못하거나 새로운 상대를 만날 때마다 진짜 사랑이라고 외치는 사람을 본 적이 있을 것이다. 반면 매번 새로운 연애를 하고 그 모든 상대가 사랑스럽고 매력적이지만 진심으로 마음을 뺏기지 않는 사람도 있다. 그렇다면 왜 어떤 사람은 쉽게 사랑에 빠지는 반면 어떤 이들은 그렇지 못한 걸까?

무슨 일이 벌어지는 거지?

양측 모두 인기 많고 매력적이어서 서로에게 적합한 사람들끼리 데이트를 한다고 해서 바로 사랑에 빠지는 것은 아니다. 이에 대한 설명은 자기 자신과 타인에 대한 이미지 모형에서 찾을 수 있다.

당신이 불안형이라면, 자신이 애정 결핍이고 상대에 비해 부족하다고 생각해서 성급하게 행동할지도 모른다. 만나는 사람 모두 자신보다 괜찮은 사람이라고 생각해버린다면 상대방을 꼼꼼하게 알아보기도 전에 마음을 모두 주게 될 것이다. 즉, 불안형 사람은 빨리 사랑에 빠진다. 하지만 잘 맞지 않는 상대를 만났을 경우에는 마음의 상처를 받게 되므로, 당신이 불안형이라면 일시적 흥분을 사랑으로 혼동하지 않도록 열정뿐만 아니라 상대방과 감정적 친밀감 및 신뢰를 쌓아야 한다는 점을 명심해야 한다.

사랑의 삼각형 이론

미국의 심리학자 로버트 스턴버그(Robert Stern-berg)는 사랑은 열정과 친밀감(혹은 밀접도), 그리고 헌신이라는 세 가지 요소로 구성된다고 주장한다. 만약 당신이 회피형이라면 친밀감뿐 아니라 헌신도 불편하게 느낄 것이며, 불안형이라면 그 반대로 진정한 친밀감을 쌓기도 전에 헌신에 매달릴 것이다. 다음의 삼각형 모형 중 당신은 어디쯤 위치하며, 당신이 찾고 있는 사랑은 어떤 유형인가?

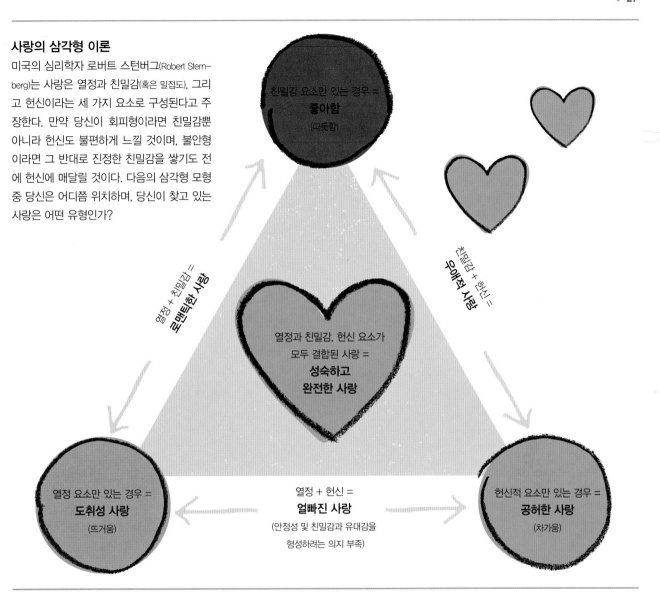

친밀감 요소만 있는 경우 =
좋아함
(따뜻함)

열정 + 친밀감 =
로맨틱한 사랑

친밀감 + 헌신 =
우애적 사랑

열정과 친밀감, 헌신 요소가
모두 결합된 사랑 =
**성숙하고
완전한 사랑**

열정 요소만 있는 경우 =
도취성 사랑
(뜨거움)

열정 + 헌신 =
얼빠진 사랑
(안정성 및 친밀감과 유대감을
형성하려는 의지 부족)

헌신적 요소만 있는 경우 =
공허한 사랑
(차가움)

완벽을 꿈꾸다

회피형 사람은 상처받을까 봐 두려워 자신을 보호하기 위해 감정을 숨기는 습관이 있다. 이 유형에 속하는 이들은 사랑할 수 있는 '단 한 사람'을 꿈꾸기도 한다. 즉, 완벽한 이상형을 위해 자신의 사랑을 남겨두겠다고 생각하는 것이다. 이런 회피형 사람 중에는 과거의 연인을 잊지 못하고 그리워하는 경우가 많은데, 이는 완벽한 이상형을 꿈꾸는 것과 과거 연인을 그리워하는 일 모

두 자신의 회피성 행동에 대한 좋은 핑계가 되기 때문이다. 만약 완벽한 '한 사람'만을 위해 사랑이 존재한다면 그렇지 못한 상대방은 자신을 다치게 할 뿐이라고 생각할 수 있다. 지나간 사랑에 대해서도 마찬가지다. 그 역시 완벽한 '단 한 사람'은 아니었지만 헤어지고 난 후에는 옛 연인의 좋은 점만 떠올린다. 다시 말해, 회피형은 진정으로 사랑을 원하지만 실제 인간의 단점과 욕구를 다루어야만 하는 현실은 피하고 싶어 한

다. 그래서 결국에는 안전한 판타지만 꿈꾸게 되는 것이다. 그들이 꿈꾸는 진짜 사랑은 안정적인 관계 안에서 잘 무르익어야 하므로 시간이 필요하다.

스스로를 편안하게 하는 최고의 방법은 타인에 의해 생겨난 감정과 자신의 불안으로 유발된 감정을 명확하게 구분하는 것이다. 명확한 결과를 얻기 위해서 옆쪽에 있는 테스트를 시작해보자. 다음 진술들 중 어느 것이 가장 익숙한가?

이전 연애가 주는 가르침

패턴 반복에 숨겨진 비밀

연애가 끝날 때마다 다시는 같은 실수를 반복하지 않으리라 다짐하는가? 그럼에도 새로운 사람을 만나면 결국에는 마지막 연애에서 저질렀던 실수를 똑같이 반복하고 있는 당신을 발견하게 되는가? 그렇다면 당신의 욕구와 선택들을 자세히 살펴보는 것이 의미 있는 일이 될 것이다.

미국의 치료 전문가 하빌 헤드릭스(Harville Hendrix)는 1980년대에 이마고 이론을 창시했다. 이 이론은 인간의 행동이 한 인격체로 발달하기 위한 필요에 의해 유발된다고 전제한다. 그래서 어린 시절의 보호자에 대한 무의식적인 이미지가 현재 연인을 찾는 방식에 영향을 미친다는 것이다. 인간은 어느 누구도 완벽할 수 없으므로 우리를 돌봐주었던 보호자 역시 완벽하지 않았을 것이다. 그렇기에 우리가 연인을 만날 나이가 되면, 어린 시절 충족되지 못한 욕구들이 수면 위로 떠오르게 된다.

당신 주변에는 아마도 어울리지 않는 연인만 골라 만나는 것 같은 사람이 몇몇 있을 것이다. 난폭한 아버지를 싫어했지만 그와 같은 남자에게 끌리는 여성이나 자신을 사랑해주는 여성에게는 흥미를 느낄 수 없는 남성처럼 말이다. 혹시 당신이 그렇지는 않은가? 사람은 누구나 행복해지기를 원하기 마련인데 이렇게 자신을 불행하게 만들 것 같은 연인을 선택하는 것은 이상하게 보인다. 그런데 이마고 이론은 인간이 같은 패턴을 반복하는 이유가 행복해지기 위해서라고 주장한다. 다만 약간 예기치 않은 방향으로 비껴갔을 뿐이라는 것이다.

오래된 상처 치유하기

이마고 치료사인 브루스 크라푸셰츠(Bruce Crapuchettes)는 "우리는 어린 시절 충족되어야만 했지만 그렇지 못한 우리의 감춰진 욕

> 우리는 관계를 통해 태어났으며,
> 우리를 치유하고 성장하게 하며
> 잠재력을 발휘하게
> 해주는 것도 관계이다.
>
> – 이마고 치료사,
> 브루스 크라푸셰츠

구를 드러나게 해주는 사람에게 끌리게 된다. 감춰진 욕구는 더 극대화되고 자라나려는 속성을 가지기 때문이다.'라고 말했다. 그래서 우리는 무의식적으로 과거 경험과 유사한 상황 속에서 오래된 상처를 치유해줄 것 같은 사람을 선택하게 된다는 것이다.

문제는 풀리지 않는 상처를 연인의 행동을 바꿈으로써 해결하려고 할 때 생긴다. 그보다는 상대방을 통해 드러나게 된 자신의 문제를 이해하고 상대방이 내미는 도움의 손길을 받아들이는 것이 중요하다. 예를 들어, 당신이 버림받는 것을 두려워한다면 연인이 친구들과 어울릴 때마다 불안함을 느낄 것이다. 그렇다고 매일 밤 연인을 집에 붙들어놓을 수는 없는 노릇이다. 따라서 당신이 느끼는 불안을 털어놓고 확신을 얻고 싶다고 연인에게 분명히 말하는 편이 현명하다. 그러면 연인도 당신과 함께하는 시간이 편안해질 테니, 두 사람에게 모두 좋은 방법이 될 것이다.

새로운 안전성을 찾는 것

당신이 계속 반복하는 실수에는 어떤 공통점이 있는가? 과거 연애에서 받은 상처 중 당신이 고치고 싶은 부분은 무엇인가? 사랑을 찾을 때, 로맨틱한 관계만이 우리 자신을 치유하는 단 하나의 방법은 아니라는 사실을 기억하자. 54쪽에서 57쪽에 걸쳐 살펴보겠지만, 우리는 스스로 자신을 더 나은 존재로 여길 수 있다. 연인에 대한 이상향과 치유해야 할 욕구를 분리한다면 새로운 연인을 찾는 일에 조급함을 덜 느낄 것이다.

다만 오래된 불안정성을 나누는 데는 상호작용이 필요하므로 기꺼이 우리의 치유 과정을 함께 해줄 파트너가 필요하다. 그리고 파트너를 찾는다면 오래된 상처가 어느새 자신감으로 바뀌는 현상을 발견하게 될 것이다. 만약 자신이 대화보다는 상대방을 고치려고만 하는 경향이 있다면 오른쪽에 보이는 세 가지 방법을 시도해보자.

♥ 효과적인 대화를 위한 세 가지 방법

상대방의 오래된 상처를 치유하는 건설적인 대화를 위한 세 가지 핵심 요소를 살펴보자.

1 거울효과
당신이 상대방이 말하는 바를 이해하고 있으며, 그것을 진지하게 받아들이고 있다는 사실을 명확하게 하기 위해 연인의 말을 반복해라.

> 당신이 전화를 하지 않는 게 나를 화나게 만들어요. 그럴 때면 당신이 내 존재를 잊어버린 것 같다는 생각이 들어요.

> 그렇군요. 내가 전화하지 않으면 당신의 존재를 잊었다고 생각해서 화가 나는 거로군요.

2 확인
연인이 느끼는 감정에 책임이 있다는 사실을 인정해라. 비논리적인 의견에 동의할 필요까지는 없지만, 어쨌든 그들이 현재 느끼는 감정은 진짜다. 당신이 그 사실을 받아들였다는 것을 연인에게 보여주어라.

> 우유를 먹었으면 냉장고에 다시 넣어두도록 해. 먹은 자리에 그대로 두는 행동이 나를 정말 미치게 만들어. 그럴 때면 혼돈에 빠진 기분이 든다고.

> 여기저기 물건이 흩어져 있으면 당신이 혼란스러운 기분을 느낀다는 사실을 충분히 알겠어. 그런 식으로 느끼게 할 의도는 아니었어.

3 공감
상대방의 관점에서 보려고 노력해라. 이 역시 비논리적인 상대방의 관점에 동의할 필요는 없지만, 그들이 느끼는 감정을 당신 자신의 감정만큼이나 타당하게 여긴다는 사실을 보여주어라.

> 당신이 과거 연인과 이야기를 나누는 모습을 보았을 때, 나는 정말로 불안했어. 그래서 이상한 말들로 파티 분위기를 망쳐버릴 수밖에 없었던 거야.

> 그 일이 당신에게 불편했으리라는 사실을 충분히 이해해. 특히 자유롭게 말할 분위기가 아닌 상황에서는 말이지.

독립성을 포기해야만 할까?

자주성과 관계 사이에서 균형 맞추는 법

연애를 시작하면 자유와 정체성을 포기해야만 한다는 사실에 많은 사람들이 두려움을 느낀다. 하지만 현실에서 건강한 관계는 상대방에게 든든한 지원자인 동시에 커다란 독립성을 부여해준다. 사랑은 상호의존 그 자체이다.

놀이터에서 놀던 한 아이가 크게 넘어 졌다고 생각해보자. 아이는 울면서 엄마에게 달려가 꼭 껴안아 달라고 보챌 것이다. 주의 깊은 엄마라면 우는 아이를 즉시 일으켜 세우고 다정한 말들로 달래서 아이가 빠르게 안정을 되찾도록 해준다. 그러면 아이는 울음을 멈추고 스스로 일어나 다시 놀이터로 달려갈 수 있게 된다.

이 아이에게 있어 엄마는 자신을 지지해주고 세상으로 나아갈 수 있게 힘을 북돋아주는 '안정 기반'인 동시에 세상이 버겁게 느껴질 때 돌아가 쉴 수 있는 '안식처'가 된다. 이렇듯 언제든 돌아가 심신을 회복할 수 있는 사랑을 가지고자 하는 갈망은 우리가 성인이 되어도 버리지 못하는 욕구이다.

감정 다루기

상당히 안정적인 사람이라도 힘든 날이 있기 마련이다. 그런 날이면 우리는 어떤 식으로 행동할까?

대부분은 안정을 취할 수 있는 '안식처'를 찾아가는데, 성인에게 있어 그러한 대상은 대개 로맨틱한 연인이다. 연인의 품에 곧

🔍 서바이벌 스킬

2003년, 마이클 미니(Micheal Meaney)는 쥐 무리를 대상으로 실험을 했다. 그는 물을 채운 통에 쥐를 떨어뜨리고 쥐들이 헤엄치는지 가라앉는지를 실험했다. 실험에 앞서 마이클은 새끼쥐와 어미쥐의 관계를 면밀히 관찰했는데, 어떤 어미쥐는 자신의 새끼를 핥고 보듬어주는 반면 이런 양육 행동이 부족한 어미쥐도 있었다. 쥐들이 물에 빠졌을 때, 잘 양육 받은 새끼쥐는 머리를 물 밖으로 내밀고 계속해서 헤엄치려고 노력했다. 하지만 보살핌을 덜 받은 새끼쥐는 바로 헤엄치는 일을 포기해서 건져 올려주지 않았다면 그대로 익사했을 것이다. 이처럼 안식처를 가지는 것은 우리가 절체절명의 위기 상황에 봉착했을 때 독립적으로 행동할 수 있게 해준다.

장 달려가 안길 수는 없다고 해도 안정형 커플은 서로를 생각하는 것만으로도 안정을 되찾을 수 있다. 자신의 삶에 상대방이 존재하고 있으며 때가 되면 자신을 찾아와 달래주리라는 사실을 믿기 때문이다. 안정 기반은 우리가 혼자서 자신의 방식으로 살아갈 수 있는 용기를 준다.

우리가 불안정 상태일 때

모든 사람이 자신의 감정을 쉽게 제어할 수 있는 것은 아니므로 연인에게 도움을 요청하는 것은 바람직하다. 하지만 불안형의 경우, 상대방이 전적으로 자신의 감정을 조절해주기를 바라면서 그가 거부할 경우 분노를 느낀다. 하지만 이 세상에 필요할 때마다 곁에 있어 줄 수 있는 사람은 없으므로 우리는 자신의 감정에 맞설 수 있어야만 한다. 감정을 다스리는 과정에서 때로는 외부의 지원이 필요하기도 하다. 이때 연습을 통해 미리 자신의 감정을 다스리는 법을 익혔다면 한결 차분하게 도움을 요청할 수 있으며, 상대방도 우리가 이야기를 나눌 준비가 되었다고 느끼고 대화에 참여할 것이다.

한편 회피형 사람은 자기 자신의 감정뿐 아니라 도움의 손길도 무시해버리는 경향이 있다. 상대방의 진심을 믿지 못하고 두려워하면서, 그 반작용으로 오히려 강하고 유능한 사람이라면 다른 사람의 도움이 필요 없다는 신념을 가지게 되었기 때문이다. 안정형과 불안형이 상대방의 지지를 받을 때 활력을 되찾는 것과 달리 회피형은 타인의 배려와 지지를 위협적으로 느낀다. 타인의 도움을 받아들이는 것은 자기 신뢰를 저버리는 일이며, 결국에는 매사에 도움이 필요하다는 사실을 인정하는 것이라고 생각하기 때문이다. 이런 생각에는 근본적으로 언젠가 타인이 자신을 실망시키리라는 두려움이 작용하고 있다.

혼자 힘으로 자신의 고통을 다스리는 데 익숙해서 도움의 손길을 매번 거절한다면, 결국 주변 사람들은 당신에게서 거부당하고 무시당한다는 느낌을 받을 것이다. 하지만 상호의존성은 일반적으로 생각하는 의

🔍 진심을 다하기

2000년에 출간된 『성격 및 사회심리학 저널』에 실린 한 연구 결과를 보면, 93명의 사람들이 남자친구나 여자친구와의 사이에 개인적 문제가 있다고 응답했다. 여기서 회피형은 연인을 지지하는 성향이 부족하고, 불안형은 상대방에게 지원을 요청하는 일에 능숙하지 않으며, 안정형은 연인의 배려에서 힘을 얻는다고 보고했다. 상대방의 도움이 자신을 위한 일이라는 사실을 신뢰할 수 있으면, 삶에서 겪는 문제들에 한결 쉽게 직면할 수 있다.

존성과는 다르다. 당신을 통제하려고 드는 사람은 좋은 연애 상대가 아니지만, 당신에게 기대고 당신도 기댈 수 있는 사람은 당신을 더 나은 사람으로 만들어줄 좋은 연애 상대이다.

✅ 끊임없이 연락하면 아무 문제가 없을 것이다

불안형 사람은 상대방이 그럴 만한 여유가 없을 때조차도 사랑의 확신을 필요로 한다. 다행인 점은 불안형 사람에게 확신을 주는 일이 까다롭지 않다는 것이다. 불안형 사람이 보내온 문자메시지에 빠르게 답장하는 것은 그중 가장 손쉬운 방법이다.

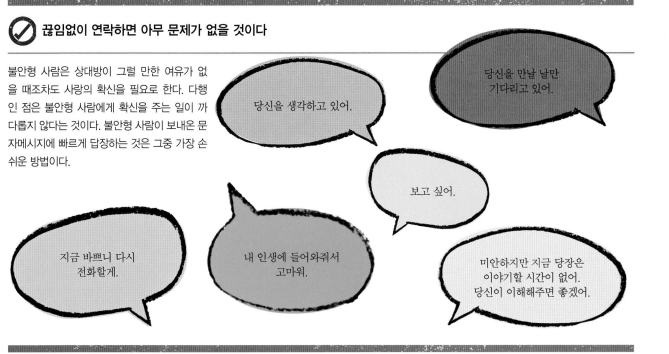

당신을 생각하고 있어.

당신을 만날 날만 기다리고 있어.

보고 싶어.

지금 바쁘니 다시 전화할게.

내 인생에 들어와줘서 고마워.

미안하지만 지금 당장은 이야기할 시간이 없어. 당신이 이해해주면 좋겠어.

사고방식은 방해자인가, 조력자인가?

당신에게 있어 최악의 적은?

우리는 모두 행복해지기를 원하면서도 왜 자신을 불행하게 하는 상황에서 벗어나지 못할까? 그것은 아마도 우리가 혼란스러운 상황을 피하고 싶어 하기 때문인데, 불행하게도 어떤 문제가 벌어지리라 미리 걱정하면 심술 맞게도 그 문제가 정말로 생기게 마련이다.

예상 뒤엎기

아래 연습을 통해 당신의 선택적 사고를 기록하고, 더 긍정적인 사고방식을 만들 방법을 찾아내자.

선택적 집중 대상 바꿔보기
- 사람들이 당신에게 한 친절한 행동은 무엇인가?
- 당신은 그 행동을 어떻게 받아들였는가?
- 그것을 무시해버리지는 않았는가? 만약 그렇다면, 이유가 무엇인가?

선택적 기억 바꿔보기
- 오늘 당신은 어떤 좋은 일을 했는가?
- 사람들은 당신의 행동에 어떻게 반응했는가?
- 사람들이 당신의 행동을 신경 쓰는 것 같았는가?

선택적 해석 바꿔보기
- 오늘 일 중 기분 나빴던 일을 떠올려보자.
- 그 일을 조금 더 긍정적인 방향으로 바꾸기 위해 당신이 할 수 있는 일이 있는가?
- 당신이 과도한 일반화를 하는 것은 아닌가?
- 사람들의 나쁜 점을 강조하거나 좋은 점을 경시하는 것은 아닌가?

자신을 낙관주의자라고 말할 수 있는가? 삶이 좋은 방향으로 흘러가고, 사람들이 당신을 좋아할 거라고 기대하는가? 어떤 사람이 당신에 대해 좋게 말한다면 안심하는 편인가, 당황하는 편인가?

어느 누구도 경시받기를 원하지 않지만, 때로는 우리의 잘못된 욕구가 그렇게 만들기도 한다. 그것은 관계와 사랑에 대한 갈망과 함께 인간의 또 다른 기본적인 욕구로나 자신이 누구인지를 정확하게 알고자 하는 욕구이다. 하지만 자아정체성을 자문해보는 것은 상당히 혼란스러운 일이므로 그런 혼란을 피하기 위해 자아정체성 문제와는 거리를 두게 되고, 문제가 생기게 된다.

당신의 정체성은 무엇인가?

만약 당신이 스스로를 사랑스러운 사람이라고 생각한다면, 실제로도 따뜻하고 헌신적인 연인이 나타나 그러한 생각이 옳았음을 확인시켜줄 것이다. 하지만 당신이 스스로를 사랑스러운 사람이 아니라고 여긴다면, 정작 그런 연인을 만나도 혼란스러운 일이 발생한다. 상대방이 당신의 생각과는 반대로 당신을 사랑해준다면 그가 사랑하는 사람이 마치 자기 자신이 아닌 듯 느껴지기 때문이다. 그래서 불행히도 사람들은 일반적으로 합당해 보이는 연인을 선택하게 된다.

무의식적으로 우리는 예상했던 대로 흘러가도록 자신을 몰아간다. 미국의 심리학자 윌리엄 스완(William Swann)은 이런 현상을 '자아검증'이라고 부른다. 이는 진짜 관심사와는 반대로 우리를 행동하게 만들 수 있다. 1988년 스완은 대학생들을 대상으로 자신을 호의적으로 평가한 룸메이트와 부정적으로 평가한 룸메이트 중 누구를 선호하는지 조사했다. 자신을 소중하게 여기는 학생들은 부정적인 룸메이트를 피한 반면, 낮은

> 자아검증 과정은 자신의 예측을 최대로 맞게 하여, 상황에 대한 통제력을 가졌다고 믿고 싶어 하는 사람의 욕구이다.
>
> – 미국의 심리학자, 윌리엄 스완

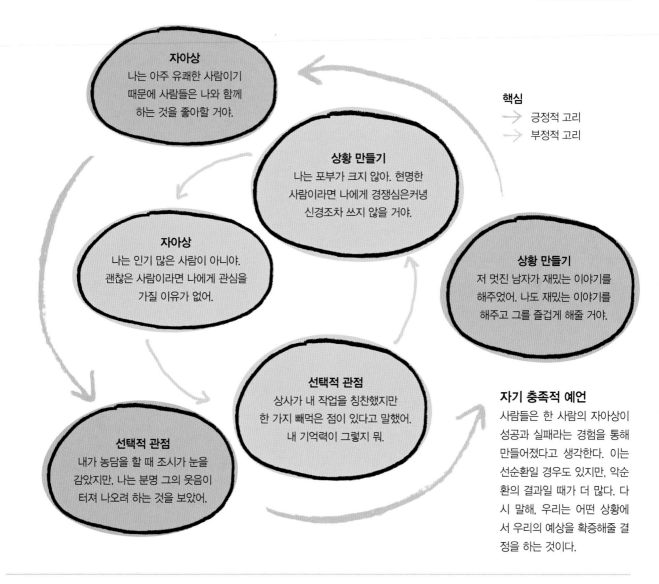

자아상
나는 아주 유쾌한 사람이기 때문에 사람들은 나와 함께 하는 것을 좋아할 거야.

상황 만들기
나는 포부가 크지 않아. 현명한 사람이라면 나에게 경쟁심은커녕 신경조차 쓰지 않을 거야.

핵심
→ 긍정적 고리
→ 부정적 고리

자아상
나는 인기 많은 사람이 아니야. 괜찮은 사람이라면 나에게 관심을 가질 이유가 없어.

상황 만들기
저 멋진 남자가 재밌는 이야기를 해주었어. 나도 재밌는 이야기를 해주고 그를 즐겁게 해줄 거야.

선택적 관점
상사가 내 작업을 칭찬했지만 한 가지 빼먹은 점이 있다고 말했어. 내 기억력이 그렇지 뭐.

선택적 관점
내가 농담을 할 때 조시가 눈을 감았지만, 나는 분명 그의 웃음이 터져 나오려 하는 것을 보았어.

자기 충족적 예언
사람들은 한 사람의 자아상이 성공과 실패라는 경험을 통해 만들어졌다고 생각한다. 이는 선순환일 경우도 있지만, 악순환의 결과일 때가 더 많다. 다시 말해, 우리는 어떤 상황에서 우리의 예상을 확증해줄 결정을 하는 것이다.

자아상을 가진 학생들은 자신에 대해 안 좋은 평을 한 룸메이트를 선호했다. 부정적인 평가가 기분 좋지는 않지만, 그 사실이 자신의 생각과 같기 때문에 룸메이트 선택에 영향을 미친 것이다.

주의 기울이기
위 실험을 통해 알 수 있듯이, 우리는 집중과 기억, 해석에 있어서 편향적인 경향이 있다. 만약 무언가가 우리의 자아상을 확인

시켜주면, 우리는 의심 없이 그것을 받아들인다. 회피형과 불안형이 자주 저지르는 실수 중에 하나는 스스로를 가치 없이 여기면서 자신에 대한 좋지 않은 대우를 예상하기 때문에 연인이 잘 대해주는 순간에도 좋은 점보다는 나쁜 점에 훨씬 집중한다는 것이다. 이러면 상대방이 얼마나 멋진 사람인지 깨닫지 못할 뿐더러 우리가 얼마나 좋은 사람인지 결코 알지 못할 것이다.

당신은 자기 자신을 사랑스럽게 느끼는

가? 그렇게 느끼지 않는다면 이제 다음의 연습을 시작할 중요한 순간이다. 모든 인간이 그렇듯이 당신 역시 좋은 대우를 받을 만한 가치가 있는 사람이다. 그러기 위해서 당신은 스스로에게 최고의 조력자가 되어야 한다. 다음 장의 몇 가지 자기 가치 확인 연습을 따라 해보자. 그리고 당신의 자아상을 바꿀 수 있도록 자기 자신에게 협조해보자.

당신은 최고의 대우를 받을 가치가 있다!

건강하고 긍정적인 사고하기

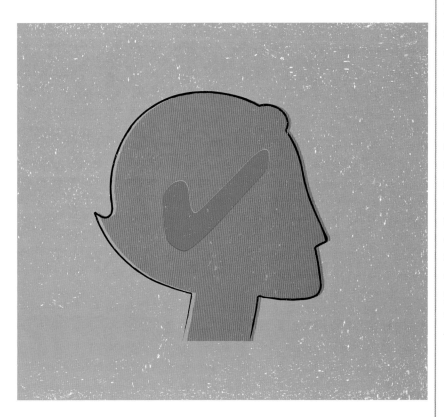

심리학적 증거들뿐 아니라 우리가 일상적인 경험에서 알 수 있듯이 자신에 대해 긍정적으로 느끼는 사람은 더 행복한 관계를 만들어 나간다. 자기 신뢰를 강화하는 방향으로 사고방식을 바꾸기 위해 다음의 몇 가지 자기 가치 확인 연습을 따라 해보자.

자기 자신이 완벽해야만 스스로에 대해 긍정적으로 생각할 수 있을까? 이에 대한 대답은 단호하게 '아니오.'이다. 아주 자신감이 넘치는 사람들도 세상에는 자신의 힘으로 할 수 없는 일이 있으며 자신에게 부족한 면이 있다는 사실을 인정한다. 그렇다면 우리에게 필요한 것은 몇 가지 결점이 있을지라도 자기 자신은 기본적으로 가치 있는 사람이라고 믿는 것이다.

긍정적 측면을 강조해라

우리는 어떻게 하면 더 나은 사람이 될 수 있는지 고민하며 많은 시간을 보낸다. 그런데 자신의 문제를 고민해보는 습관은 좋은 전략이 되기도 하지만, 너무 지나치면 자신에게 무언가 문제가 있다고 계속 되뇌이게 되어 스스로를 사랑스러운 사람이라고 여기는 사고방식 형성에 도움이 되지 않는다.

자기 가치 확인 이론은 자기 자신의 좋은 면을 상기하는 것이 중요하다고 강조한다. 예를 들어, 당신이 형편없는 음치라서 노래방에 가는 것을 당혹스럽게 느낀다고 가정해보자. 이때, 자신의 노래 실력에만 온 정신을 집중한다면 스스로 우스꽝스럽고 매력 없게 느껴질 것이다. 하지만 그런 상황에서 음치라는 단점을 상쇄해줄 자신의 장점을 떠올린다면 당신은 그저 노래방에만 안 어울리는 사람이라는 자신감을 가질 수 있다. 당신이 가진 장점이 노래방에서 필요한 자질일 필요는 없다. 그것은 훌륭한 요리 실력일 수도 있고, 기획에 재능이 있는 것일

> 당신은 당신이 느끼고
> 기능하는 방식에
> 영향을 미치는 뇌구조를
> 재조직할 수 있다.
>
> – 심리학자, 로야 R. 라드(Roya R. Rad),
> 『허핑턴 포스트』「자기 가치 확인에
> 관한 글쓰기」 중에서

자기 가치 확인 연습

늘 자기 자신을 자책하는가? 그렇다면 아래 단계를 따라 하는 습관을 들여보고, 그 습관이 당신의 기분을 더 좋게 해주는지 살펴보도록 하자.

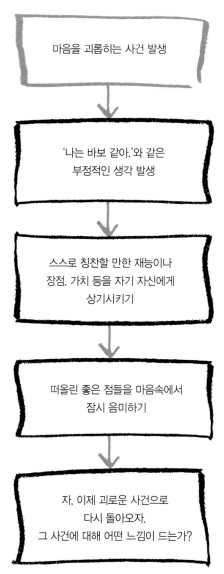

마음을 괴롭히는 사건 발생

'나는 바보 같아.'와 같은 부정적인 생각 발생

스스로 칭찬할 만한 재능이나 장점, 가치 등을 자기 자신에게 상기시키기

떠올린 좋은 점들을 마음속에서 잠시 음미하기

자, 이제 괴로운 사건으로 다시 돌아오자. 그 사건에 대해 어떤 느낌이 드는가?

수도 있다. 자기 가치 확인이 제대로 작용하기 위해서는 당신의 불안정한 노래는 잊어버리고 좋은 점에만 집중하면 된다.

자아회복력 만들기

자기 가치 확인은 놀랍도록 폭넓은 효과를 가진다. 예를 들어, 2009년에 실행된 한 연구를 살펴보면, 첫 번째 테스트에서 낮은 수학 점수를 받고 낙담한 사람들은 두 번째 테스트에서도 똑같이 안 좋은 점수를 받았다. 연구자들은 두 번의 테스트 사이에 일부 참가자들에게 자기 자신에 대한 소중한 가치를 떠올리게 하는 단어 찾기 퀴즈를 실시했다. 예를 들어, 예술에 관심이 있는 참가자들에게는 무작위로 흩어진 글자에서 '색상'이라는 단어를 조합하게 하는 방식이었다. 무의식 중에 자신이 소중하게 여기는 것을 되새긴 실험 참가자들은 자신들의 첫 번째 실패를 이겨내고 두 번째 수학 테스트에서 이전보다 훨씬 좋은 결과를 만들어냈다. 다시 말해, 단순히 자신의 가치를 떠올려보는 것만으로도 사람들은 덜 능숙한 업무에서 더 나은 실력을 보여주는 것이 가능했다.

주변 사람 생각하기

위에서 살펴보았듯, 자기 가치 확인은 자기 자신을 더 긍정적으로 받아들이고 자아회복력을 형성할 수 있게 도와준다. 여기에 더해 긍정심리학은 우리를 둘러싼 세상과 자신을 연관시키는 것 또한 자기 가치 확인만큼이나 중요한 일이라고 말한다. 예를 들어, 우리가 기본적 욕구를 이미 충족한 상태라면 엄청난 부를 쌓았다 하더라도 그것이 사실상 우리 행복을 많이 향상시키지는 않는다. 대신에 자신의 부를 이용해 타인을 도울 수 있다면 양상이 달라지는데, 그렇게 하면 우리의 행복 지수는 향상된다. 행복에 대한 세 가지 주요 예측인자는 낙관주의, 감사, 그리고 이타주의이다. 즉, 타인을 위해 선을 베풀고 다시 그들이 베푸는 선 안에서 살게 되면 별다른 노력을 하지 않아도 자기 자신을 더 긍정적으로 바라보게 된다. 이는 꽤 좋은 전략으로, 이를 통해 연인이 우리를 더 긍정적으로 여기게 만들 수 있으며

우리의 연애는 서로를 존중하는 선순환 구조가 될 수 있다. 긍정심리학에 따르면, 당신 고유의 가치를 확인하는 과정에서 중요한 것은 자신에 대한 좋은 점을 찾을 수 있도록 끊임없이 좋은 행동을 하는 것이다. 다시 말해, 당신이 타인을 위해 좋은 일을 한다면 이는 당신의 좋은 점이 되어 만족감과 자긍심이 저절로 생겨날 것이다. 자기 가치 확인은 자기 자신에게 자신만의 좋은 자질을 되짚어주는 일인데, 그 과정은 결국 우리가 세상과 더 잘 소통하도록 도와준다. 우리는 모두 때때로 능력의 한계를 느낀다. 하지만 그러한 때에 자신이 잘 하는 일을 떠올린다면 예상치 못한 방식으로 난관을 극복하고 있는 자신을 발견하게 될 것이다. 로맨스라는 복잡한 관계에서 더 사랑스럽고 자신감 있게 느끼는 것을 포함해서 말이다.

✏ 세 가지 좋은 일 시도해보기

긍정심리학의 아버지라고 알려진 마틴 샐리그만(Martin Seligman)이 제시한 다음 훈련법을 매일 잠자리에 들기 전 반복해보자.

1. 오늘 일어난 세 가지 좋은 일을 떠올려보자. 대단한 일이 아니어도 된다. '맛있는 점심 식사'와 같이 당신을 즐겁게 해주었다면 사소한 일이라도 좋다.

2. 위에서 떠올린 세 가지 일을 노트에 적어라.

3. 그 일이 일어난 이유를 생각해라. '세상은 아름답기 때문이야.'라거나 '내가 계획을 아주 현명하게 세웠기 때문이지.'라고 자신만의 이유를 설명한다. 중요한 것은 긍정적인 사건의 원인과 결과를 따라가면서 당신의 뇌가 즐거움을 경험하도록 만드는 것이다.

당신은 외향적일까, 내향적일까?

당신의 에너지 근원은 어디로부터 오는가?

어떤 사람은 사려 깊고 조용한 반면, 어떤 사람은 활기차고 사교적이다. 어떤 사람이 되어야 하는지에 관해 정해진 공식은 없지만, 욕구를 정확히 파악하는 것은 당신이 연애 중이든 새로운 사랑을 찾고 있든, 큰 도움이 될 것이다.

우리는 '내향적'이라는 단어와 '외향적'이라는 단어에 익숙하다. 하지만 이 단어들이 사람의 성향을 전부 묘사해줄 수 있을까? 이 단어들은 각각 특정한 고정관념을 떠올리게 한다. 내향적이라는 말은 음울하고 신경쇠약에 걸려있는 사람이나 예민하고 학구적인 사람을 떠올리게 하고, 반대로 외향적이라는 말은 가볍고 소란스럽거나 사교적이고 주변과 잘 어울리는 사람을 떠올리게 한다.

고정관념을 뛰어넘어

하지만 현실에서는 인기 있고 편한 스타일이지만 내향적인 사람도 있고, 똑똑하고 예민하기는 하지만 외향적인 사람도 있다. 스위스 정신과 의사 칼 정(Carl Jung)이 고안하여 유명해진 외향과 내향이라는 두 단어는 현재 마이어브릭스 성격 진단 테스트 학자들에 의해 널리 사용되고 있는데, 이는 사실 사람들이 에너지를 어디에서 얻는지를 설명하는 용어이다. 만약 타인과 함께 있으면 활력을 얻지만 홀로 있으면 우울해지

는 편이라면 당신은 외향적인 사람이다. 반대로 주변 사람들과 어울리거나 매우 떠들썩한 장소에 있는 것이 피곤하게 느껴지고 홀로 즐기는 활동에서 안정을 찾는다면 당신은 내향적인 사람이다. 어쩌면 두 유형이 혼합된 사람일 수도 있는데, 이를 우리는 '양가형'이라고 부른다. 이 두 유형은 경계선이 모호하기 때문에 당신을 평가하는 사람이 누구인지에 따라 당신이 속한 유형도 다를 수 있다. 예를 들어, 매우 내향적인 사

> 제 남편은 외향적인 사람이에요. 그런데 저는 내향적이죠. 그런 저에게 남편은 사회적인 활동을 어느 정도 할 수 있도록 해주는 윤활유 같은 역할을 해요. 그는 제가 사람들과 어울리는 일을 힘들어한다는 사실을 잘 이해해주고 저만의 조용한 시간이 필요하다는 것을 이해주는 사람이죠.

> 제 남편은 내향적인 사람이에요. 그가 어느 날, 제게 말했어요. "당신과 함께 있는 것은 나 혼자 있을 때와 다르지 않아." 저는 이 말이 남편만의 사랑 표현이라고 생각해요. 혼자 있는 것을 좋아하는 사람이 저와 함께 있어도 자신의 시간을 방해받지 않는다는 표현은 그만의 사랑 표현인 거죠.

람에게는 대부분의 사람이 외향적으로 보일 것이며, 그 반대의 경우도 마찬가지일 것이다. 이사벨 브릭스 마이어(Isabel Briggs Myers)가 1960년대에 처음으로 측정했을 때, 미국인들의 약 25%가 내향성에 속했으며 나머지 75%가 외향성에 속하는 것으로 나타났다. 하지만 1998년에 실시된 마이어브릭스 연구소의 첫 공식 연구에서는 그 추정치가 바뀌었는데, 내향성 50.7%와 외향성 49.3%로 각각 비슷한 수치로 조사되었다.

사랑에서 얻는 힘

사람의 성격 유형은 연애 상대를 찾는 일과 어떻게 연관될까? 어떤 사람들은 외향적인 사람과 내향적인 사람이 만나는 것이 최고의 조합이라고 주장하고, 또 다른 사람들은 성향이 같은 사람들끼리 만나 즐길 거리를

마이어브릭스 성격 진단(MBT)

미국의 심리학자 캐서린 쿡 브릭스(Katherine Cook Briggs)와 그녀의 딸 이사벨 브릭스 마이어가 고안한 마이어브릭스 성격 진단 테스트는 수십 개의 문항을 통해 16가지 성향 유형으로 분리하는 테스트다. 다음의 네 가지 대표 문항을 살펴보자. 당신은 외향적인 편인가, 아니면 내향적인 편인가?

당신은 내부에 집중하는가, 아니면 외부에 집중하는가?	어떤 정보 습득 방식을 선호하는가?	결정을 해야 할 때, 어떤 방식을 선호하는가?	인생에서 어떤 방식을 선호하는가?
외향적 나는 외부 자극으로부터 에너지를 얻는다.	**감각** 나는 구체적이고 실제적인 것을 선호한다.	**생각** 정당성과 공정성을 따지며, 이성적이고 논리적으로 사고하는 것을 선호한다.	**판단** 나는 모든 것이 조직화되기를 원하는 계획적인 사람이다.
내향적 나는 내부의 나 자신으로부터 에너지를 얻는다.	**직관** 나는 '큰 그림'을 그려보고, 상상하는 것을 선호한다.	**느낌** 공감과 용서에 가치를 두면서 관계와 조화를 선호한다.	**인지적** 나는 인생이 융통성 있기를 바라는 즉흥적인 사람이다.

> 저는 외향적이지만, 제 연인은 내향적인 사람이에요. 그는 제가 안정을 찾을 수 있게 도와주고, 어떤 일을 깊이 생각해보고 덜 충동적으로 행동하도록 해주죠. 하지만 때로 부딪힐 때도 있어요. 저는 사랑을 말로 표현해야 하고, 그는 말하지 않아도 아는 것이 사랑이라고 생각하기 때문이죠.

공유하는 것이 최고라고 주장한다. 하지만 이런 주장들을 듣는 것보다 마음속으로 자신이 진정 선호하는 환경이 무엇인지를 떠올려보는 편이 더 유용하다. 외향과 내향이라는 두 용어는 당신 자신과 데이트 사이에 작용하는 힘을 이해하는 데 큰 도움을 준다. 지난주에 만난 아름다운 여성이 당신에게 별다른 흥미를 보이지 않거나 당신이 참석했던 모임이 너무 오래 지속되어서 피곤했는가? 당신의 새로운 남자친구가 당신과 함께 있는 것을 지루해하고 밖에 나가고 싶

어 하거나 색다른 무언가를 해보기를 원하는가? 당신이 만약 서로 다른 에너지의 원천을 이해하고 받아들인다면 연인 사이에 발생하는 많은 갈등은 서로 다른 욕구를 보완해주면서 해결될 수 있다.

이에 대해 바람직한 '혼합' 커플은 합의점을 만들어 둔다. 예를 들어, 금요일 밤은 집에서 시간을 보내는 대신 토요일 밤은 나가서 신 나게 즐길 것을 약속하는 것이다. 당신 자신이 어디에서 에너지를 얻는지를 이해하는 것은 연애에서 좌절하거나 만족하는 것에서 많은 차이를 만들 수 있다.

> 제 남편과 저는 모두 내향적인 사람들이라서 서로 각자의 시간과 공간을 가지는 것이 중요해요. 그래서 서로 그런 시간이 필요하면 솔직하게 상대방에게 말하는 편인데, 꽤 효과가 좋아요.

성별에 따른 성향 유형의 차이가 있을까?

다음은 1998년 마이어브릭스 연구소가 발표한 수치이다.

[여성]

52.5%
외향성

47.5%
내향성

[남성]

45.9%
외향성

54.1%
내향성

친구도 때로는 도움이 될 수 있다!

플라토닉 사랑의 교훈

문득 돌아보면 당신 빼고 모두에게 짝이 있는 것 같은 기분이 들 때가 있다. 그럴 때 플라토닉적 관계는 우리가 더 안정적인 애착관계를 발전시킬 수 있도록 힘을 주며, 이는 다음 사랑이 찾아왔을 때 더 나은 관계를 형성할 수 있게 해준다.

이별한 후 친구를 찾아가 슬픔을 토로하며 술잔을 기울이고 위로를 받았던 적이 있다면, 당신은 상처 입은 마음에 우정이 선사하는 위안을 경험한 것이다.

안정 기반을 찾는 일

사랑이 끝나고 마음이 저려오는 기분이 드는 것은 우리의 애착시스템이 발동됐다는 의미이다. 어린아이가 보호자에게서 떨어지면 불안을 느끼고 보호자를 찾아 헤매는데, 이는 강력한 생존기제가 발동한 것으로 그런 불안은 안정적인 보호자와 다시 연결되도록 만든다. 성인이 되어서도 연인관계가 흔들리게 되면 우리의 애착체계가 나타난다. 그렇게 되면 우리는 연인을 다시 만나는 일 외에 그 무엇도 현재의 고통을 치유해줄 수 없다는 생각에 사로잡힌다.

연인이 없을 때

하지만 독신 생활이 오래되었거나 아예 연인과 헤어져버린 후라면 우리에게는 돌아갈 '안정 기반'이 없다. 이런 경우, 누가 우리를 위로해줄 수 있을까? 엄격한 개인주의자들은 어른이라면 이런 일쯤은 혼자서 견뎌야 한다고 주장할지 모른다. 하지만 인간은 사회적 동물이기 때문에 사랑과 위안을 바라는 감정에 부끄러움을 느낄 필요는 없다. 그렇다면 기댈 연인이 없을 경우, 우리가 할 수 있는 최선의 방법은 가까운 친구나 가족 등에 기대어 그들과의 교감을 즐기는 것이다. 물론 그들에게 애인이 해줄 수 있는 모든 일을 기대할 수는 없다. 하지만 그들의 사랑과 관심은 확실히 우리의 애착체계가 안정될 수 있도록 도와줄 것이다.

심리학자들은 주로 부모와 자녀 혹은 연인 간의 애착관계를 연구해왔지만, 새로운 연구에서 우리의 애착체계가 다른 곳에서도 발현되는 특정 시기가 관찰되었다. 예를 들어, 2010년 오스트리아의 심리학자 로스 B. 윌킨스(Ross B. Wilkinson)는 청소년기의 친한 친구 사이에서 나타나는 애착이 '부모의 애착 영향에 대한 보상'일 수 있다는 사실을 발견했다. 조금 더 쉽게 말하면, 친구들끼리의 비밀스런 속삭임은 가족과의 애착

관계만큼이나 로맨스에 대한 기대치를 형성하는 데 중요할 수 있다는 것이다. 아동기를 벗어나는 시기에 플라토닉한 관계는 우리의 자아 형성에 깊은 영향을 미치며, 우리는 그러한 친밀감을 통해 성장해나간다.

인간은 누구나 관계적 존재이기 때문에, 부모에게 의존하기에는 너무 나이가 들었거나 안정적인 연인이 없다면 우리의 애착체계는 자연스럽게 친구나 가족 혹은 친척 등 새로운 관계를 찾아 나선다.

50%

스위스에서 1만 3,600명을 대상으로 3년간 연구한 결과, 좋은 친구를 사귀는 것이 심장병 위험을 절반 가까이 낮춰주는 것으로 밝혀졌다.

우정이라는 기반

가까운 사람을 만나 관계를 맺는 일은 삶에서 위기 상황에 부딪혔을 때 힘이 될 뿐만 아니라 일상생활에도 좋은 작용을 한다. 예를 들어, 불안정 애착유형에 속한다면 안정적인 친구관계 속에서 안정적 애착 감정을 연습해보는 것이 좋다.

친구 중 가장 신임이 가는 몇몇 친구들과 애착 감정 연습을 해나가면 된다. 물론 연인과 헤어져 잠시 혼자 보내는 시간을 가지는 것은 당신을 행복하게 해주는 사람과 그렇지 않은 사람이 누구인지를 고민해볼 좋은 기회가 된다. 하지만 때로는 은은하게 지속되는 우정이 그런 시기에 강한 힘을 발휘하기도 한다. 친구는 회피형이 두려워하는 헌신을 바라지 않으며, 불안형이 두려워하는 강한 방어 행위도 보이지 않는다.

이런 불안정 유형의 사람이 친구에게 자신의 근본적인 두려움을 털어놓는다면, 이후 새로운 사랑을 하게 되었을 때 무의식적인 마음이 생각보다 잘 준비되어진 것을 발견하게 될 것이다.

🔍 사랑의 미시적 순간

사랑은 연인이나 가까운 친구를 위해서만 존재할까? 노스 캘리포니아의 교수 바바라 프레드릭슨(Barbara Fredrickson)에 따르면 그렇지 않다고 한다. 2010년 그녀는 연구를 통해 뇌신경 중 사랑을 경험하고 감정을 조절하는 미주신경의 상태는 규칙적인 자애명상을 통해 향상될 수 있다고 밝혔는데, 흥미로운 점은 낯선 사람들과 접촉하는 일상의 사소한 순간들도 도움이 된다는 사실이다.(56–57쪽 참고) 그렇기 때문에 거리에서 사람들과 미소를 주고받는 것만으로도 당신의 뇌는 사랑의 감정을 느낄 수 있다.

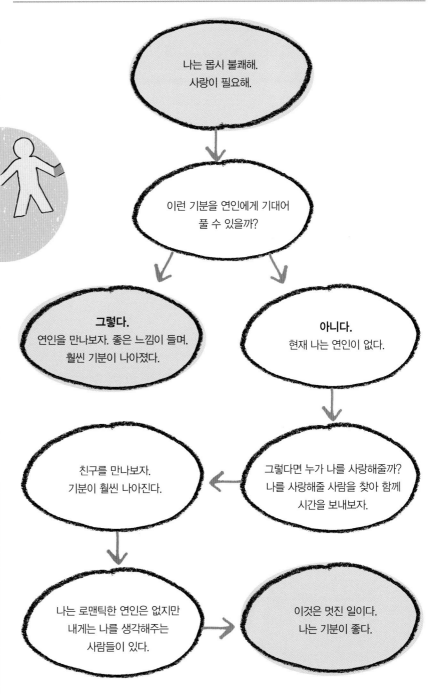

나는 몹시 불쾌해.
사랑이 필요해.

이런 기분을 연인에게 기대어 풀 수 있을까?

그렇다.
연인을 만나보자. 좋은 느낌이 들며, 훨씬 기분이 나아졌다.

아니다.
현재 나는 연인이 없다.

친구를 만나보자.
기분이 훨씬 나아진다.

그렇다면 누가 나를 사랑해줄까? 나를 사랑해줄 사람을 찾아 함께 시간을 보내보자.

나는 로맨틱한 연인은 없지만 내게는 나를 생각해주는 사람들이 있다.

이것은 멋진 일이다.
나는 기분이 좋다.

악순환을 끊어주는 우정

힘든 시기에 위로해줄 연인이 없거나 있어도 별 도움이 되지 않는다면, 그 우울의 늪에서 우리를 구원해줄 수 있는 것은 바로 우정이다.

사랑하는 사람들에게서 도움을 얻는 법

나에게 솔직하게 말해줘

자기 자신을 객관적으로 들여다보는 것은 어렵다. 그렇기 때문에 당신에게 애인이 없는 이유를 스스로 알 수 없다면, 다정하고 믿을 만한 지인을 소중한 멘토로 삼아보자. 물론 새로운 사랑을 찾아 다닌 지 얼마 되지 않았다면 그저 딱 맞는 사람을 아직 만나지 못했을 가능성이 높다. 하지만 자신의 감정을 더 능숙하게 표현하는 법을 배운다면 좋은 상대를 만났을 때, 그가 당신을 재빠르게 알아볼 기회를 더 높일 수 있다.

당신을 잘 알고, 있는 그대로의 모습을 사랑해주는 친구들 중 사교성이 좋은 두 명의 친구를 떠올려보자. 그들은 좋은 사람을 만났을 때 자신을 잘 드러낼 줄 아는 사람이어야 하며, 이때 보다 객관적인 조언을 위해 당신과 비슷한 연령대의 각자 다른 성별이면 더 좋다. 이렇게 두 명을 선택했다면 개인적으로 한 명씩 만나서 당신에 대한 진심 어린 조언을 부탁해보자.

이제 친구들이 당신에게 해준 조언들 중 어떤 부분을 해결해야 할지, 그리고 그들이 어떻게 하면 당신을 잘 도와줄 수 있는지를 알아보자.

? 당신의 강점을 찾아라

유용한 질문들 :

- 더 멋지게 꾸밀 수는 없는가? 예를 들어, 딱 맞는 사이즈의 옷인지 혹은 어울리는 색을 고른 것인지를 자기 자신에게 물어보자.

- 현재 스타일이 최선인가? 더 잘 어울리는 새 헤어스타일이 있지 않은가? 아니면 예전 헤어스타일이 더 어울리는 것은 아닌가?

- 나를 더 잘 드러내줄 다른 스타일이 없는가?

유의사항 :

당신의 얼굴이나 키, 몸집 등은 바꿀 수 없기 때문에 이런 문제들로 고민해봐야 얻을 수 있는 것은 아무것도 없다. 살을 조금 찌우거나 빼는 것, 혹은 근육을 만들어볼 수는 있지만, 그런 계획이 효과를 내기 위해서는 시간이 필요하다. 따라서 지금 당장 효과가 없는 방법에 사로잡혀 현재를 보내는 것은 당신의 자존감에 상처를 입힐 뿐이다. 그것보다는 생기 있게 보이기 위해 밖에 나가 바람을 쐬거나 비타민을 복용하는 일처럼 단순한 일부터 시작하는 편이 훨씬 도움이 될 것이다. 지금 당장 당신이 바꿀 수 있는 일에 집중하며 마음을 편하게 가지도록 해보자.

? 자기 자신을 잘 드러내기

유용한 질문들 :

- 당신의 보디랭귀지는 적절하고 위화감이 없는가?(112-115쪽 참고)

- 사람들이 불편하게 여기는 신경질적인 웃음이나 꼼지락거리는 등의 습관이 있는가?

- 사람들이 당신과 어느 정도 친해지고 싶어 하는지를 잘 판단할 수 있는가?

- 당신의 자세는 바르고 자신감 있어 보이는가?

유의사항 :

자기 자신을 있는 그대로 소중하게 여기는 것도 중요하기 때문에, 당신의 모든 방식을 바꾸려고 노력할 필요는 없다. 게다가 자기 자신을 너무 의식하는 것은 오히려 역효과를 낼 수 있다. 그렇기 때문에 내적으로 스스로도 불편하게 여겨지는 것에만 초점을 맞추고, 그 불편함을 나아지게 할 수 있는 방법을 찾아보도록 하자. 그렇게 하는 것만으로도 원하는 방향으로 당신 자신을 바꿀 수 있을 것이다.(102-103쪽 참고)

도움이 필요한가?

당신의 문제에 대해 친한 친구에게 차분히 의견을 물어보고, 그 조언을 진심으로 받아들여보자.

> 내가 보기에 너는 손톱을 너무 자주 물어뜯는 것 같아.

> 너는 어깨를 구부정하게 하고 손톱을 물어뜯는데, 그 모습이 굉장히 불안정해 보여.

> 내가 하는 몸짓 중에서 사람들이 싫어할 만한 요소가 있을까?

> 손톱을 물어뜯는 모습이 그렇게 보기 싫은 행동이야?

> (숨을 깊게 들이쉬고) 알겠어, 지적해줘서 고마워. 다른 것은 더 없니?

 ### 당신의 애착유형

유용한 질문들 :

- 당신이 자신의 애착유형이라고 생각하는 것에 친구들도 동의하는가?(16–19쪽 참고)

- 당신은 여러 다른 상황에서 항상 같은 걱정을 하는 경향이 있는가?

- 당신의 이전 연애 상대들의 애착유형은 무엇이라고 생각하는가? 공통적인 유형이 있는가?(28–29쪽 참고)

- 보다 안정적인 느낌을 가지고 싶을 때 친구들이 도움이 되어주는가?(34–35쪽 참고)

유의사항 :

당신의 애착유형이 무엇이든, 올바른 상대를 만나기만 한다면 당신도 좋은 관계를 가질 수 있다. 다시 말해, 불안정형이라는 단어가 영원한 독신을 의미하는 게 아니라는 뜻이다. 게다가 애착유형이 사람마다 딱 떨어지게 존재하는 것도 아니다. 모든 사람은 약간씩 혼합된 양상을 보이기 마련이며, 그 양상도 시간이 지남에 따라 변할 수 있다.

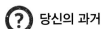 ### 당신의 과거

유용한 질문들 :

- 당신의 매력 어필을 위해 친구들이 고치라고 지적한 사항 중에 풀지 못한 것이 있는가?

- 너무 빨리 혹은 너무 천천히 사랑에 빠지는 편인가? 만약 그렇다면, 사랑에 대한 당신의 기대치를 조금 조정해야 한다고 생각하는가?(130–131쪽 참고)

- 당신의 친구들은 당신이 과거의 연애를 완전히 기억한다고 말하는가, 아니면 부분적으로만 기억한다고 말하는가?

- 당신은 연인의 까다롭고 현명하지 못한 선택에도 흔들리는 편인가?(28–29쪽 참고)

유의사항 :

우리는 한 인간으로서 항상 성장하고 발전할 수 있으므로, 어려웠던 과거가 항상 힘겨운 미래를 뜻하는 것은 아니다. 그러니 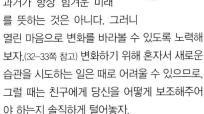 열린 마음으로 변화를 바라볼 수 있도록 노력해보자.(32–33쪽 참고) 변화하기 위해 혼자서 새로운 습관을 시도하는 일은 때로 어려울 수 있으므로, 그럴 때는 친구에게 당신을 어떻게 보조해주어야 하는지 솔직하게 털어놓자.

 ### 당신의 장점

유용한 질문들 :

- 친구들이 가장 먼저 떠올리는 당신의 장점은 무엇인가?(신체적인 부분과 태도적인 부분 모두 괜찮다.) 언급된 장점을 더 발전시키거나 스스로 더욱 소중하게 생각할 수 있는 방법은 없는가?

- 주변 사람들과 어울리며 스스로 가장 즐거워 보이는 때는 언제인가?(즐길 수 있는 활동이 무엇인지 알고 그런 기회를 더 많이 만들 수 있다면, 당신은 새로운 사람들을 더 많이 만나 매력을 어필할 수 있을 것이다.)

- 당신의 재능은 무엇인가?(상상력이 풍부한가, 통찰력이 있는가, 재치가 넘치는가, 난처한 상황에서 지략이 뛰어난가?) 그런 재능을 당신의 장점으로 사용할 수 있는가?

유의사항 :

가족과 친구들이 당신을 사랑하는 데는 분명 이유가 있다. 그러니 연애 상대에게 당신을 표현할 때, 잘못된 면을 숨기려고 할 것이 아니라 자신의 사랑스러운 면을 부각시키는 편이 좋다.

당신이 늘 사랑에 빠지게 되는 외모

당신의 이상형

항상 비슷한 외모의 사람들이 당신의 마음을 뛰게 하는가? 의도했든 아니든, 우리는 종종 외모에서 성격을 읽고는 하는데 그 이유를 안다면, 우리가 연애 상대를 더 현명하게 선택하는 데 도움이 될 것이다.

당신은 어떻게 생긴 얼굴에 가장 끌리는가? 다정하고 사랑스럽게 생긴 얼굴이 좋은가, 아니면 날카롭고 비장하면서도 낭만적인 얼굴에 끌리는가? 우리는 대부분 선호하는 '외모'가 있는데, 왜 그런 선호를 가지게 된 걸까? 이는 우리의 과거 경험과 일부 관련이 있다. 예를 들어, 만약 당신이 만난 붉은 머리칼을 가진 사람들이 모두 당신에게 친절하고 유쾌하게 대했다면 당신의 뇌는 붉은 머리칼과 외향적인 성향 사이에 연관성을 만들어낸다. 그리고 붉은 머리칼을 가진 사람은 외향적인 사람이라고 가정하기 시작한다. 그러나 이외에도 당신의 특정 외모 선호 성향에는 일련의 다른 가정들이 영향을 미친다.

단서를 찾아서

비록 의식적으로는 겉모습만으로 사람을 평가해서는 안 된다고 생각할지라도 우리의 뇌는 계속해서 누군가를 만났을 때 겉모습만 보고 순간적인 판단을 내린다. 이는 과도한 일반화일 수도 있는데, 만난 사람의 얼굴과 스타일을 보고 성향을 파악하는 것이다. 몇몇 연구들은 우리를 미혹하는 네 가지 주요 외모 유형을 제시했는데, 그것은 베이비페이스와 동정심을 불러일으키는 얼굴, 그리고 친숙한 얼굴과 후광효과를 내는 외모이다.

만약 당신이 항상 같은 유형의 얼굴에만 끌린다면, 이는 아주 중요한 점을 말해주고 있는 것일지도 모른다. 이때, 당신이 외형적인 매력 외에 사람들의 어떤 성격과 관계에 끌리는지를 마음속으로 신중하게 생각해보는 것이 도움이 될 것이다.

물론 우리는 특정 유형을 매력적이라고 느끼는 취향을 완전히 바꿀 수는 없다. 하지만 자신의 무의식적인 반응에 조금 더 주의를 기울인다면, 단지 겉모습이 아닌 마음과 머리로 상대방을 판단할 수 있게 될 것이다.

나의 베이비가 되어줘

유독 아기 같은 얼굴을 가진 사람이 있다. 그런 사람들은 다음과 같은 특징들을 지닌다.

- 둥근 얼굴형
- 작고 둥근 코
- 통통한 볼
- 가는 눈썹
- 넓은 이마
- 큰 눈(특히 큰 눈동자)
- 작은 턱

당신은 이와 같은 특징들을 어떻게 느끼는가? 섹시하지 않다고 느끼는가, 아니면 사랑스럽다고 느끼는가? 대체로 우리는 아기 같은 얼굴을 보면 따뜻하고 정직하며 순수하고 순종적인 이미지를 떠올린다. 또한 그런 얼굴들을 '여성적'이라고 생각하는데, 이는 아마도 자신도 모르는 성차별주의적인 요소가 가미되었거나 사춘기 시기의 변화가 일반적으로 여성보다는 남성의 얼굴에 더 많은 영향을 미치기 때문이다. 예를 들어, 사춘기를 지난 남성은 더 강한 턱 윤곽과 이마를 가지고 있는데, 그 시기를 겪지 않은 듯 보이는 베이비페이스는 여성적으로 느껴지는 것이다.

당신이 아기 같은 얼굴에 자주 끌린다면, 이는 '다정한' 사람을 찾고 있다고 할 수 있다. 사랑스럽고 보호해주고 싶은 그런 사람 말이다.

> 아름다움은 그것을 바라보는 마음속에 있다.
> 그러므로 사람마다 아름다움을 느끼는 대상이 다르다.
> – 철학자, 데이비드 흄(David Hume), 『인간의 취향에 관해서』

감정 읽기

인간 표정에서 드러나는 다음의 여섯 가지 기본 감정은 전 세계적으로 공통이다. 즉, 행복과 두려움, 놀라움과 분노, 그리고 혐오와 슬픔의 표현은 호주 오지에서 북극권까지 다 통용되는 얼굴 표정이다. 이런 감정은 우리의 얼굴을 일정한 패턴으로 움직이기 때문에, 우리는 자연스럽게 이런 패턴들과 일치하여 나타나는 특정한 감정을 '눈으로' 볼 수 있다. 예를 들어, 이맛살을 찌푸린 채 앙 다문 입술은 비록 그 사람의 마음이 실제로는 중립적일지라도 살짝 화난 것으로 인식된다. 대체적으로 표정은 다음과 같이 해석된다.

- '분노'를 나타내는 표정은 강압적이고 따뜻함이 부족한 성격과 연관된다.
- '슬픔'과 '두려움' 혹은 '놀라움'을 떠올리게 하는 표정은 따뜻하긴 하지만 단호함이 부족한 성격으로 인식된다.
- '행복'한 표정은 강압적이지 않으면서도 자신감 있으며, 아주 따뜻한 사람으로 인식된다.
- '혐오'하는 표정은 부정적이거나 비관주의 혹은 냉소주의와 우월감으로 인식된다.

당신이 찾고 있는 사람은 따뜻하고 애정 어린 사람인가 아니면 강하고 역동적인 사람인가? 아니면 두 성향을 모두 갖춘 사람인가? 표정을 보고 상대방의 성향을 알 수 있는 것에 더해 당신의 성향을 알고 싶다면 거울을 한 번 보자. 거울 속의 당신은 어떤 표정을 짓고 있는가? 당신이 짓고 있는 표정이 당신이 전달하고자 하는 감정이 아니라면, 혹시 당신 내면에 숨겨져 있거나 바꾸고 싶은 감정을 반영하는 것은 아닌지 고민해보자. 이때, 한 번 크게 미소를 지어보는 것은 도움이 될 것이다.

행복 **혐오**
놀라움 **분노**
슬픔 **두려움**

여섯 가지의 보편적인 표정

미국의 심리치료사 폴 에크만(Paul Ekman)은 표정만으로 기분을 알 수 있는 다음 여섯 가지의 '보편적인' 표정을 분류했다.

🔍 호르몬 읽기

유전적 건강함을 드러내는 이목구비를 가진 사람은 대개 인기가 있는데, 이는 이목구비의 대칭이 잘 맞고 너무 튀거나 모난 곳 없이 '평균'적인 외모의 깨끗한 안색을 말한다. 여성의 경우에는 '여성적'인 얼굴이 일반적으로 더 인기가 많으며, 반면 남성의 경우에는 외모가 한 가지로 해석되지 않고 다양한 취향을 가진다. 즉, 높은 테스토스테론 호르몬 수치의 '남성적'인 얼굴은 더 정력적으로 여겨지는 한편 공격적인 사람으로 인식되며, 낮은 테스토스테론 호르몬 수치의 남성은 '부드러워' 보이면서도 돌봐주어야 하는 대상으로 인식된다.

»

후광효과

어떤 얼굴은 잘생겼다는 말이 꼭 어울리는 생김새를 가지고 있다. 좌우대칭이 잘 맞고 안색이 좋으며 눈빛이 맑고 비율도 좋은 사람이다. 그들은 건강하고 유전적으로 우수하다고 인식되며, 이는 우리의 호르몬이 끌리는 이유가 된다.

외적적 장점을 가진 사람은 어떤 이득을 얻을까? 이런 사람들은 그렇지 못한 사람들보다 기회를 많이 가지게 되며 일명 '후광효과'를 등에 업고 살게 된다. 일반적으로 사람들은 잘생긴 이들을 덜 의심한다고 알려져 있다. 학교에서 선생님들은 그들에게 더 좋은 점수를 주고 잘못된 행동에도 너그러운 경향이 있으며, 직장에서는 승진의 기회가 다른 이보다 많다.(단, 같은 성별의 상사 아래에서 일하지 않는다는 조건이 있다. 같은 성별은 외모적 매력을 자신에 대한 위협으로 느끼기 때문이다.) 잘생긴 사람들은 심지어 범죄를 저질렀을 때 더 가벼운 형량을 받기까지 한다. 여기서 잘생긴 사람이 다른 사람들보다 더 좋은 사람이라거나 나쁜 사람이라는 것을 말해주는 외적적 특징은 아무것도 없다. 단지 평범한 다른 사람들과는 약간 다

1991년 미국의 소액 사건 심판을 연구한 결과, 92%의 '성숙해 보이는 얼굴'의 피고인이 죄에 대한 고의성을 부인했을지라도 유죄 판결을 받은 것으로 나타났다. 반면, 같은 시기에 '동안' 외모를 지닌 피고인 중 단 45%만이 유죄 판결을 받았다.

🔍 아름다움에 투표하다

아름다움은 민주주의를 뛰어넘을 만큼 강력하다. 미국에서 실행된 일련의 연구들은 친숙하지 않은 정치인 사진을 제시받은 사람들이 놀라울 정도로 정확하게 선출 가능성을 추측한다는 사실을 발견했다. 아주 근소한 차로 떨어지는 것도 맞출 수 있었는데, 이는 사람들이 실제로 '잘생긴 외모'의 후보자에게 투표할 뿐만 아니라 마음속으로도 이 사실을 알고 있다는 것을 보여준다.

른 삶을 살았을 거라는 추측이 가능하다. 아마도 그들은 다른 이들보다 더 좋은 대우를 받으면서 살아왔을 텐데, 사실 똑같이 좋은 대우를 받았다고 하더라도 어떤 사람은 무책임하게 되고 다른 어떤 사람은 책임감 있게 될 수도 있다. 모든 사람은 저마다 다르기 때문이다.

그렇다면 특출 난 외모는 데이트에서 어떤 작용을 할까? 당신이 운 좋게 '완벽한' 얼굴을 지니고 태어났다고 해보자. 이는 당신에게 유리한 장점이 되는데, 사람들이 당신에게 '후광'이 비친다고 생각할 것이기 때문이다. 당신에게 그런 장점이 없다면, 멋진 외모의 누군가를 만났을 때 이런 후광효과가 작용하는 것은 아닌지 주의하는 편이 좋다. 그런 경우에는 당신이 상대방의 외모가 아닌 행동을 통해 그를 평가하고 있다는 사실을 분명히 해두어야 한다.

불가사의한 평범함

평범한 외모를 가진 사람에게 우리는 어떻게 반응하는가? 스코틀랜드의 연구자 리사 디부르인(Lisa DeBruine)은 한 실험에서 참가자들에게 모르는 사람들의 사진을 보여주고 반응을 관찰했다. 사진 속의 얼굴은 컴퓨터로 조작했는데, 사진 속 얼굴이 참가자들과 유사했을 때 그들은 신뢰성에 있어 관대한 점수를 주었다. 한편, 사진 속 얼굴이 덜 섹시하다고 평가했는데 이는 그 얼굴이 형제자매처럼 보였기 때문이다. 또한 참가자들은 자신과 전혀 닮지 않게 조작된 얼굴은 매력적이지 않다고 평가했다. 이는 '신뢰가 가지 않게' 보였기 때문이다. 너무 낯선 얼굴에는 경계심이 발동하며, 신뢰를 얻기 위해서는 주변 사람들과 비슷한 점이 있어야 한다는 사실을 알 수 있다.

하지만 자신의 외모에 대해서는 스스로 할 수 있는 일이 많지 않다. 자신의 얼굴이 타인에게 친숙해 보이도록 제어할 수 있는 능력이 우리에게는 없기 때문이다. 하지만 사랑스러운 성격을 지녔지만 외모는 무서워 보이는 누군가를 만났을 때, 신중하게 생각해보는 법을 배울 수는 있다. 당신의 본능이 맞는 것일까, 아니면 한 번 더 만나보면서 그들의 외모가 당신에게 친숙해질 수 있는지 알아보는 것이 좋을까?

🔍 사랑에 있어 외모란

2011년, 커플 70쌍을 대상으로 네덜란드에서 진행한 한 연구는 사랑이 차이를 만들어낸다는 사실을 발견했다. 실험에 참여한 커플들에게 상대방의 외모를 평가하게 하는 동시에 일반인들에게도 커플들의 외모에 대해 심사하게 했다. 결과는 어땠을까? 일반인들의 평가와는 달리 커플 참가자들은 상대방의 외모를 실제보다 더 매력적인 것으로 평가했다. 결과적으로, 사랑에 빠지면 다른 사람들의 생각과는 상관없이 당신은 연인에게 정말로 아름다워 보인다는 사실을 알아두자.

두 눈은 진심을 담고 있다

여기에서는 눈이 욕구의 진열대와 같다는 사실을 알아보고자 한다. 여성은 배란기가 가까워졌을 때, 매력적인 남성을 만나면 동공이 확장된다. 일반적으로 남성은 '크고 아름다운 갈색 눈'을 가진 여성에게 끌리는데, 이는 그런 눈을 가진 여성이 눈에 띄고 생식력이 좋아 보이기 때문이다. 여성의 경우, 평소에는 적당한 크기의 동공을 가진 남성을 선호하지만 배란기에는 큰 동공을 가진 남자를 선택할 가능성이 높다.

> 나의 두 눈이 갈색으로
> 바뀐다면, 내 배우 생활은
> 완전히 달라질 것이다.
> – 푸른 눈의 배우, 폴 뉴먼
> (Paul Newman)

자세히 살펴보자

눈은 흰자와 구별되는 홍채 둘레에 검은 선을 가지고 있다. 이 '홍채 윤곽선'은 노화과정에서 줄어들기 때문에, 우리는 의식적으로 인식하지 못할지라도 두꺼운 홍채 윤곽선을 매력적이라고 받아들인다.

🔍 커다란 갈색 눈을 가진 사람들

2010년 체코에서 행해진 연구에서 참가자들은 각기 다른 80명의 사진 중에서 갈색 눈의 사람이 푸른 눈의 사람보다 더 우수하다고 순위를 매겼다. 갈색 눈을 가진 사람은 강한 이마와 턱과 같이 다른 이목구비도 '우성적'인 특성을 지니고 있었는데, 그럼에도 불구하고 조작을 통해 사진의 눈동자 색을 바꿨을 경우 참가자들은 파란 눈에서 '갈색 눈'으로 바뀐 가짜 사진을 더 우수하다고 평가했다.

즐거움의 색깔

영국의 심리학자 바이런 스와미(Viren Swami)와 세이신 바렛(Seishin Barrett)은 실험 참가자들을 염색하게 한 후, 클럽으로 보냈다. 그 결과, 남성은 '흑갈색' 머리의 여성을 귀엽다고 평가했지만, 실제로는 '금발' 머리 여성에게 더 끌렸다. 사진을 보여줬을 때, 남성은 금발 머리의 여성을 애정이 필요한 사람으로, 흑갈색 머리의 여성은 지적이지만 거만한 사람으로, 그리고 붉은 머리의 여성은 수줍어하면서도 욱하는 성격이 있어 성생활이 난잡한 사람으로 평가했다. 이런 평가가 합리적으로 보이지는 않지만, 이를 이용해 상대에게 자신이 시간을 쓸 가치가 있는지 여부를 판단할 수 있다.

🔍 편안한 기분

흑인들의 폭탄 같은 모양새의 아프로 헤어스타일은 의도적인 것으로 해석할 수 있다. 클럽과 직장, 그리고 학교는 흑인들의 자연적인 곱슬머리 스타일을 금지해왔다. 이에 따라, 흑인 여성은 백인 여성보다 헤어스타일에 6배가 넘는 돈을 쓰는 것으로 조사됐다. 일반적으로 우리는 약간의 웨이브가 가미된 풍성한 헤어나 직모 헤어스타일을 '주류의 전문적인' 여성으로 인식하며, 머리를 자연 상태 그대로 둔 여성은 '자신감 있고 진취적'으로 생각한다. 백인 남성들에게 한 가지 조언을 하자면, 첫 만남에서 여성의 머릿결을 만져도 되는지 묻지 않는 것이 좋다. 대부분의 여성들은 그런 행위를 불쾌하게 여긴다.

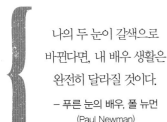

금발 머리 여성은 더 유쾌할까?

붉은 머리 여성은 화끈할까?

모든 것이 다 불공평하다고?

얼굴에 관해서라면 우리의 반응은 매우 빠르다. 즉, 얼굴에서 그 사람의 특성과 성격을 파악하기까지는 찰나의 시간밖에 걸리지 않는다. 1992년 심리학자 날리니 앰바디(Nalini Ambady)와 리차드 로젠탈(Richard Rosenthal)은 뇌에서 얼굴 인식을 담당하는 '소프트웨어'인 방추상회를 거쳐 위협 및 기회에 반응하여 평가를 담당하는 편도체에 이르기까지의 과정을 '직관적인 판단'이라고 표현하였다. 물론 이런 직관적인 판단이 절대 불변은 아니지만 틀리고 맞을 50 대 50의 확률에서 대략 60%의 정확성을 보여주었다.

60%

직관적인 판단은 얼굴만 보고 한 사람의 성격을 판단함에 있어 60%의 정확성을 보여주었다.

외모를 바꿀 수 없는 당신을 위한 위로

사람들이 겉모습만 보고 판단하는 경우가 많기 때문에 성형수술까지 고려하지만, 그렇다고 해서 완전히 우리의 이목구비를 바꿀 수는 없다는 사실에 너무 실망하지는 말자. 리더의 자질을 연구해온 심리학자 로널드 리지오(Ronald E. Riggio)는 몸짓의 매력과 존재감, 그리고 성격을 아우르는 '역동적 매력'에 주목했다. 그는 평범한 얼굴을 가진 사람도 이런 매력들을 통해 외모를 뛰어넘어 상당히 매력적인 인상을 만들어낼 수 있다고 주장했다.

우리의 뇌가
신뢰할 만한 사람인지
아닌지를 결정하는 데는
눈 깜빡임보다 짧은 시간인
100분의 3초밖에
걸리지 않는다.

임상심리학자, 멜라니 그린버그 Melanie Greenberg

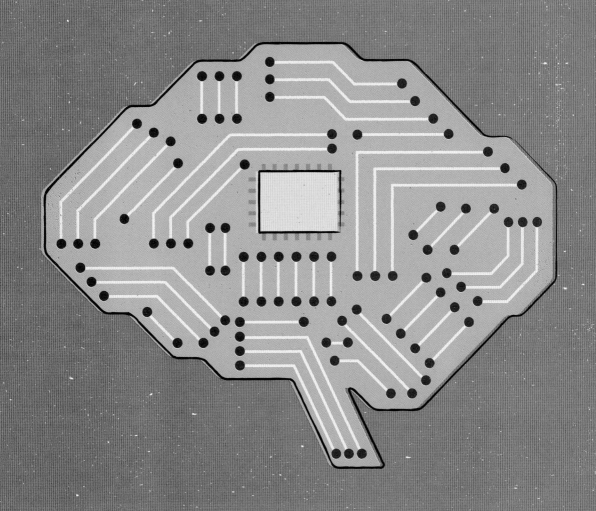

향기는 우리 감정에 어떤 작용을 할까?

화학 반응의 향기

고약한 냄새를 풍기는 데이트를 원하는 사람은 아무도 없다. 하지만 신체에서 나는 냄새 중에는 단순히 깨끗하거나 더럽다고 표현하기 어려운 것들이 있다. 과학자들은 동물들이 페로몬을 통해 이성을 유혹한다는 사실을 밝혀냈다. 그리고 이제는 인간도 동물과 같은 방식으로 냄새를 사용하는지 여부를 알아내기 위한 조사를 진행하고 있다.

냄새	효과
레몬	행복감을 고조시킴
라벤더	안정되도록 도와줌(주의할 점은 이 향은 수학적 능력은 이상할 정도로 약화시킴)
라벤더와 유칼립투스	기민함을 유지시킴
페네티 알코올(로즈오일에서 추출)	혈압을 낮추는 데 도움이 되며 진정 효과가 있음
샌들우드	육체적 치유 과정을 증진시킴
베르가못	분노를 완화시킴
로즈	진정 효과가 있음
재스민이나 오렌지, 또는 일랑일랑	우울증 완화시킴

마법의 약

연구를 통해 특정한 향이 우리 감정에 강한 영향력을 발휘한다는 사실이 밝혀졌다. 자극적이거나 안정적인 향, 또는 치유적인 향 등 특정한 향기를 원한다면 당신의 향수 성분을 체크해보거나 다른 종류의 향오일을 시도해보자.

1959년, 과학자들은 암컷 누에나방이 '페로몬'이라 불리는 화학 물질을 방출한다는 사실을 밝혀냈다. 이 물질을 통해 암컷 누에나방은 사방 10킬로미터 이내에 있는 수컷을 끌어들일 수 있다. 이는 누에나방과 같은 곤충류에만 한정된 것이 아니라 포유류에도 해당된다. 그렇다면 인간도 이와 유사한 효과를 내는 물질을 분비하지 않을까?

인간의 페로몬

사실 인간도 페로몬을 분비하는지에 관한 문제는 과학계에서도 아직 연구가 진행되는 부분이다. 하지만 일반적으로 인간도 저마다 다른 냄새를 풍기며 그에 따라 서로 다르게 반응하는 것으로 알려져 있다. 1980년대, 유타대학교의 연구진들은 인간의 콧속에서 특정한 자극에 활발하게 반응하는 수용세포 옆에 두 개의 구멍이 존재하는 것을 발견했다. 이 구멍은 어떤 냄새를 맡는 기능은 없지만 행복하거나 유쾌하게 느껴지는 미묘한 향을 감지하는 것으로 밝혀졌다. 당신은 아마도 의식하지 못하고 있겠지만, 당신의 감정은 무의식적으로 냄새에 민감하게 반응하고 있다. 만약 우리가 의식하는 것보다 더 많은 향을 감지하는 게 사실이라면 그 이유는 무엇일까? 아마도 페르몬 분비선에서 그 원인을 찾을 수 있을 것이다.

사람의 체취

사람은 사춘기 이후부터 땀샘을 통해 페로몬과 같은 역할을 하는 자신만의 체취를 풍기기 시작한다. 어린아이들도 땀을 흘리지만 서로의 체취에 반응하지는 않는데, 아이들의 '외분비선'은 체온 조절을 위해 피부를 통해 땀을 직접적으로 배출하는 기능만을 담당한다. 그러다가 사춘기에 이르면 '아포크린 땀샘'을 사용하기 시작하는데, 이는 모낭으로 땀을 배출하고 열이 아닌 스트레스를 받거나 흥분할 때 분비되는 아드레날린에 의해 자극된다. 사춘기에 아포크린 땀샘이 과도하게 땀을 배출하며 불쾌한 냄새를 풍길 수 있지만, 규칙적으로 샤워를 하고 깨끗한 옷으로 자주 갈아입는다면 유혹적인 페로몬 향기를 낼 수 있다.

연인의 향기를 맡자

우리가 연인을 선택할 때, 정말로 냄새가 어떤 작용을 하는 걸까? 1995년 스위스의 베른대학교에서는 여성 참가자들에게 각기 다른 남성이 입던 셔츠의 냄새를 맡아보도록 하는 실험을 진행했다. 이 실험을 통해 연구진들은 여성들이 자신들의 유전적인 면역체계와 다른 체계를 가진 남성의 냄새를 선호하는 것을 발견했다.

이론적으로 동일한 면역체계의 결합은 건강한 자손을 생산하지 못한다. 따라서 사람들은 이를 피하기 위해 무의식적으로 사람마다 다른 독특한 화학 물질 부산물 냄새에 의해 동일한 면역체계인지 아닌지를 구별해낸다. 이런 현상은 짝을 찾는 문제에 있어 눈에 보이지 않는 중요한 역할을 한다.

그렇다면 우리는 고유의 향기를 내기 위해 이제부터 데오도란트와 향수를 멀리해야 할까? 그럴 필요까지는 없다. 단정해 보이고 자신을 잘 꾸미는 사람은 대부분의 사람에게 매력적으로 인식되기 때문이다. 여기에 약간의 체취만 풍겨준다면 무의식적인 형태로 자신을 드러내기에 충분하다.

2009년 미국의 아티스트 주디스 프레이스(Judith Prays)는 '페로몬 파티'를 주최했다. 이 파티에서 사람들은 티셔츠의 냄새를 맡는 것만으로 데이트 상대를 선택했는데, 가볍게 시작된 이 기획은 곧 전 세계로 퍼져나갔다.

1만 배

아기들은 모유 냄새를 맡을 수 있고 부모들은 자신의 아기 냄새를 인지할 수 있다. 이보다 더 놀라운 것은 여성들의 냄새 감지이다. 배란기에 여성들은 평소보다 1만 배나 더 냄새에 예민해진다.

5만 개의 냄새 지각 세포
1만 개의 다른 냄새

여성이 이성을 유혹하기 위해 섹시한 무언가를 찍어 바르고 있다면 그저 시간 낭비에 불과하다고 말해주고 싶다. 향수에서 '에로틱'한 향을 내는 주요 성분은 사향인데, 여성은 남성에 비해 이 냄새에 극도로 민감하다. 무려 수천 배에 가깝게 민감한 편인데, 다시 말해 여성이 섹시하다고 느끼는 향을 상대 남성은 전혀 맡지 못할 가능성이 크다는 이야기다. 하지만 실망할 필요는 없다. 자신의 향기에 섹시한 느낌을 받는다면 여성들은 자신도 모르게 섹시하게 행동하게 되는데, 이 행동이 이성의 주목을 끄는 데 한몫하기 때문이다.

수천 배

냄새 맡는 사람의 생존

진화 계보에서 다른 동물들과 비교했을때, 인간은 후각기관이 고도로 발달된 동물은 아니다. 가까운 예로, 개의 경우 220만 개의 냄새 지각 세포를 가지고 있는 것에 반해 인간은 겨우 5만 개 정도를 가지고 있을 뿐이다. 하지만 그럼에도 불구하고 우리는 1만 개에 달하는 제각기 다른 향을 구별해낼 수가 있는데, 이를 음식을 맛보는 데 사용할 뿐만 아니라 부모님부터 데이트 상대에 이르기까지 주변 사람들을 살피는 데도 사용한다. 예를 들어, 태어난 지 얼마 되지 않은 아기는 씻지 않은 엄마의 가슴에서 나오는 우유를 더 좋아하며, 성인이 된 후에는 사춘기를 지나지 않은 아이들은 전혀 구별해낼 수 없는 사향 냄새를 맡을 수 있다. 페로몬은 우리가 성적으로 성숙했을 때에야 비로소 느껴지는 향이다.

나에게 웃어줄래?

유머의 유대감

당신을 웃게 해주는 사람에게 빠져들게 되지 않는가? 아니면 당신 자신이 매력적인 상대를 만났을 때, 상대방을 즐겁게 해주려고 노력하는 편인가? 그렇다면 당신은 스스로 인식하고 있는 것 이상으로 영리한 사람이다. 사람의 유머 감각은 그 사람에 대해 많은 것을 말해주기 때문이다.

우리에게 농담을 건네는 사람은 당연하게도 우리를 웃게 하려는 마음일 것이다. 하지만 그보다 더 중요한 사실은 그 모습을 통해 상대가 좋은 연인이 되어줄지 아닐지를 가늠할 수 있다는 것이다. 2009년, 미국에서 행한 한 연구에 따르면 유머의 중요한 요소 중 하나는 사람이 사회적 관계를 맺고 그것을 유지해가는 일에 흥미가 있는지를 알아보는 것이다. 즉, 우스갯소리를 시작한 사람은 주변 사람들과 잘 어울리려는 것이며, 주변 사람을 계속 즐겁게 해주는 사람은 그 관계를 긍정적으로 이어가고 싶은 사람이다. 따라서 우리를 즐겁게 해주는 누군가는 좋은 연인이 될 수 있다는 뜻이다.

공유된 가치

우리는 파트너가 자신과 비슷한 유머 감각을 가지고 있기를 바란다. 이는 단지 함께 웃고 싶은 욕망 이상의 문제인

재미는 없지만 그게 중요한가?

데, 재미있다고 생각하는 것이 무엇인가는 자기 자신에 대해 많은 것을 말해주기 때문이다. 1985년, 30쌍의 커플들을 대상으로 한 연구는 다음과 같은 결론을 내렸다. "유머 감각을 공유하는 것은 비슷한 가치와 욕구를 반영한다. 유머는 세상을 보는 관점이 비슷한 타인과의 합의점 안에서 나타나기 때문이다." 다른 말로 하면, 당신과 어떤 사람이 같은 농담에 동시에 웃는다면, 당신은 상대방으로부터 즐거운 마음으로 동의해주고 있다는 확증을 받은 기분이 든다.

만약 데이트 중에 상대방이 건넨 농담이 불편하게 느껴진다면 유의해야 한다. 당신과 양립할 수 없는 세계관이나 신념을 가지고 있다는 표시일 수 있기 때문이다.

물론 모든 사람이 코미디언처럼 재미있을 수는 없다. 그리고 농담을 잘 하지는 못하지만 사랑스러운 사람들도 많다. 따라서 재미있다는 것이 로맨스에 필수 요소는 아니다. 대신에 유머 감각은 연인으로서 상호 양립 가능성을 가늠해볼 수 있는 최고의 간

저런 농담을 하는 사람은 어떤 사람일까?

편한 방법이다. 데이트할 때 상대방에게 당신이 가장 좋아하는 농담을 건넨 후, 그 반응을 살펴보자. 당신이 싫어하는 농담을 했을 때도 상대방에게 웃어줘야 한다는 압박감에서도 벗어나자. 지금 당신과 함께 웃고 있는 사람이 나중에도 당신이 함께 즐기기를 원하는 사람인지 알아보려면 유머 감각을 솔직하게 평가해야 한다.

남자는 항상 재미있는 연인을 원할까?

그렇지 않다. 2009년 『심리학 저널』에 실린 한 연구에서 유머 감각이 좋은 남성과 여성 실험 참가자들은 매력적인 상대로 평가되었다. 하지만 여기서 여성 참가자들이 매긴 남성들의 순위가 남성이 여성을 대상으로 한 순위보다 두 배 정도 높았다.

위트 넘치는 여성은 남성에게 두려운 존재일까?

그렇지만도 않다. 1998년 진행된 연구에 따르면 자조적인 농담을 하는 매력적인 여성은 남성 참

신경 쓰지 마. 재미없긴 하지만 귀여워.

가자들에 의해 높게 평가되었는데, 그런 여성은 친근하고 다가가기 쉬워 보이기 때문이다.

당신의 유머는 어떤 가치를 드러내는가?

유머의 종류	정의	성향
재치 있는 유머	속사포처럼 이어지는 번뜩이는 말들	지적인 사람이다. 이런 유머에 능통하기란 쉽지 않다. 약간 경쟁심이 있거나 자신의 실제 감정을 감추기 위한 시도일 수도 있다.
진지한 유머	정색한 표정으로 늘어놓는 익살스러운 말들	자신과 친해질 수 있는지 시험해보는 것일 수 있다. 왜냐하면 이런 종류의 유머는 그들이 농담을 하고 있다는 사실을 당신이 알고 있어야만 통하기 때문이다.
광범위한 유머	외설적인 '화장실' 농담	솔직하고 격의 없으나 저속할 수 있다. 약간 미성숙하고 공격적일 수도 있다.
익살스러운 유머	몸을 이용한 개그	실제적으로 보증된 것을 선호하는 사람이다. 왜냐하면 비록 살짝 민망하기는 해도 몸 개그는 확실히 통하는 기술이기 때문이다. 이런 사람들은 주목받는 것도 좋아한다.
이야기꾼	재미있는 이야기들로 분위기를 주도하는 것	주목받는 것을 좋아하는 사람이며, 관찰력도 좋고 자신감 있는 사람이다. 하지만 실제 사건을 살짝 과장하는 경향도 있다.
자조적인 유머	자기 자신을 희화화하는 말들	두 극단일 수 있다. 안정형이라서 웃음을 있는 그대로 받아들일 수 있는 사람이거나 재확신을 얻고자 하는 노림수가 있는 불안정형일 수 있다.
짓궂은 유머	누군가를 희생하여 웃기는 것	애정 어린 짓궂은 장난은 유대감의 표시일 수 있다. 하지만 항상 주변 사람을 놀리는 농담을 하는 사람은 타고난 우월감을 소유하고 있는 것인지 모른다.
빈정대는 유머	신랄하고 반어적인 말들	이런 농담을 격렬하거나 비열하게 들리지 않게 잘하는 사람은 꽤 영리한 것이다.
인용하는 유머	대중문화를 인용하고 꾸며서 하는 말들	세련되었거나 괴짜일 수 있다. 당신이 이런 농담을 좋아한다면 유대감 형성에는 최고일 수 있다. 하지만 그렇지 않다면 받아들이기 힘들 것이다.
패러디	누군가를 흉내 내고 조롱하는 것	패러디하는 사람의 대상과 방법을 주의 깊게 살펴보면 그들이 어리석게 생각하는 것이 무엇인지 알 수 있다.
다크 유머	기분 나쁜 농담이나 천박한 농담	상대를 몰아붙이는 것을 좋아하는 사람이거나 자신의 불운과 함께 사는 법을 배운 사람일 수 있다.

자신의 목소리를 들어야 할 필요가 있을 때

별에게 소원 빌기

점성술사나 점술가에게 연애운을 점치는 사람들은 때로는 우스워 보인다. 하지만 그런 단순한 미신에 불과한 것도 올바른 방식으로 들여다본다면 예기치 않은 무언가를 우리에게 말해준다.

현대인들은 점술을 많이 믿지는 않는다. 하지만 어느 순간, 별자리 운세를 몰래 읽으며 미래의 연애 상대가 아름답고 멋진 사람이라는 암시가 있기를 은근히 바라는 때가 있다는 사실을 고백하지 않을 수 없다. 또한 온라인상에서 성격테스트를 할 때도 그 결과가 잘 나오기를 희망한다. 왜 우리는 점술이나 성격테스트 등을 진지하게 믿지도 않으면서 그 결과에 이처럼 초조하게 반응하는 것일까?

> 우리는 대중을 만족시킬 것을 가지고 있다.

여러분, 한 번 모여 볼까요

서커스의 대가였던 P. T. 바넘(P. T. Barnum)은 "우리는 대중을 만족시킬 것을 가지고 있다."고 호언장담하고는 했는데, 이런 거창한 주장은 후에 심리학 연보에 그의 이름을 올리는 이유가 된다. 즉, '바넘효과'라 불리는 심리학 용어는 사람들이 보편적인 진술을 자신만의 성격으로 여기는 심리적 경향을 뜻하는 것으로 쓰이게 되었다. 이는 후에 미국의 심리학자 버트럼 포러(Bertram R. Forer)가 실험을 통해 처음으로 증명한 까닭에 '포러효과'라고도 불린다. 여러분도 시험 삼아 만인에게 적용할 수 있는 성격 묘사를 써보자. 그리고 사람들에게 그것을 읽게 하면 그들 중 열에 아홉은 해당 진술이 자신만을 대상으로 쓰였다고 생각할 것이다.

1948년, 포러는 자신이 가르치는 학생들을 대상으로 성격 테스트를 한 뒤, 각자에게 성격 분석을 제공했다. 여기서 학생들이 받

33%

대략 33%의 미국인들이 점성술을 믿으며, 그 중 75%는 여성이다.

다음의 진술 중, 당신과 일치하는 것은 무엇인가?

다음은 포러의 성격테스트 중 일부다. 당신과 얼마나 잘 들어맞는가?

- 당신에게는 당신을 좋아해주고 칭찬해주는 사람을 원하는 엄청난 욕구가 있다.
- 당신은 자신에 대해 냉정한 경향이 있다.
- 당신에게는 기회를 얻지 못해 아직까지 쓰지 못한 엄청난 능력이 있다.
- 당신에게는 약간의 성격적 결함이 있지만, 이를 보완할 만한 장점이 더 크다.
- 당신은 때때로 옳은 결정을 내렸는지 혹은 올바른 일을 했는지에 관해 심각하게 고민한다.
- 당신은 때로는 외향적이며 붙임성 있고 사교적인 반면 때로는 내향적이고 신중하며 소심하기도 하다.

 ## 자기 자신에 대해서 어떻게 느끼는가?

1. 인터넷에서 별자리 운세를 찾아보자. 연애운에 관한 것이면 더욱 좋다.
2. 당신의 일주일 별자리 운세를 읽고, 그것을 복사하여 저장해두자. 주의할 점은 다시 읽어서는 안 된다는 것이다.
3. 한 주가 끝났을 때, 별자리 운세에서 말해준 당신의 성격이나 연애운에 대해 기억나는 것을 종이에 적자. 이때에도 저장해둔 별자리 운세를 다시 찾아 읽어서는 안 된다.
4. 자, 이제는 저장해둔 별자리 운세를 꺼내어 당신이 종이에 적은 내용과 비교해보자.
5. 그 다음 주에도 위와 같은 순서로 똑같이 진행해보자. 이번에는 한 가지 더 추가하여 긍정적인 점괘만을 기억하려고 노력해보자. 그렇게 하면 당신의 자신감 수치가 증가하는 것이 느껴질 것이다.

당신이 스스로 불운하다고 느낀다면, 이런 연습 과정은 불운이 사실은 당신의 선택적인 관찰일 뿐이라는 사실을 깨닫게 해주는 좋은 방법이 될 것이다. 효과를 더 극대화하기 위해서, 긍정적인 점괘만 모아서 목록을 만들고 자신감을 증진시킬 일종의 부적처럼 지니고 다녀보자.

은 성격 분석은 실제로는 모두 같은 내용이었으며, 상당히 보편적이었다. 이에 성격 진단이 얼마나 정확한지에 대한 학생들의 평가는 평균적으로 5점 만점에 4.25점으로 나왔다. 포러의 실험은 사람들이 '주관적 정당화' 경향을 가지고 있다는 사실을 보여주는데, 이는 어떤 진술이 자신과 연관이 있다고 생각하면 그것이 옳다고 믿으려는 경향을 말한다.

별자리 운세도 마찬가지로, 운세를 읽고 있는 사람에게만 해당한다고 여겨지도록 보편적인 문장으로 되어 있다. 따라서 실제로 개개인에 관심을 두고 점성술을 펼치고 있다는 느낌을 받게 된다.

우리는 정말로 잘 속는 것일까?
앞서 설명한 것처럼 우리가 모든 사람에게

적용할 수 있는 보편적인 진술을 자신만의 특성이라고 착각한다 하더라도, 그 착각의 내용이 무엇인지를 생각해보는 것은 가치 있는 일이다. 32쪽과 33쪽에서 살펴본 것처럼 우리는 선택적으로 사실을 인지한다. 예를 들어, 자기 자신에 대해서 긍정적으로 느낀다면 운 좋았던 경험이나 칭찬받았던 일을 기억하는 반면 자괴감을 느낀다면 자신에게 향했던 비판과 불운만을 기억하는 경향을 보이는 것이다. 또한 자기 자신에 대한 스스로의 평가가 긍정적인지 부정적인지에 따라 그것을 확증시켜주는 연인을 선호하는 경향도 있다.

별자리 운세를 읽었던 경험을 떠올려보자. 이야기 중 무엇이 가장 기억에 남았는가? 점술가의 투명한 마법 구슬 안에 우리의 미래가 보이지는 않는다. 다만 우리는

점성술을 통해 우리의 자아상을 비춰볼 수는 있다. 점성술이 우리의 미래를 예언하는 것이 아니라 점성술에 비친 우리의 자아상이 미래의 결정들에 영향을 미치는 원리인 것이다. 보편적 진술에 대한 당신의 반응은 새로운 사람과 만났을 때 당신이 어떤 행동을 할 것인지에 대한 암시이다. 그러므로 당신이 점성술 결과에 대한 자신의 반응을 이해하면 당신의 자아상이나 자신감에서 향상될 필요가 있는 부분이 무엇인지를 정확히 파악할 수 있다. 이에 대해 위에 마련된 간단한 성격테스트를 진행해보자. 이를 통해 당신은 멋진 사람을 만날 준비를 할 수 있을 것이다.

외로운 시간들에 대처하는 법

휴식 가지기

심리적으로 연애를 할 준비가 되어 있음에도 불구하고, 종종 우리는 알맞은 상대를 찾지 못한다. 어떻게 하면 자신감을 잃지 않고 싱글이라는 마법을 풀 수 있을까?

우리의 인생에서 때로 가장 필요한 것은 동정과 이해이다. 그리고 우리는 이를 연인으로부터 얻길 원한다. 하지만 지금 당장 파트너가 없다고 해서 괴로워할 필요는 없다. 우리가 발전시킬 수 있는 심리학적 기술이 있기 때문이다. 미국의 심리치료 전문가 크리스틴 네프(Kristin Neff)는 이것을 '자기 연민'이라고 부르며, 우리 자신을 양성하는 기술이라고 생각한다.

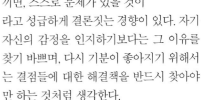

자기 연민

사람들은 모두 자기 자신에게 가혹한 존재일 수 있다. 우리는 스스로 우울한 감정을 느끼면, 스스로 문제가 있을 것이라고 성급하게 결론짓는 경향이 있다. 자기 자신의 감정을 인지하기보다는 그 이유를 찾기 바쁘며, 다시 기분이 좋아지기 위해서는 결점들에 대한 해결책을 반드시 찾아야만 하는 것처럼 생각한다.

그런 이유를 찾아 헤매는 것은 싱글이든 연애 중이든 상관없이 타인과의 문제를 일으킨다. 예를 들어, 화가 많이 난 상황에서 우리의 감정은 바로 반응으로 드러난다. 그런 순간에는 많은 생각과 구상이 떠오를 것이다. '그는 나를 정말 괴롭게 해', '내가 옳다는 것을 난 알아', '그를 바로잡기 위해서 내가 무슨 말을 할 수 있지?'. 만약 우리의 마음이 이와 같이 공격적인 상태가 되면, "난 지금 너 때문에 화가 나 있어"와 같이 감정의 원인을 드러내는 대화가 아닌, "넌 정말 바보 같아!"와 같은 감정적인 대화를 하게 될 위험이 있다.

우리는 자기 자신에게도 이와 같이 감정적으로 행동한다. 모두에게 사랑과 친절함으로 대할 필요가 있다면 가장 먼저 그런 태도를 보여야 하는 사람은 바로 당신 자신이라는 점을 기억하자.

자기 성찰

불교의 '자기 성찰'에 대해 오늘날 심리학자들의 관심이 높아지고 있다. 간단히 설명하자면, 이는 우리가 경험하는 모든 생각과 감정을 온화하게 인지하는 훈련 방법이다. 머릿속에 떠오르는 생각과 감정을 판단하거나 그에 대한 자신의 생각을 밝히지 않고, 있는 그대로 받아들이는 것이다.

로맨틱한 관계에는 종종 어려운 감정들이 생겨난다. 그것은 상대방과의 언쟁에서 오는 스트레스이거나 다른 상대와의 데이트 장면을 상상하는 것, 또는 신경을 거스르는 희망과 실망, 그리고 낙담의 악순환이다. 만약 우리가 오랫동안 사랑을 찾는 것에 실패했다면, 실망한 감정이 '난 실패한 사람이야', '난 정말 못생겼어', '좋은 사람들은 이미 모두 짝을 만났을 거야'와 같은 더 안 좋은 생각으로 옮겨 갈 수 있다. 하지만 이런 반응 대신에 '난 불안해', '난 슬퍼', '난 외로워'와 같이 감정들을 있는 그대로 받아들

> 단지 자아 개념에 대한 의식을 가지는 것만으로도 삶의 의미가 높아진다.
>
> – 미주리대학교 소속의 레베카 J. 슐레겔(Rebecca J. Schlegel), 조슈아 A. 힉스(Joshua A. Hicks), 제이미 아른트(Jamie Arndt), 로라 A. 킹(Laura A. King)

이면 마음을 가라앉히기 훨씬 더 쉬워진다.

진정성
우리의 자존감을 유지하는 가장 좋은 방법은 진정한 '자아 개념'을 바탕으로 현실적으로 타당한 자아상을 마음속에 그리는 것이다. 사회심리학자이자 자기신뢰 전문가인 브라이언 골드만(Brian Goldman)과 마이클 커니스(Michael Kernis)는 '지각', '선입견 없는 과정', '행동' 그리고 '관계 지향'이라는 4가

지 구성 요소로 자존감을 정의했다. 조금 더 쉽게 이야기하자면, 우리는 우리의 반응, 강점, 그리고 약점을 받아들일 수 있으며, 자기 자신과 자신의 경험을 숨김없이 판단할 수 있을 때, 그리고 자신의 가치와 기질에 따라 일관적으로 행동하며 사랑하는 사람들에게 정직하고 솔직할 때 가장 행복할 수 있다는 말이다.

만약 우리가 자기 자신과 타인들에게 정직할 수 있고 우리의 정직한 이해에 따라 행동한다면, 사람이기 때문에 완전히 곤경 없는 삶을 살 수는 없겠지만 확실하게 자존심의 토대는 가지게 될 것이다.

당신 스스로 느끼게 하라
괴로운 감정을 받아들이는 것은 힘든 일이다. 가끔 이런 감정들은 억누르지 않으면 우리를 압도해버릴 것 같이 느껴진다. 하지만 이런 감정들을 받아들이면서 위안을 찾는 것도 가능하다.

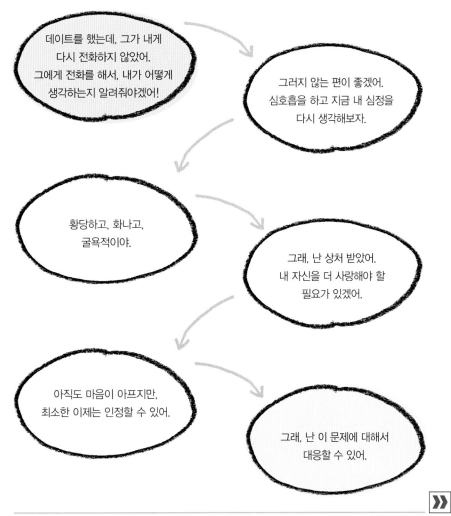

자기 연민 연습하기

우리가 자신의 감정을 공감하며 받아들일 때, 다시 말해 감정에 연민을 느끼고 주의를 기울이게 될 때, 그 감정들이 당신을 무너뜨릴 기회는 훨씬 줄어들게 된다. 우리는 모두 외부에서 사랑을 찾지만 인생의 처음부터 끝까지 함께하며 당신을 사랑해줄 단 한 사람은 자기 자신뿐이다. 그러니 당신과 끊임없이 함께할 동반자인 당신 자신은 좋은 동반자여야만 한다. 물론 자기 자신을 늘 연민 어린 채 대하는 것은 쉽지 않은 일이다. 그렇다면 당신을 도와줄 몇 가지 훈련을 해보자. 연습을 통해 당신은 혼자 있는 시간을 더 잘 보낼 수 있을 것이며, 연애 상대 탐색에도 도움을 받을 수 있다.

🪷 자기 자신과 끊임없이 접촉하라

때로 자기 자신을 안정시켜야 할 때가 있다. 줄리아 카메론(Julia Cameron)은 자신의 책 『아티스트웨이』에서 그 방법을 다루고 있다. 그녀는 상상을 구사하기 위해 건전하지 못한 습관이나 자신을 괴롭히는 감정에 의존하지 않으면서도 창의력 있고 생산적일 수 있는 방법에 초점을 맞추는데, 이를 위해 '아침 글쓰기'를 추천한다. 매일 아침 가장 먼저 할 일은 의자에 앉아 3쪽 정도의 글을 쓰는 것이다. 내용은 논리적이지 않아도 되며, 집안일 목록이나 당신의 두려움 등 무엇이든 상관없다. 중요한 것은 당신 내부의 목소리를 들으며 끊임없이 펜을 움직이는 것이다. 당신은 이러한 글쓰기 묵상을 통해 머리를 깨끗이 비우고 하루를 시작할 수 있다. 예술가가 아니더라도 우리는 모두 일상에서 문제해결을 위해 창의력이 필요하다. 또한 자신의 생각을 편안히 받아들임으로써 하루하루 감정의 균형을 더 잘 맞출 수 있게 된다.

🪷 자기 성찰

1. 몸이 편안한 장소로 가라. 자세를 똑바로 하고 앉는 편이 좋은데, 깜빡 잠이 들지 않기 위해서다. 눈을 감고 긴장을 풀자.

2. 당신의 몸에서 나오는 감각을 느껴보자. 당신의 피부에 닿는 공기, 의자의 촉감 등 어떤 것도 상관없다. 그에 대한 이런저런 생각이 당신 마음속에서 서서히 일어나 부유할 것이다. 그렇다고 걱정하지는 마라. 그런 생각들이 나타났다가 사라지도록 그저 내버려두고, 당신의 감각에만 집중하면 된다.

3. 이제 호흡에 주의를 기울여보자. 억지로 빨리하거나 느리게 하지 말고 자연스럽게 숨을 들이마시고 내쉬면서 그 리듬을 느껴보자.

4. 당신의 신체 중에 숨을 직접적으로 느낄 수 있는 부위에 집중해보자. 이런 요구에 대부분의 사람들은 코에 집중하는데, 공기가 몸으로 드나드는 것을 비교적 쉽게 느낄 수 있는 부위이기 때문이다. 하지만 당신이 목이나 가슴에 집중하고 싶다면, 그것도 괜찮다. 그 부위에 집중하면서 느껴지는 특별한 순간을 즐기면 된다.

이 방법은 자기 자신을 안정시키는 데 더없이 좋은 명상 방법이며, 자신의 감정이 뒤얽히게 만들지 않는 완벽한 방법이기도 하다. 이제부터 억누를 수 없는 강한 감정이 치밀어 오르면 그저 가만히 두고 보자. 그렇게 하면서 조용히 감정들을 관찰하는 것이 자신의 감정을 잘 다룰 수 있게 해준다는 사실을 깨닫게 될 것이다.

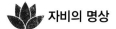

🪷 자비의 명상

1. 편안한 장소로 가서 눈을 감고 휴식을 취해라. 그러면서 마음을 진정하기 위해 잠시 동안 호흡에 집중하자.

2. 당신 자신에게만 집중하면서 자신이 고유한 가치를 지닌 한 사람이라는 사실을 받아들이며 자비로운 감정을 불러일으키도록 하자. 마음속으로 다음과 같은 문장을 반복해보는 것도 좋다. '나는 괜찮은 사람이야', '나는 안전해' 또는 '나는 행복해'와 같은 문장이면 된다. 이렇게 하는 것이 처음에는 약간 이상한 느낌이 들기 때문에, 원한다면 앞서 말한 문장들을 자신만의 언어로 수정해도 괜찮다. 아니면 다음 단계를 먼저 한 후, 다시 이 단계로 돌아오는 것도 좋다.

3. 당신이 좋아하는 한 사람을 떠올려보자. 연인보다는 가까운 친구나 가족이 좋다. 당신의 자비로운 감정이 그들을 향하도록 해보자.

4. 이번에는 당신이 좋아하지도 싫어하지도 않는 평범한 사람에게 집중하여, 그들에게 인류애를 실현한다는 의식으로 자비의 마음이 향하도록 해보자.

5. 이러한 방법에 익숙해졌다면, 다음으로는 당신이 좋아하기 어려운 누군가를 떠올리는 연습을 해보자. 당신이 비록 개인적으로 그들을 염두에 두지 않는다고 하더라도, 그들이 잘 되기를 마음속으로 한번 바라보자.

이 방법을 모든 사람에게 확장시켜 행할 수도 있고, 너무 힘든 날에는 자비로운 마음을 연습할 상대의 수를 줄일 수도 있다. 규칙적으로 행한다면 이 훈련은 험난한 세상에서 보다 쉽게 견딜 수 있도록 해주는 놀라운 방법이 될 것이다.

내적 안정 만들기

우리는 모두 '마음속 비평가'를 두는 것이 어떤 것인지를 알고 있다. 그것은 우리가 생각하고 느끼고 행동하는 모든 것에서 잘못된 점을 자비 없이 지적하는 마음의 목소리이다. 이런 내부의 목소리는 당신이 잘 되게 하기 위한 것일 수도 있지만, 당신의 친구가 될 수는 없다. 늘 당신에게 비판만 해대는 사람을 친구로 둘 수 있겠는가?

그렇다면 마음속 비평가를 대신하는 자기 연민을 키워야 한다. 즉, 비판하지 않고 힘을 북돋아주는 마음속 목소리를 찾아야 하는 것이다. 만약 내부의 비평가가 습관적으로 '음, 너는 거기에서 정말 바보같이 행동했어.'와 같은 말만 한다면, 자기 연민은 '나는 나 자신을 사랑해. 그러니까 내 자신이 고통 받는 것을 원하지 않아.'와 같은 목소리를 들려준다.

하루에 몇 번이라도 잠시 멈춰서 마음의 자기 연민이 내는 소리를 들어보자. 다음의 문장들을 한 번 따라 해보자. '나는 너를 용서해', '넌 할 수 있어', '괜찮을 거야', '나는 너를 사랑해'. 아마 우리 대부분은 자기 자신에게 이와 같은 말을 하는 것에 익숙하지 않을 것이다. 하지만 한 번만 제대로 이런 자기 연민의 목소리를 듣는다면, 당신은 분명히 그 목소리를 좋아하게 될 것이다.

때로 우리는 지나친 자기애가 타인에게 거부감을 일으킬지도 모른다는 생각에 두려워한다. 실제로 허영이나 거만은 사람들이 떠나가도록 만드는 원인일지도 모른다. 하지만 그런 것들은 불안정형들의 잘못된 감정 표현일 뿐이며 진짜 자기애는 아니다. 참된 자기애는 타인의 시선보다는 자신의 기분이 더 좋아지는 것만이 열등감을 피할 단 하나의 방법이라고 생각하고 이에 집중한다. 이렇게 자신의 감정에만 집중하면, 자기 자신뿐만 아니라 주변 사람들도 머물고 싶어 할 마음속의 온기와 안정성을 만들 수 있다.

부드러워지고, 허용하고, 위안하자

우리는 감정을 어떻게 처음 느끼는가? 보통은 신체의 감각으로 느낀다. 어려운 느낌들과 잘 대면하기 위해 아래의 훈련법을 시도해보자.

1. 잠시 앉아서 휴식을 취하자. 자기 자신에게 집중하기 위해 명상을 해볼 수도 있다.

2. 부드러워지기. 목 멘 느낌이나 가슴이 저릿해오는 것 같은 느낌이 드는 당신의 신체를 인지하고 그런 부분에 따뜻하고 차분한 감각을 그려 넣도록 노력하자. 이때, 그런 고통이 완전히 사라지는 것을 상상하기보다는 고통이 누그러지는 것을 상상하라. 또한 당신 스스로에게 육체적인 위안을 제공하자.

3. 허용하기. 감정을 느껴지는 그대로 받아들여라. 서둘러 감정을 밀어내려고 하지 말자. 당신이 느끼는 아무리 힘든 감정도 당신을 파괴하지는 못한다. 그러니 당신의 마음이 당장의 해결책을 제시할 필요는 없으며, 정신적인 위안을 제공할 수 있도록 노력하자.

4. 진정시키기. 자애심을 가져보자. 사랑하는 친구를 대하듯 당신 자신을 다루자. 당신은 사랑하는 친구를 나쁜 감정을 섞어 패배자라고 부르지는 않을 것이다. 당신 자신이 겪고 있는 고통에 대하여 감정적 위안을 제공하고, 그러한 고통들이 덜어질 것이라는 희망을 가지자.

거울 속의 친절함

우리는 흔히 거울을 볼 때, 얼굴에 난 뾰루지나 주름, 혹은 이것들이 너무 큰지 아니면 작은지와 같은 부분만을 체크한다. 이렇게 하는 것은 사실 다른 사람들이 우리를 좋아하지 않는 이유를 찾고 있는 것이다.

대신에, 이렇게 해보자. 매일 아침 일어나 씻거나 면도, 혹은 화장하기 전처럼 당신이 가장 자연스러운 모습일 때, 거울 앞에 서서 당신의 눈을 바라보자. 그다음에는 당신의 이름과 함께 다음과 같이 10번 외치는 것이다. "[당신의 이름], 난 지금 그대로의 너의 모습을 사랑해."

너무 빠르게 하지 마라. 천천히 한다고 해도 이 훈련은 오래 걸리지 않는다. 천천히 음미하면서 훈련할 때, 당신은 이 간단한 훈련이 가져오는 깊은 감정에 놀라게 될 것이다. 지속적으로 이 훈련을 하면서 당신 그대로의 모습을 사랑하고 당신의 뇌가 그것을 들을 수 있도록 만들자.

🔍 소리 내어 웃어라

'웃음은 최고의 약이다'라는 옛말이 있는데, 여기에는 과학적인 근거도 있다. 영국 왕립학회의 연구에 따르면, 코미디언 쇼를 본 사람들이 다큐멘터리를 본 사람들보다 고통을 참는 임계치가 훨씬 높다는 것을 알 수 있다. 뇌에서 사람이 사회적으로 거부당할 때 느끼는 고통을 담당하는 영역은 육체적 고통을 주관하는 영역과 동일하기 때문에 호탕한 웃음 한 번은 실제로 일시적인 처방 이상의 효과를 낸다. 웃음은 우리의 신경체계에 긍정적인 힘을 부여하며, 이는 우리 삶이 행복할 수 있도록 도와준다.

2부
당신에게 어울리는 사람 찾기

탐색하기

주위 살펴보기
자신에게 편안한 장소 찾기

새로운 사람을 만나는 방법은 다양하다. 이 장에서는 이러한 방법들을 자세히 다룰 것인데, 그에 앞서 당신에게 가장 편안한 장소가 어디인지 확실하게 아는 것이 중요하다. 만약 당신이 명확하게 그런 장소를 떠올릴 수 있다면, 그곳에서 당신은 더 행복할 수 있을 것이다.

우리는 저마다 특별히 좋아하는 장소가 있기 마련인데, 그런 장소는 우리 자신에 대해 많은 것을 말해준다. 일단 '어떤 장소'에서 자신이 행복을 느끼는지를 정확히 알고 있는 것은 확실히 더 많은 로맨스의 기회를 제공해준다.

로맨스 상대를 물색하는 것이 고역으로 느껴지는 지점은 사람마다 다르다. 만약 당신이 어떤 장소나 경험이 유난히 견디기 힘들다면, 그곳에서 만나는 사람도 당신과 어울리지 않을 가능성이 높다. 그러므로 어떤 종류의 활동과 환경이 편안하게 느껴지는지 자문해보는 것은 큰 도움이 될 것이다.

육체적으로 안락한 장소
여기에서는 더 정확한 방법으로 새로운 사람을 만나기 위한 장소를 알아보고자 한다. 이를 위해 우리는 자신을 기분 좋게 만드는 장소와 활동이 어떤 종류인지를 먼저 자문해보아야 한다.

이러한 질문들은 우리가 연인에게서 바라는 바가 무엇인지를 명확하게 해주는 데 도움이 된다. 당신이 축구 경기 관람을 매우 좋아한다고 가정해보자. 관중석의 에너지와 경기의 긴장감은 당신이 한 주를 버티는 힘일 것이다. 하지만 그렇다고 해서 열기 가득한 축구장만 운명의 상대를 만날 수 있는 장소는 아니며, 당신에게 가장 잘 어울리는 사람이 반드시 엄청난 축구팬일 필요도 없다. 다만 축구 경기를 좋아한다는 사실을 통해 당신은 자신의 흥분을 함께 나누고 어느 정도의 무모함도 이해해줄 누군가를 원한다는 사실을 깨달을 수 있다. 이런 방식으로 연인을 찾는다면 당신이 선택할 수 있는 대상이 넓어질 것이다.

심리적으로 안락한 장소
다음으로 자기 자신에게 던질 질문은 가치에 관한 것이다. 당신의 성격 중 어떤 부분이 자신의 정체성을 결정짓는 중요한 기반이라고 말하겠는가? 이 질문에 대한 답을 찾는 과정에서 '나의 정체성을 대표하는 것'과 '내가 가장 많은 시간을 보내는 일'을 하나로 보지 않는 것이 중요하다. 즉, 삶에서 당신이 최선을 다하는 것, 그리고 당신을 가장 건강하며 만족스럽게 만들어주는 일에만 집중해야 한다.

사랑을 찾을 때, 우리의 가장 좋은 면을 지지해주고 극대화해줄 사람을 만나는 것이 현명하다. 그렇게 하면 삶에서 무엇에 우선순위를 두어야 하는지 결정 내려야 할 때, 도움을 받을 수 있다. 우리는 모두 원하는 만큼 자유 시간을 가지지 못하며, 우리가 좋아하는 일만 할 수도 없다. 따라서 가장 중요한 가치가 무엇인지를 구분할 수 있다면, 이는 우리에게 몇 가지 기준을 제공해줄 것이다. 즉, 당신이 만약 여러 활동 중에서 하나를 선택하고 그 활동에 대부분의 시간을 할애한다면, 그 활동은 당신이 어떤 사람이 되고 싶어 하는지 가장 잘 반영한다고 할 수 있다. 우리는 모두 우리 자신을 있는 모습 그대로 사랑해줄 누군가를 원한다. 따라서 연인을 만나기 위해 선택하는 장소나 활동들은 반드시 실제적이어야 한다. 이를 통해 당신의 열망과 조화를 이룰 누군가를 만날 기회가 높아지고, 당신의 삶이 있는 그대로 더 가치 있게 될 것이다.

✏ 행복 파이

미국의 심리학자, 마이클 프리슈(Michael Frisch)는 다음과 같이 삶의 목표와 가치를 결정하는 유용한 연습 방법을 제시했다. 우선 원을 하나 그리고, 이를 당신의 '파이'라고 지칭하자. 그런 다음에 삶의 각 영역에 얼마만큼의 시간과 노력을 기울일 수 있는지에 따라 원을 '조각'으로 나누어보자. 아래의 파이는 하나의 예시이다.

1 연습을 시작하기 위해 일단 당신만의 '실제 파이'를 그리자. 삶의 각 영역에 현재 당신이 쓰고 있는 시간과 에너지가 조각 크기의 기준이다.

2 이번에는 '이상적인 파이'를 그려보자. 이는 당신이 삶에서 중요하다고 생각하는 순위를 기준으로 한다. 다시 말해, 현재 기울이는 노력이나 시간과는 상관없이 앞으로 얼마만큼 그 영역에 집중하고 싶은지가 기준이다.

3 당신의 실제 파이와 이상적인 파이에서 다른 점이 발견된다면, 실제 파이를 이상적인 파이에 가깝게 만들기 위해 어떻게 해야 할지를 생각해보자. 활발하게 자신의 장점을 개발하면서 새로운 사람과의 만남에도 적극적으로 임한다면, 흥미로운 새로운 데이트 상대를 발견할 가능성이 상당히 향상될 것이다.

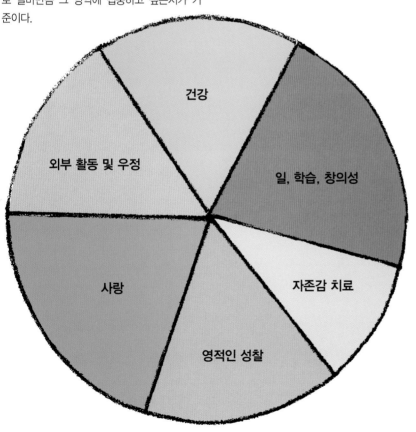

🔍 당신의 안락한 구역은 무엇인가?

당신이 가장 좋아하는 장소에서 즐기고 있을 때, 당신을 사로잡는 것은 무엇인가? 좋은 파트너는 반드시 당신과 같은 장소를 좋아할 필요는 없지만, 당신이 그 장소에서 느끼는 것과 비슷한 감정을 선사하는 경험을 좋아할 가능성은 높다. 그런 감정들은 다음과 같은 것일 수도 있다.

흥분
육체적 도전
고독
기술적인 활동
집안일
감각적 즐거움
(음식, 온천 등)
군중
예술적인 영감
지적인 도전
역사
자연
지역공동체
엔터테인먼트

올바른 신호 보내기

여러분, 저는 싱글이에요!

당신은 연애 상대를 찾을 때 얼마나 신중한 편인가? 누군가에게 당신의 마음을 주는 일은 중요한 결정이기 때문에 조심성이 있는 편이 좋다. 한편, 연애를 원하는 것은 하나가 되기 위한 전제 조건이라고 할 수 있다. 즉, 만약 한 사람이 연애에 정말로 신경을 쓰지 않는다면, 그들은 독신으로 머무를 것이다. 그렇다면 우리가 원하는 것이 무엇인지, 건강한 관점을 지니기 위해서는 어떻게 해야 하는지 알아보자.

당신의 신호 확인하기

두려움은 때로 사람들에게 당신에 대한 잘못된 인상을 심어준다. 예를 들어, 두려움 때문에 자신이 원하는 바를 감춘다면, 우리가 만나게 되는 사람은 진실한 우리 자신이 아닌 거짓된 모습을 좋아하는 사람일 것이다. 또한 우리는 두려움 때문에 지나치게 보상적이게 될지 모른다. 즉, 자신의 '강한 성격'을 두려워하는 사람들은 종종 '자신을 있는 그대로 받아들일 수 있는지' 시험하기 위해 더 심하게 행동할 수 있으며, 그런 자신에게 대립적인 사람들과는 거리를 둘 것이다. 때로 우리는 누군가가 사랑해주기를 바라면서도, 자신이 부족

우리는 모두 새로운 사람을 만났을 때, 좋은 인상을 주기를 바랄 것이다. 그렇다면 너무 자의식이 강하거나 야심 넘치는 인상을 주지 않으면서도 자신을 잘 표현할 수 있는 방법은 무엇일까?

55%

보디랭귀지는 의사소통에서 약 55%의 비중을 차지한다고 알려져 있다. 그러므로 당신의 몸과 친밀해진다면 성공적인 의사소통을 절반 넘게 해낸 것이다.

자기 자신과 친해지기

자기 자신에 대해 이상적으로 느끼고 행동할 최고의 방법은 아무도 없는 상황에서도 혼자 즐길 줄 아는 것이다. 자기 자신과 친밀해지는 분위기를 연출하기 위해 다음 몇 가지의 상황을 따라 해보자.

✔ 감각적인 리듬을 타며 음악을 들어보자. 흥이 난다면 몸을 들썩이며 춤을 추는 것도 괜찮다.

✔ 여러 가지 아로마나 향초, 향오일 및 좋은 향기가 나는 것들을 가까이에 두고 즐겨보도록 하자. 향기로운 공기를 들이마시고 음미하면서, 56쪽에서 배운 자기 성찰 명상을 함께 해보는 것도 좋은 방법이다.

✔ 욕조에 물을 받아놓고 여유로운 목욕을 즐기거나 힘찬 물줄기에 몸을 맡기고 샤워를 해보자. 단순히 씻는 목적에 급급하지 말고 자신에게 맞는 온도가 어느 정도인지 여러 번 시도해보면서 피부에 닿는 물의 느낌을 즐겨보도록 하자.

✔ 자신의 몸을 만지는 일에 익숙해지자. 만약 마음에 들지 않는 신체 부위가 있다면 56쪽에서 배운 자비의 명상을 통해 그 부위에서 나오는 감각에 초점을 맞추고 따뜻하고 애정 어린 에너지를 보내보자.

나는 사랑스러워.

하다는 느낌 때문에 자기 비하의 선을 넘게 되고 결국 함께 있으면 정말 기분이 안 좋아지는 사람이 되어버린다.

당신이 가치 있고 사랑스러운 사람이라는 사실을 스스로 상기하는 연습을 해보자. (54-55쪽 참고) 당신이 걱정하는 어떤 면을 스스로 더 강조하고 있지는 않은지 친구에게 물어볼 수도 있다.(40-41쪽 참고) 친구들에게 설사 당신이 호감 가지 않는 행동을 한다는 대답이 돌아올지라도 그것은 그저 습관일 뿐, 당신 자체를 구성하는 핵심 요소는 아니다. 우리는 여러 행동 방식을 취하기도 하고 버리기도 하면서 삶을 살아간다. 그러므로 우리가 좋지 않은 습관을 바꾸기로 마음먹었다면 그것은 더 이상 당신을 규정하는 무언가가 되지 않는다.

연애하는 법을 가르쳐줄 학교가 필요할까?

연애 관련한 조언들은 대체로 마음에 드는 이성에게 다가가는 방법에 초점을 맞춘다. 하지만 이성을 만났을 때 어떤 말을 해야 하며 어떻게 행동해야 할지에만 전적으로 초점을 맞출 때, 우리는 지나치게 자기 의식적으로 된다. 그리고 여기서 불안감이 점점 높아지는 문제가 발생한다. 처음 만나는 이성과 호감 가는 활발한 대화를 이끄는 것은 우리의 연애 기술을 평가받는 일종의 테스트다. 이때 무대에 처음 설 때와 같은 긴장과 두려움이 생긴다면, 어느 누구도 최고의 모습을 보여줄 수 없다. 일단 긴장을 풀고 신체를 편안하게 한다면, 당신의 연애 기술을 자연스럽게 발휘할 수 있을 것이다.

어느 누구도 처음 만나는 이성에게 완벽하게 보일 것이라고 장담할 수 없다. 하지만 적어도 자기 자신을 긍정적으로 인식하고 있다면, 세상에 비춰지는 당신의 모습도 매력적일 것이다.

 ## 오감을 사용하는 걷기 명상

단지 길거리를 걷는 것만으로도 주변 공기를 달아오르게 하는 사람들을 본 적이 있는가? 그런 사람들에게 마법 같은 비법이 있는 것은 아니다. 그들은 단지 자신들의 몸에서 느껴지는 오감이 주는 즐거움을 만끽하면서 동작을 하고 있을 뿐이다. 우리도 한 번 시도해보자. 별다른 노력 없이 긍정적인 신호를 보낼 수 있게 될 것이다.

1 공원처럼 평화롭고 안정적으로 느껴지는 장소에 가보자. 이때, 편한 신발을 신고 편한 옷을 입어라. 남에게 보여주기 위함이 아니라 스스로를 위한 일이기 때문에 차려입지 않아도 된다.

2 걸으면서 마음속 깊은 명상을 시작해보자. (56쪽 참고) 당신 발밑에 있는 잔디를 느껴보고 다리의 리듬과 엉덩이의 움직임을 느껴보도록 하자. 인위적으로 바꾸려고 하지 말고 있는 그대로 느껴지는 감각에 집중하자.

3 감각이 주는 기쁨을 더 크게 해보자. 이를 위해서는 당신의 신체에서 가장 기분 좋은 느낌이 드는 곳에 집중하면 된다. 이때, 일반적으로 섹시하다고 여겨지는 부위에만 집중할 필요는 없다. 예를 들어 발목에 걸쳐진 울 소재의 포근한 양말이 마음에 든다면 그것을 즐겨도 상관없다.

4 자신을 매력적으로 느끼게 해줄 한두 문장을 마음속으로 반복해보자. '예쁜이' 혹은 '멋쟁이'와 같은 말들을 스스로에게 던지는 것이다. 이렇게 하는 것이 살짝 유치하게 느껴진다고 해도 그저 혼자서 웃어버리면 그만이다.

5 걷는 동안 당신만의 감각적 리듬을 경험하고 가능한 한 아주 멋진 기분을 만끽하도록 하자.

당신의 몸이 당신은
강하고 가치 있는 사람이라고
말할 수 있도록 만든다면,
당신은 더 존재감 있고
열정적인 진짜 자기 자신으로
살아갈 수 있다.

사회심리학자이자 하버드대학교 경영대학원 부교수, 에이미 커디AMY CUDDY

기회는 우연에서 시작된다

버스에서 만났어요!

때때로 운명이 우리 앞에 운명적인 한 사람을 떨어뜨려 준 것처럼 느껴질 때가 있다. 버스에서나 우연히 가게 된 장소에서 완벽한 누군가를 지나치게 될 때, 즉각적인 관심을 끌기 위해 우리가 할 수 있는 현명한 행동은 무엇일까?

16세기의 영국 시인이자 극작가인 크리스토퍼 말로(Christopher Marlowe)에 따르면, 사랑은 운명의 문제이며 처음 만나는 순간 우리를 전율하게 만든다고 한다. 시적 효과를 위한 문장이지만, 이는 어느 정도 진실이다. 우리는 누군가를 만나 첫 느낌으로 상대가 매력적인지 알아차릴 수 있으며, 그 상대에게서 편안한 느낌을 받는다면 곧바로 '좋아하게' 되는 경향이 있기 때문이다.

> 두 사람 모두 연약하다면,
> 사랑도 가벼울 수밖에 없다.
> 첫눈에 반하는 사랑보다
> 위대한 사랑은 없다.
>
> – 크리스토퍼 말로, 「헤로와 레안더」

첫눈에 반하는 사랑?

누군가를 만났을 때, 단순한 끌림에서 사랑으로 얼마나 빨리 바뀔 수 있는가는 우리의 애착유형에 달려있다. 애착유형 분류에서 불안형에 가까울수록 단시간에 사랑에 빠질 가능성이 높다. 거부 당할까 봐 걱정하고 자존감이 낮으면 자신을 받아들여주고 애정을 줄 사람에 대한 강한 욕구를 가지게 된다. 그리고 이는 비교적 짧게 만난 사람과도 사랑에 빠질 수 있게 만든다.(22-23쪽 참고) 한편, 회피형 사람들은 첫인상으로 사랑에 빠지는 것이 가장 어려운 유형이다. 회피형들은 어떤 종류의 의사소통도 불편하게 느끼며, 상대방과 어느 정도 거리를 유지하는 것을 선호하기 때문이다. 이와 달리, 불안형 사람들은 자신의 감정을 숨기는 일을 매우 어려워하기 때문에 누군가에게 갑작스럽게 끌리는 감정이 생기면 스스로 압도당하고 만다. 회피형 사람에게 감정을 한 박자 늦추는 것은 오래된 익숙한 습관 같은 것이다. 그래서 회피형 사람도 첫눈에 누군가에게 반할 수는 있지만, 그런 끌림에서 사랑으로 발전하는 것은 드문 경우다. 안정형 사람들은 회피형과 불안형의 특성에서 중간쯤에 위치한다. 안정형은 누군가에게 한눈에 매혹되기는 하지만, 진정으로 사랑이라고 말하기 전에 먼저 친밀감을 쌓을 필요가 있다고 느낀다.

이성적으로 생각하기

앞서 우리는 외모가 좋은 사람은 성격도 좋다고 생각하는 경향이 있다는 사실을 알아보았다.(42-44쪽 참고) 이런 '후광효과'는 우리의 이성을 마비시킬 수 있으므로 마음속에 항상 후광효과의 속성을 염두에 두고 있어야 한다. 우리 가슴이 상대방에게 마구 뛰고 있을 때도 말이다.

만약 당신이 버스나 예기치 않은 장소에서 마음에 드는 이성을 만났다면, 재빠르게 행동해야 할 것 같은 충동이 일게 마련이다. 당장 데이트를 신청하지 않으면 그 사람을 다시는 만나지 못할 것 같기 때문이다. 이런 상황은 우리를 안절부절못하게 만드는데, 이럴 때일수록 자존감을 놓지 말고 차분하게 행동하는 것이 좋다.(34-35쪽 참고) 이때 위협적이지 않은 태도와 사교 기술로 자신감 있게 행동하는 것도 필요하다.(오른쪽 내용에서 도움을 받자.) 처음 만나는 이에게 데이트를 신청하는 것은 연인을 사귈 수 있는 좋은 기회이지만, 주의할 것은 어느 정도 이야기를 나눈 후에 데이트 신청이 이뤄져야 한다는 점이다. 다짜고짜 데이트 신청부터 하는 것은 이상한 사람처럼 보이기 쉽다. 하지만 그런 식의 데이트 신청으로 시작한 행복한 연인들도 종종 있으므로, 용기가 있다면 시도해보는 것도 나쁘지 않다.

완벽한 이성을 예기치 않게 만날 확률은 열심히 찾아다닐 때보다 훨씬 낮기는 하지만, 종종 일어나는 상황이기도 하다. 그런 경우 성공하는 비결은 가능한 한 당당하게 행동하는 것임을 잊지 말자.

 ## 우연한 만남을 위한 조언

당신의 눈을 사로잡은 이가 여성이든 남성이든, 성공적인 만남을 위한 몇 가지 조언을 알아보자.

✔ 보디랭귀지를 관찰하라. 당신에게 등을 보이거나 장벽을 치는 것처럼 책을 들고 서 있는 것과 같은 '폐쇄적'인 신호는 그들이 당신에게 흥미가 없다는 뜻이다. 그런 사람들 대신에 당신 쪽을 향해 두 팔을 편안하게 하고 서 있는 사람을 찾아보자.

✔ 성적 표현이 없는 말로 이야기를 시작하라. "당신은 너무 매력적이에요."라고 말하는 것은 부담스러울 수 있다. "모자가 멋지네요."나 "저도 그 책 읽었는데, 내용이 어떤 것 같아요?" 정도로 이야기를 시작하는 것이 좋다.

✔ 상대방의 의견을 물어보라. 이렇게 하면 당신이 단지 상대방의 외모가 아닌 사람 자체에 끌리고 있다는 것을 보여줄 수 있으며, 상대방의 사고방식을 알 수 있다.

✔ 시간 때문에 자리를 떠야 하지만 상대방을 더 만나고 싶다면, 직접적으로 말하자. "진심으로 한 번 더 만나고 싶은데, 괜찮으신가요?"라고 말하는 것은 당신이 자신감 있다는 사실을 보여준다. 그리고 거절이든 승낙이든 상대방이 솔직하게 대답할 수 있는 기회도 마련해준다. 만약 상대방이 승낙했다면 그들이 제안하는 만남의 방식을 따르고 대중적인 장소에서 만나도록 하자.

✗ 남성을 위한 조언

여성이 아무리 마음에 들더라도 다가가서는 안 되는 장소가 몇 곳 있다. 전반적으로 여성들은 자신들의 신체적 안전에 민감하며, 이에 타당한 이유들도 가지고 있다. 데이트를 신청할 때, 신중해야 할 장소들을 알아보자.

✗ 엘리베이터나 승객이 없는 열차의 객실과 같은 밀폐된 장소. 그녀에게 상황을 모면할 빠른 대피로가 없다면 경계심이 생길 것이다.

✗ 고립된 장소. 목격자가 되어줄 사람이 주변에 없다는 것은 그녀에게 보호 장치가 없다는 뜻이다. 이런 장소는 시끌벅적한 파티 중에 빈 방에 둘만 있는 상황도 해당된다. 이런 경우, 그녀가 다시 친구들에게 돌아가려 한다면 잡지 않아야 한다.

✗ 길거리. 급히 어딘가로 가는 길이었다면 당신이 그런 상황을 존중하지 않는 것에 대해 그녀는 짜증이 날 것이다.

✗ 직장에서의 첫 회의. 만약 그녀가 발표를 하거나 상부 지시를 전달하기 위해 그 자리에 서 있다면, 그녀의 경력이 좋은 인상을 만드는 것에 달려있다는 사실을 기억해라. 그녀가 일에 집중할 수 없게 만드는 것은 당신에게도 신경을 끄도록 만들어버리는 것과 같다.

✗ 사람들이 매우 취한 모임. 신사라면 이런 기회를 이용하지 않는다.

51%

누군가의 외모가 마음에 드는가? 51%의 미국인들이 화려한 언술이 다른 사람에게 호감을 주는 최고의 방법이라고 응답했다.(지나치게 판에 박힌 칭찬만 하지 않으면 된다.)

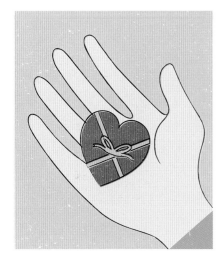

우정이 최선일까?

친구가 이성으로 보일 때

호감이 양방향으로 흐르는 경우도 있지만, 당신만의 일방적인 감정일 때도 있다. 이는 상대방에게 직접적으로 확인하지 않는다면 결코 확신할 수 없는 문제이다. 만약 친구에게 사랑의 감정을 느끼고 있다면, 어떻게 해야 할까?

당신의 친구가 이성으로 보이기 시작했다면 상대방도 당신과 비슷한 감정일 수 있다. 하지만 친구에서 연인 사이로 발전하기 위한 행동을 감행할지 안 할지를 결정하는 것은 큰 문제이다. '관계를 망칠 수 있다'는 두려움은 친구를 짝사랑하는 많은 사랑꾼들을 단념하게 만든다.

말할까, 말까?

친구 사이의 고백에는 거절의 가능성도 있고 성격에 따라 고백을 받아들이는 정도가 다를 수도 있다. 하지만 그렇다고 해서 아무 말도 안 하고 있는 것 역시 심각한 문제이다. 어쩌면 당신과 똑같은 감정을 느끼고 있을지 모르는 친구에게 당신의 사랑을 전하지 않는다면 두 사람 모두 시간을 낭비하고 있는 것인지 모르기 때문이다. 하지만 그렇게 되면 적어도 우정을 지키고 다른 상대를 찾아 연애를 할 수는 있다. 이보다 더 안 좋은 것은 아무 말도 하지 않고 우정을 지키고 있지만 언젠가 친구와 더 깊은 관계로 발전하리라는 희망을 가지는 것이다. 이는 당신

이 다른 사랑을 찾을 수 있는 기회도 방해한다. 당신이 이런 덫에 걸려 있다면 옆쪽에서 소개하는 훈련 방법을 따라 해보자.

짝사랑이 틀림없다면

지금 당신이 당신에게 이성적으로 관심이 없는 것이 분명한 친구를 짝사랑하고 있다면 어떻게 할까?

밀고 당기기에 너무 연연하지 않는 것이 중요하다. 그러다 보면 좌절이 강박관념과 비참함을 가져올 수 있다.(148-149쪽 참고) 사랑을 단념하는 것은 고통스러운 일이지만, 이뤄지지 않을 사랑을 계속 붙들고 있는 것도 고통스럽기는 마찬가지다. 당신의 관심이 다른 곳을 향하도록 노력해보자. 그러면 불행한 기분을 극복할 수 있을 것이다.

친구를 향한 열병 같은 짝사랑이 늘 좋지 않은 것만은 아니다. 이를 통해 언젠가 당신의 사랑을 받아줄 다음 연애 상대를 찾는 과정에 도움이 될 몇 가지 교훈을 얻을 수 있다. 첫 번째로 친구의 어떤 모습에서 당신이

사랑을 느꼈는지를 알 수 있다면, 이는 연애 상대를 찾을 때 무엇을 보아야 하는지를 명확하게 해줄 것이다.

두 번째는 우정으로써 친구가 당신을 좋아하고 있다는 사실은 적어도 매력적인 사람이 가치 있게 여기는 자질을 당신이 지니고 있다는 것을 뜻한다. 이는 세상 어딘가에는 친구와 비슷하면서도 당신을 사랑해줄 사람이 존재한다고 해석할 수 있다.

짝사랑은 고통스러운 일이지만, 이를 통해 여러 가지를 배울 수 있는 좋은 점도 있다. 한 가지만 기억하자. 매력적인 사람이 당신을 친구로서 좋아한다는 사실은 그와 비슷한 매력적인 누군가가 언젠가 당신을 사랑해주리라는 것을 뜻한다는 것이다.

> 너의 모든 열정을
> 쏟아붓는 것은 위험한 일이야.
> 네가 사랑하는 사람을
> 가질 수 없기 때문이지.
>
> – 루지아 메이 알코트
> (Louisa May Alcott)의 『작은아씨들』 중
> 「에이미 마치」

✏️ 내 사랑을 고백해야 할까?

1 친구를 향한 사랑의 감정을 어떻게 해야 할지 결정하는 것은 어려운 일이다. 마음을 고백해서 좋은 결과를 얻을 수
도 있고 나쁜 결과를 얻을 수도 있다는 점이 당신을 혼란스럽게 할 것이다. 당신의 생각을 정리하기 위해 다음의
간단한 순서도를 따라 해보도록 하자.

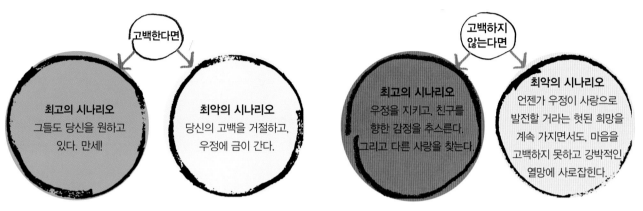

2 펜과 종이를 준비하자. 그리고 위에서 살펴본 각각의 결과들에 대한 이유를 적어보자. 마음을 고백했을 때, 우정
에 문제가 생기리라고 생각한다면 다음과 같은 표를 사용해보자.

고백하기로 결정했다면

문제가 생길 수도 있다. 왜냐하면…….	이런 문제들을 견딜 수 있는가?	친구가 부담을 갖지 않게 할 방법은 있는가?	이런 해결법에 단점이 있지는 않은가?	어떻게 해야 나의 기분을 좋게 할 수 있을까?
친구가 나의 우정이 진심이었는지 의심할 것이다.	그렇다. 나는 항상 우정이 사랑으로 발전하기를 바랐으므로 감당할 수 있다.	나는 무엇보다 우리의 우정을 가장 중시한다는 점을 강조할 것이다.	나의 진심을 믿지 않을 수 있다.	우정이 어색해질 경우를 대비해놓는다.
단둘이 있으면 어색할 수 있다.	그렇다.	내가 잠시 뒤로 물러선다면 우리의 관계는 평소대로 돌아올 것이다.	우정이 원래대로 돌아갈 수 없다면, 예전을 그리워하고 외로움을 느낄 것이다.	나를 소중하게 여기는 다른 친구들과 시간을 보낼 계획을 세워놓는다.
다른 친구들이 내가 선을 넘었다고 생각할 수 있다.	아니다. 나는 아마 약간의 피해망상에 빠질 것이다.	나는 친구의 대답이 거절이라도 이해할 수 있다는 점을 확인시켜줄 수 있다.	나는 아마 자조적이게 될 것이다.	나에게 힘을 줄 다른 친구들에게 마음을 털어놓고 위안과 조언을 얻는다.

3 위의 표를 따라 생각하고 난 후에도 사랑을 고백하지 않은 채 우정을 지키는 편이 최고의 선택이라고 결정했다
면, 당신의 특별한 우정에 대해 더 이상 로맨틱한 환상을 품지 않도록 하자. 그리고 새로운 사람에게 당신의 마
음이 향할 수 있도록 노력하자.

사내 연애의 장단점

지켜보는 눈이 많은 회사

우리는 깨어있는 대부분의 시간을 직장에서 보내므로, 대개 직장 동료와 많은 공통점을 가지게 된다. 그래서 직장 동료를 좋아하게 될 확률이 높은 편이지만, 사내 연애는 과연 많은 곤란한 상황을 감내할 만큼 가치가 있을까?

직장에서 사랑에 빠졌다면, 이는 단지 가슴이 설레는 문제를 넘어 생계가 걸린 문제가 된다.

다른 로맨스들과는 달리, 관계가 틀어진다고 해도 당신은 상대와 쉽게 '떨어질' 수 없다. 헤어져도 계속해서 함께 일해야만 하기 때문이다. 이는 당신과 상대방 사이에 보이지 않는 벽을 쌓을 뿐 아니라 제삼자들의 개입으로 부담이 높아지기도 한다. 그럼에도 불구하고 현재 눈앞에 있는 동료와 당신이 천생연분이라는 생각이 든다면, 어떻게 행동해야 할까?

다른 동료들과 친밀감을 유지하자

사내 연애에서 가장 큰 걱정 중 하나는 다른 동료들을 적으로 돌릴 수 있다는 두려움이다. 만약 당신보다 직위가 높은 사람과 연애 중이라면, 당신은 이 일이 괜찮다고 생각할지 모른다. 하지만 2012년 미국의 조사 결과를 보면, 다른 동료들의 생각은 다른 듯하다. 대다수가 '상사'와 연애하는 동료는 경력에 도움을 받으려는 의도를 가진 것으로 생각한다고 답했기 때문이다. 그래서 해당 동료를 신뢰하지 않으며 정보도 공유하지 않는 것으로 나타났다. 게다가 1998년에 297명을 대상으로 한 미국의 연구를 보면, 남성 동료보다 여성 동료들이 이 문제에 대해 더 의심이 강하다는 것을 알 수 있다. 그러므로 당신은 상부에서 온 스파이가 아니라는 사실을 증명하기 위해 조심스럽게 행동해야만 할 것이다.

긍정적인 면을 살펴보면, 같은 연구에서 사내 연애를 하는 직장인은 자신의 직업에 대해 더 긍정적으로 느낀다고 답했다. 그들은 일이 잘 풀릴 때면 자신의 연인이 더욱 사랑스럽게 느껴진다고 밝혔다. 따라서 주변에 경계하는 동료들과 잘 지낼 수만 있다면, 성공적인 사내 연애를 통해 일과 사랑이라는 두 마리 토끼를 모두 잡을 수 있다.

✏️ 직장에서의 성희롱

당신에게 불쾌한 시선을 보내는 사람이 있는가? 누군가에게 관심은 있지만 음흉하게 보일까 봐 걱정하고 있는가? 심리학자 윌리엄 E. 푸트(William E. Foote)와 제인 굿맨 델라헌티(Jane Goodman Delahunty)는 성희롱을 다음의 세 가지 범주로 분류한다.

1. 오해의 괴롭힘 : 피해를 입힐 의도는 아니었으나 직업상의 친절을 로맨틱한 관심으로 착각하여, 이성에게 무엇이 부적절한 행동인지 이해하지 못하는 자.

2. 착취적 괴롭힘 : 공격적인 성격으로 직장에서도 자신의 성격 그대로 위협적인 태도를 유지하는 자. 강간범도 이런 유형에 해당한다.

3. 여성 혐오적 괴롭힘 : 직장에서 여성에게 분노를 표출하며, 성차별적 태도를 유지하여 여성들을 불편하게 만드는 자. 이런 경우는 남성 위주로 구성된 직장에서 유독 심하며, 여성 위주로 구성된 직장에서도 때때로 반대의 상황이 벌어진다.

위 세 가지 유형의 괴롭힘을 인지하고 당신이 현재 겪고 있는 상황이 어디에 속하는지 알아보도록 하자. 이는 지금 상대방이 당신에게 보여주는 관심이 그저 구애하는 행동인지, 아니면 고의적인 위협이라서 해결해야 하는 문제인지를 결정하도록 도와줄 것이다.

최악의 상황 피하기

대부분의 연애는 결혼에 이르지 않는 한 결국 끝이 나기 마련이다. 이때 당신이 할 수 있는 행동은 무엇일까? 아마도 많은 부분이 그동안 팀원들과 직장에서 얼마나 관계를 잘 유지해왔는지에 달려있을 것이다. 연애 중에 당신의 진정성을 최선을 다해 보여주었다면, 헤어졌다고 하더라도 문제를 일으키리라는 의심을 덜 받을 수 있다.

또한 얼마나 관계를 깨끗하게 정리했는지도 많은 영향을 미친다. 사실 연애를 시작할지 고민하는 처음 순간부터 헤어지는 경우를 신중하게 생각해보아야 한다. 상대방이 힘든 상황을 잘 버틸 수 있는 사람인지를 신중하게 판단해야 한다. 왜냐하면 연애 과정 중 힘든 상황이 수도 없이 많을 텐데, 그에 대해 상대방으로부터 원망을 듣고 싶지 않다면 이를 잘 확인해보아야 한다.

궁극적인 결정은 위험성과 장점을 심사숙고한 후 내려야 한다. 가장 현명한 방법은 가능한 한 솔직하고 성숙하게 행동하는 것이며, 긍정적인 결과를 희망하는 것이다.

얼마나 많은 사람이 사내 연애를 하는가?

2003년 미국의 볼트닷컴에서 사무직을 대상으로 실시한 조사에서는 47%로 나타났으며, 2002년 영국의 한 대형 로펌에서는 79%로 조사되었다.

 10%

스탠포드대학교에서 2005년부터 2009년에 걸쳐 실시한 연구에 따르면, 커플의 10%는 동료를 통하거나 직장에서 만난 것으로 나타났다. 2013년, 영국의 한 연구는 직장에서 만난 커플 중 14%가 결혼에 성공한다는 사실을 확인해주었다.

14%

✅ 현명하게 연애하기

직장 동료에게 반했다면, 좋아하는 사람과 매일 함께 있으므로 업무에 집중하기 어려울지 모른다. 따라서 다음의 몇 가지 중요한 부분을 생각해보도록 하자.

✔ 회사에 사내 연애에 관한 규정이 있는가?

✔ 두 사람 중 한 사람이라도 상대방이 알아서는 안 되는 기밀 정보를 다루지는 않는가?

✔ 당신의 직업은 업무 실수를 하면 치명적인 위협을 받는가? 최악의 경우, 전문 면허가 취소될 수도 있는가?

✔ 직장 내에서 당신이나 연인의 지위는 얼마나 견고한가?

✔ 동료들 사이에서 당신의 평판은 어떠한가?

✔ 당신의 직업은 인맥이나 인기, 혹은 명성에 많이 의존하는가?

✔ 연인이 될 사람과 당신은 팀 내에서 직급이 각각 어떻게 되는가? 만약 둘 중 하나가 직급이 더 높다면, 이로 인해 두 사람의 동등한 연인관계가 방해받는가?

✔ 헤어질 경우, 직장 내에 당신의 위치와 다른 직원들과의 관계에 어떤 식으로 영향을 미칠 것으로 예상하는가?

✔ 당신이 관심 있는 동료는 실제로 싱글인가, 아니면 사귀고 있는 사람이 있어서 당신과의 데이트를 방해할 수 있는가?

✔ 난관을 극복할 만큼 가치 있는 진지한 관계로 발전시킬 수 있는가?

✔ 요약하자면, 이 모든 요소들을 심사숙고한 후에도 이 사람과 사내 연애를 시작하는 것이 현명한 선택이라는 확신이 드는가?

개인 광고 활용법

정말 연인을 만나고 싶다면?

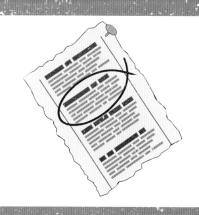

당신이 즐겨 읽는 신문이나 잡지에 개인 광고를 내는 것은 한 번쯤 시도해볼 만한 일이다. 어쨌거나 누가 그 광고를 읽게 될지 장담할 수 없지 않은가? 그렇다면 그 작은 공간에 어떤 식으로 사랑을 찾는 광고를 해야 할까?

개인 광고의 최고 장점은 당신의 그물을 원하는 장소에 던져놓을 수 있다는 점이다. 신문이나 잡지는 특정한 독자층을 대상으로 한다. 즉, 모든 정기간행물은 지구를 사랑하는 환경주의자나 혈통견 조련가처럼 특정 시장을 대상으로 배포된다. 이는 당신의 취향과 가치를 반영하는 이상형이 속한 시장을 선택할 수 있다는 뜻이다.

할당 공간에 딱 맞게

광고를 싣는 공간은 인치마다 값이 매겨지므로 개인 광고는 한두 문장으로 쓰는 것이 보통이다. 여기에는 긍정적인 면과 부정적인 면이 모두 존재한다. 일단 이런 식의 광고는 많은 정보를 담을 수 없다. 그래서 광고를 읽은 누군가는 "유머 감각이 좋은 사람이네."라고 말할 수는 있겠지만 광고를 쓴 이가 실제로 재미있는 사람인지 전혀 확신할 수 없다. 반면, 단 몇 줄로 자신을 표현한다는 것은 읽는 사람에게 한 가지 중요한 점을 일깨워준다. 즉, 읽는 사람은 짧은 광고에 어떤 식의 문장을 썼는지를 통해 글쓴이가 어떤 식으로 도전을 받아들이고 처리하는지 알 수 있다.

너무 일반적인 이야기라 간과하기 쉽지만, 사실 돋보이는 광고를 위한 가장 좋은 방법은 솔직해지는 것이다. 그리고 또 한 가지 중요한 것은 거의 모든 사람은 자신감 있는 사람을 좋아한다는 사실이다. '턱수염이 덥수룩한 키 작은 괴짜가 사랑을 찾고 있습니다.'처럼 과감하게 당신의 단점을 광고에 싣는다면, 훨씬 더 많은 매력을 전달할 수 있다.

> 이혼한 싱글대디가 소풍과 로맨스를 함께 즐길 친절하고 유쾌한 여성을 찾습니다.

균형 유지하기

광고에는 당신이 어떤 사람이며 무엇을 원하는가에 대한 내용이 반드시 들어가야 한다. 이에 대한 비율은 7 대 3이 좋다는 연구 결과가 있다. 즉, 광고 내용은 당신이 어떤 사람인지를 소개하는 내용 70%와 당신이 추구하는 바가 무엇인지에 관한 내용을 30%로 구성하는 것이 좋다.

'추구하는 바'를 긍정적으로 표현하는 것은 현명한 방법이다. 예를 들어, '매우 날씬한 여성을 찾습니다.'라는 광고는 그것을 게재한 남성이 겉모습만 중시하는 사람이라고 생각하고 그냥 지나칠 가능성이 높다. 그럼에도 당신에게 여전히 신체적 특성이 중요하다면, 라이프 스타일의 관점에서 접근해볼 것을 추천한다. 근육질을 원한다면 '스포츠를 좋아하는'으로, 마르지 않은 사람이 좋다면 '음식을 사랑하는'으로 표현하면 된다. 이때, 상대방에게 너무 완벽한 모습을 바라면 안 되며, 광고를 보고 연락

2:1

여성보다 2배 많은 남성이 개인 광고 속에서 자신을 '정직하다'고 표현한다.

35%

신중하게 말하자면, 개인 광고는 비밀스럽게 애인을 찾는 교활한 방법일 수 있다. 유명한 비공식 통계에 따르면, 개인 광고 사용자들의 35%가 기혼자라고 한다. 이 수치가 정확하든 아니든, 이런 가능성을 인지하고 있을 이유는 충분하다. 만약 개인 광고로 만난 당신의 데이트 상대가 지나치게 사생활을 감추고 있다면, 한 번 의심해보는 것도 나쁘지 않다.

몇 가지 두문자어

BBW/BHM-대단히 아름다운 여성 (Big beautiful woman)/대단히 잘생긴(만족할 만한) 남성(Big handsome(hunky) man)

D - 이혼한(Divorced)

DTE - 건실한(Down to earth)

HWP - 키와 몸무게 비율이 좋은 (Height and weight proportional)

IPT - 특별히 더 좋아하는(Is partial to)

ISO - ～을 추구하는(In search of)

NK - 자녀 없음(No kids)

NS - 비흡연자(Non-smoker)

NSA - 조건 없이(No strings attached)

VGL - 아주 멋진 외모(Very good looking)

WLTM - 만나고 싶다(Would like to meet)

WTR - 지역을 옮길 의사가 있음(Willing to relocate)

X - 익스트림(일반적으로 비정상적인 성적 행동에 동의한다는 의미)

420/420-FRIENDY - 마리화나 피움/마리화나 피우는 사람도 상관없음

해온 이에게 사진을 요구하는 것은 서로 어느 정도 친해진 후에 이루어져야 함을 명심하자.

인류학자 더글라스 레이벡(Douglas Raybeck) 교수는 개인 광고를 '자신이 어떤 사람인지에 관한 상징적인 글'이라고 정의한다. 다른 말로 하면, 개인 광고 속에 실린 문장은 문자 그대로의 진술이 아니라, 글쓴이의 가치와 성품에 대한 묘사라고 할 수 있다. 광고문을 쓰기 전에 다른 개인 광고들을 살펴보고, 잘 쓴 광고문을 활용해보자.

자기 자신 기록하기
개인 광고 중에는 전용선을 통해 음성메시지를 남길 수 있는 서비스를 제공하는 종류도 있다. 이런 경우 광고가 마음에 든 사람은 당신과 만나기 전에 당신의 목소리를

> 요조숙녀와 우아하게 도시의 밤을 함께 보낼 신사 분을 찾습니다.

들어볼 수 있다. 그렇다면 이런 메시지에는 당신의 섹시한 목소리를 담아야 할까, 아니면 평소 목소리를 그대로 사용해야 할까?

이는 당신의 성별에 따라 다를 수 있다. 정확하게 어떤 목소리가 매력적인지 정의하기는 어렵지만, 연구 결과들을 살펴보면 대체적으로 남성은 높은 톤의 여성 목소리를, 여성은 숨소리가 많이 섞인 저음의 목소리를 들을 때 자신에게 관심이 있다는 신호로 받아들였다.

남녀 불문하고 좋은 목소리를 연습하는 최고의 방법은 친구에게 음성메시지를 남겨보는 것이다. 녹음된 자신의 음성이 어색하게 들리겠지만, 차분하게 임한다면 더 매력적이고 더 나은 목소리를 녹음할 수 있을 것이다.

🔍 이성이 원한다고 알려진 것들

사람들은 이성이 좋아한다고 알려진 전형적인 특징을 나타내는 단어로 광고를 하는 경향이 있다. 1977년의 연구에 따르면, 여성들은 자신이 기분 좋은 사람이라는 것을 나타내기 위해 '사교적', '유머 감각 있는', '날씬한', 그리고 '매력적인'과 같은 단어 사용에 집중하며, 남성들은 '전문가' 혹은 '주택 소유'와 같은 단어들로 자신의 능력을 보여주는 데 집중한다. 이 조사 이후, 결과는 바뀌었을지도 모르지만 완전히 새롭지는 않을 것이다. 혹시 당신이 선택한 간행물의 광고도 여전히 비슷하지 않은가?

스피드 데이트

짧은 만남으로 짝 찾기

스피드 데이트는 싱글들에게 인기 있는 활동이다. 이는 한 공간에 싱글 남녀를 모아놓고 여러 번의 짧은 만남을 반복하는 행사로, 마지막에는 서로 마음에 들어 하는 남녀를 '이어주기' 위한 소개 시간이 있다. 이런 종류의 만남이 효과가 있을까?

스피드 데이트에서 허용하는 단 몇 분 만에 상대가 좋은 사람인지 아닌지를 결정할 수 있다는 것은 어쩐지 얄팍한 상업적 속임수처럼 들린다. 하지만 사실 이런 행사의 기본 골자는 상업성과는 상관없는 결혼 장려의 일환으로 시작되었다. 랍비 야고프 데요(Rabbi Yaacov Deyo)와 그의 아내 수 데요(Sue Deyo)는 1999년에 처음 이 행사를 기획했다. 젊은이들이 어른들의 도움을 받아 배우자를 찾는 것이 좋다고 생각한 데요 부부는 전통적인 맞선 시장이 거의 사라진 서구 사회에서 일련의 맞선 행사를 시작했다. 로스앤젤레스에서 처음 시작한 이 행사는 곧 전세계로 퍼져나갔다.

빠르게 배우자를 결정하는 것이 가능할까?

스피드 데이트에 관한 연구들에 따르면, 사람들은 자신이 상대방에게 끌리는지 아닌지를 꽤 빠른 시간 내에 결정한다고 한다. 미국의 스피드 데이트에 참여한 경험이 있는 1만 526명을 대상으로 수집된 데이터를 보면, 사람을 만났을 때 처음으로 작용하는 것은 외모라는 것을 알 수 있다. 종교, 수입, 그리고 성격은 첫인상이 결정되고 난 후에 고려 대상이 된다. 이는 남성과 여성 모두에게 해당하는 사실이다.

하지만 스피드 데이트라는 상황에서 당신은 평소보다 덜 차분하고 성급한 결론을 내릴 가능성이 있다는 점을 기억할 필요가 있다. 사실 스피드 데이트 행사는 신중하게 생각하는 시간 없이 성적인 끌림에만 의존해서 빠른 속도로 판단해야 한다는 공공연한 전제하에 진행된다.

스피드 데이트는 로맨스에 어떤 의미가 있나?

우리는 스피드 데이트를 통해 생각해보지 않았던 상대를 만나볼 수 있는데, 이를 통해 배울 수 있는 것은 그런 상대와도 잘 맞을 수 있으므로 모든 가능성에 열린 마음을 가져야 한다는 것이다. 미국의 심리학자인 시나 아이엔가(Sheena Iyengar)와 레이먼드 피스먼(Raymond Fisman)은 한 연구에서 스피드 데이트 참가자를 대상으로 행사 시작 전과 끝난 직후, 그리고 한 달 후와 여섯 달 후에 설문 조사를 실시했다. 설문지에는 매력, 관심사 공유, 유머 감각, 성실함, 지능, 포부 등 각각의 자질이 얼마나 중요했는지를 10점 기준으로 순위를 매기도록 했다.

결과는 다소 복잡했는데, 일단 첫 번째와 세 번째, 그리고 네 번째 설문 결과는 모두 일관성이 있었다. 그러나 만약 참가자가 스피드 데이트에서 정말 마음에 들지만 행사 전 자신들이 작성한 설문지에 적어낸 배우자 자질 '우선순위'에 들어맞지 않는 사람을 만났다면, 그들은 두 번째 설문 조사에서 그 순위를 바꾸는 경향이 있었다. 즉, 마음에 드는 낯선 사람을 만난 직후 실시된 설문 조사에서는 그 사람의 특성이 상위로 순위가 매겨졌다. 하지만 장기적으로 보았을 때, 참가자들은 자신들이 상대의 다른 자질들에도 끌릴 수 있다는 사실이 행사에서 증명되었음에도 불구하고 처음 매겼던 자질 순위로 돌아갔다. 이를 통해 우리는 사람들이 예기치 않은 매력적인 상대를 만나면 자신들의 취향이 생각보다 다양하다는 사실을 깨닫지만, 얼마간의 시간이 흐르면 이내 잊어버리고 원래의 취향을 고집한다는 사실을 알 수 있다.

시도해볼 가치가 있는

위 실험이 함축하고 있는 것은 우리가 스스로 규정하는 것보다 더 넓은 범위의 사람을 좋아할 수 있다는 사실이다. 스피드 데이트는 우리에게 미래의 배우자를 만나게 해줄 수도 있고 아닐 수도 있다. 사실 25명 남짓한 사람이 모인 행사에 완벽한 이성이 참석할 확률은 그다지 높지 않다. 하지만 적어도 우리에게 세상에는 많은 매력적인 사람이 있다는 사실을 생각하게 만든다는 점에서 스피드 데이트는 멋진 행사이다.

만약 당신이 꽤 오랫동안 싱글이라면 스피드 데이트는 연애 경험을 되살려보고 안전한 상황에서 상대를 선택해볼 수 있는 좋은 방법이다. 설사 여기에서 멋진 상대를 만나지 못한다고 하더라도, 상황을 즐기고 당신의 자신감을 북돋아줄 새로운 경험이 될 수 있도록 노력해보자.

숙녀를 기쁘게 하는 법

스탠포드대학교의 연구에 따르면, 특정 유형의 말하기 스타일이 남성에 대한 여성의 호감도를 상승시키는 것으로 드러났다. 다음의 호감 가는 말하기 스타일을 참고하도록 하자.

✔ 칭찬하기.

✔ 공감하기.

✔ 맞장구치기.

✔ 질문하지 않기. 여성은 많은 질문에 대답해야 하는 상황에서는 대화를 이어나가기 어렵다고 응답했다.

✔ 이야기 공유하기. 이는 서로 유쾌한 대화를 계속 이어나갈 수 있게 해준다.

✔ 목소리 톤을 다양하게 해서 상대에 대한 열정을 보여주기. 대화에 몰두한 것 같은 남성의 목소리는 마음을 더 설레게 한다.

당신이 스피드 데이트에 참여하는 것을 고려 중인 남성이라면 질문보다는 여성이 하는 말에 귀를 기울이고, 웅얼거리지 않는 목소리로 공감해주도록 하자.

돌아다니는 사람과 앉아있는 사람

스탠포드의 연구에 따르면, 스피드 데이트에 참여한 여성은 남성보다 더 까다로운 것으로 나타났다. 즉, 여성은 상대방에게 '꽂히는' 비율이 남성에 비해 현저히 낮게 조사되었다.

일반적인 스피드 데이트는 여성이 자리에 앉아있고 남성들이 돌아다니며 파트너를 바꾼다. 이에 대해 노스웨스턴대학교 연구진들은 반대로 남성을 앉아있게 하고 여성들이 자리를 바꿔가며 만남을 주도하는 방식으로 행사를 진행했다. 그러자 이번에는 남성들이 까다롭게 되었으며, 여성들은 덜 깐깐하게 되었다.

3초

펜실베이니아대학교는 2005년 일련의 스피드 데이트 행사를 연구한 결과, 대부분의 참가자들이 만남에서 3초 이내에 결정을 내린다는 사실을 발견했다.

인터넷으로 데이트하기

무한한 선택의 새로운 세상

세상에는 괜찮은 연애 상대가 많아 보이지만, 막상 만나려고 하면 그런 상대를 쉽게 찾을 수가 없다. 그렇다면 이제 인터넷으로 들어가보자. 더 큰 데이트 세상이 펼쳐질 것이다. 인터넷은 과연 '현실'과 크게 다를까?

현대인들은 그토록 많은 온라인 생활을 영위하면서 왜 연인을 만나기 위한 방법으로 인터넷을 사용하려고 하지 않을까? 만약 당신이 항상 똑같은 사람들만 만나면서 바쁜 사회 생활을 하고 있다면, 인터넷은 꽤 좋은 방법이 될 것이다. 그곳에서 당신은 평범한 당신의 인생에서 인터넷이 아니면 절대로 만나지 못했을 의외의 사람을 만날 수 있다.

새로운 기회

평범한 만남의 방식으로는 상대를 잘 만날 수 없는 사람들에게 거대한 만남의 장은 현실적인 좋은 대안이다. 여러 연구들은 동성애자나 중년의 남녀처럼 실제적으로 '만남의 장'이 한정적인 사람들이 온라인에서 연인을 찾는 방식을 특히 선호한다고 보고했다. 인터넷은 또한 부끄러움을 잘 타는 사람들에게도 요긴한 방법이다. 2014년 학회지 『컴퓨터와 인간행동』에 게재된 한 연구에 따르면, 온라인 데이트를 선택할 가능성이 가장 높은 대상은 '거절에 민감한' 사람들이었다. 확실히 온라인상에서 상대의 자기소개를 훑어보는 것은 카페에서 실제로 누군가에게 다가가는 것보다는 훨씬 덜 두려운 일이다.

이외에도 좋지 않은 과거 경험을 가진 사람들이 점점 더 많이 온라인 만남을 이용하고 있다.

기대치 조절하기

전 세계가 온라인으로 연결되어 있는 시대에 인터넷에 자기 자신을 던지기 전, 몇 가지 주의 사항을 알아보는 것이 좋다. 일단 데이트 사이트는 우리가 만날 수 있는 인연의 수를 확실히 늘려주지만, 상대의 신분을 완벽하게 보장해주지 않는다는 점을 염두에 두자. 또한 만약 당신이 연인을 찾겠다고 다짐했다면, 오프라인에서도 연인을 만날 기회에 계속해서 마음을 열어두는 편이 좋다. 그 외에 인터넷에서 엄청나게 많은 사람을 만날 수 있다는 점이 오히려 우리를 혼란스럽게 할 수 있다는 것도 기억하자. 온라인을 통해 맺어진 관계는 오래 가지 않는 경향이 있는데, 상대방에 대한 높은 기대치 때문이다. 즉, 인터넷에 만나볼 사람이 많이 있다는 일종의 '쇼핑리스트' 효과는 우리에게 타협하는 법을 잊어버리게 만든다. 그리고 더 나은 사람을 만날 수 있다는 희망 속에 현재의 꽤 매력적인 상대를 거절해버리는 결과를 낳고는 한다. 이와는 약간 다

🔍 온라인 데이트를 하기에 너무 나이 들었다는 느낌이 드는가?

그렇다면 다시 한 번 생각해보자. 실제로 연령대가 높은 사람들 중 상당수가 인터넷을 이용해서 성공적으로 데이트를 하고 있다. 높은 연령대와 젊은 사람들 사이에 주요 차이점은 연령대가 높을수록 더 까다로워지는 경향이 있다는 것이다. 특히 여성의 경우, 아이 양육을 끝냈거나 은퇴하고 난 후 마침내 얻은 자유로운 시간에서조차 완벽한 파트너에 대한 환상을 포기하지 않는다. 대신에 연령대가 높은 사람들은 마음에 드는 상대를 발견하면 그들을 만나기 위해 먼 거리도 마다하지 않는 것으로 나타났다. 국제학술지 『노화와 인간발달』에 따르면, 나이 많은 인터넷 데이트 사이트 사용자들은 딱 맞는 상대를 만나는 일에는 열성적이지만 아무나 만나는 자포자기 상태가 되지는 않는다고 보고했다.

3명 중 1명

2013년 미국의 조사에 따르면, 결혼한 커플 중 3분의 1이 온라인을 통해 맺어졌다고 한다. 이들 커플은 다른 방법으로 만난 커플들보다 약간 높은 수치의 만족감을 나타냈고, 이혼율도 약간 더 낮은 것으로 나타났다.

2014년 미국 온라인 데이트 산업의 연간 수입은 12억 5,000달러에서 21억 달러에 이르는 것으로 추정된다.

21억 달러

52%

4,000 만명

미국에서 약 5,400만 명의 독신자 중 4,000만 명이 온라인 데이트를 시도해본 것으로 나타났다. 여기서 데이트 사이트 사용자가 모두 독신자가 아니라는 문제는 제외하기로 하겠다.

30%

미국 이성애 커플 중 약 30%가 온라인을 통해 만난다.

61%

미국 동성애 커플 중 약 61%가 온라인을 통해 만난다.

48%

온라인으로 연인을 찾는 남녀의 수는 꽤 고르게 분포되어 있다. 2014년 미국의 한 조사에 따르면, 데이트 사이트 사용자의 52.4%가 남성이며 47.6%가 여성인 것으로 나왔다.

른 시각에서는 인터넷 만남의 장점을 이렇게 주장하기도 한다. 영국의 인터넷 심리학자 그레이엄 존스(Graham Jones)는 "사람들은 인터넷 안에는 자신의 연인에게 열려있는 많은 다른 인연이 있다는 점을 의식하므로, 자신이 최종 선택한 상대에게 훨씬 더 전념하게 된다."고 말했다. 요약하자면, 데이트 사이트는 잘못하면 많은 기회 속에서 이 사람 저 사람 골라가며 생각 없이 즐기는 공간이 될

수도 있다. 하지만 정신을 똑바로 차리고 마음에 드는 상대를 찾는 목표에만 집중하면 좋은 결과를 가질 수도 있다.

긍정적인 면을 살펴보자면, 인터넷에는 한 가지 엄청난 이점이 있다. 그것은 바로 데이트 사이트에서 보게 되는 사람들은 모두 누군가를 만나기 희망하는 사람이 확실하다는 점이다. 이런 이점은 당신이 반한 상대에게 연인이 있을지도 모른다는 극심한 불안감을 해소해준다.

온라인 프로필을 작성하는 일부터 데이트 상대를 실제로 만나는 것까지 인터넷 로맨스를 다루는 것은 확실히 어떤 스킬을 요하는데, 이에 대해서는 다음 장들에서 자세히 살펴보기로 하겠다. 하지만 너무 염려하지 않아도 된다. 만약 인터넷에서 당신에게 적합한 누군가를 찾았다면, 그 관계가 좋을 것이라는 연구들의 통계치가 있기 때문이다.

데이트 사이트에 가입하기

프로필 생성하기

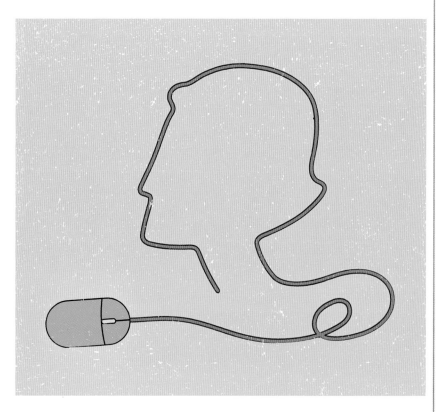

우리는 모두 자신의 있는 모습 그대로 사랑받기를 원한다. 그렇다면 단지 사진 한 장과 간단한 형식을 채우는 것만으로 어떻게 다른 사람의 눈을 사로잡으면서도 자신의 모습을 있는 그대로 드러낼 수 있을까? 또한 수많은 선택이 있는 상황에서 중매자로서 컴퓨터를 과연 얼마나 신뢰할 수 있을까?

데이트 사이트에서 프로필을 생성할 때 가장 중요한 원칙은 당신이 지금 원하는 것은 올바른 '고객'에게 자기 자신을 광고하는 것이라는 점을 분명히 기억하는 것이다. 데이트 사이트는 추천 알고리즘을 기반으로 운영되는데, 사이트 이용자들이 제공한 데이터를 활용해서 각자에게 어울리는 사람을 추천하는 것이다. 하지만 컴퓨터는 정보를 이해하거나 해석할 수는 없으므로, 알고리즘에 휘둘리지 않으려면 당신 스스로 알고리즘을 조종할 수 있는 방향으로 프로필을 작성해야 한다.

알고리즘이란 무엇인가?

간단히 말해서 알고리즘이란 수학적 문제를 풀기 위한 단계적이고 반복적인 프로세스이다. 데이트 관점에서 보면, 그 '문제'라는 것은 복잡한 인간에 대하여 제한적인 정보를 컴퓨터에 입력하고 그 정보에 기반해서 어울릴 것 같은 사람을 찾아주는 것이다. 하지만 문제는 일상의 모든 행동들을 설문에 다 담을 수 없다는 것이다. 우리가 흔히 설문으로 얻은 데이터라는 것은 취향, 생활 그리고 가치관과 같은 것들이 대부분이다. 사회 심리학자 엘리 핀켈(Eli Finkel)은 이에 대하여 "연인들이 교제하는 스타일이나 힘든 상황을 헤쳐나가는 능력과 같이 행복한 관계를 예측하는 아주 강력한 변수들은 그와 같은 데이터에서는 얻을 수 없다."고 지적한다. 즉, 컴퓨터는 당신이 말해준 만큼만 해줄 뿐 그 이상을 해주지는 못한다.

솔직해지되, 긍정적이 되자

그러한 알고리즘을 깨기 위해 사람들은 자신들을 '이상적인', 하지만 정확하지 않은 모습으로 소개한다. 온라인으로 연애하는 사람들은 웹이라는 공간이 거짓말하기 쉽다는 것을 알고 있다. 그래서 대부분 첫 만남 때 상대방이 프로필에서 본 것과 다른 모습이거나 다른 행동을 하게 되면 실망하

어떻게 할 것인가?

당신을 어떻게 소개할지 잘 모르겠는가? 294명의 동성애자와 이성애자가 참여한 미국의 연구에 따르면, 연애 상대를 고르는 우선순위를 외모, 성격, 그리고 생활양식 등 세 가지로 분류할 수 있다고 한다. 외모는 당신의 사진이 말해줄 것이므로, 당신은 나머지 두 가지에 집중하도록 한다.

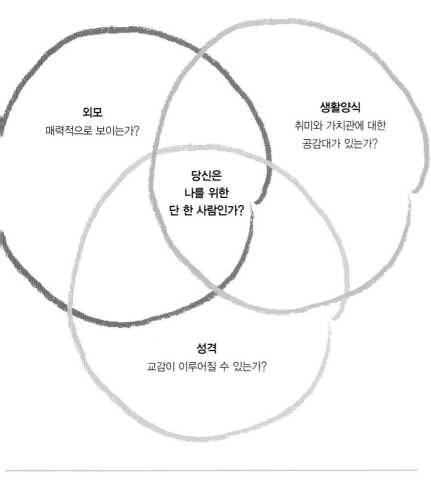

외모
매력적으로 보이는가?

생활양식
취미와 가치관에 대한
공감대가 있는가?

**당신은
나를 위한
단 한 사람인가?**

성격
교감이 이루어질 수 있는가?

숫자로 보는 데이트 팁

디지털 전략가 에이미 웹(Amy Webb)은 데이터베이스를 구축하여 온라인 파트너를 찾는 방법을 다음과 같이 소개하고 있다.

1 가치관 목록을 작성하라. 가족이나 신념에 대한 사고방식, 포부 등 당신이 상대로부터 찾고 있는 것들을 기록하면 된다.

2 이들을 우선순위대로 나열하라. 그리고 당신에게 중요한 정도에 따라 점수를 부여하자.

3 점수 체계를 만들자. 에이미의 경우, 700점은 '연락하기', 900점은 '데이트하기', 1,500점은 '장기적인 만남 고려'라고 만들었다.

에이미는 프로필 작성에는 다음과 같은 부분을 강조한다.

- 프로필은 간결하게(평균 100자) 쓰되, 잘 써야 한다.

- 핵심 정보에 충실한다. 가장 좋아하는 영화들과 같이 공간만 차지하는 깊이 없는 내용은 피하자.

- 친근하고 긍정적인 단어들을 사용한다. 예를 들면, '재밌는', '사랑', '좋아하다', 그리고 '즐기다'와 같은 단어들을 사용하자.

- 업무 시간에는 이메일을 이용하며, 적당한 간격을 두고 연락한다. 예를 들어, 전화 연락은 하루에 한 번 정도가 적당하다.

- 돋보이는 사진을 사용한다. 모든 것을 드러내진 않더라도, 매력적이고 섹시한 사진이 좋다.

거나 화를 내게 되는 것이다. 따라서 사진은 최근에 찍은 것이어야만 하고, 정보는 믿을 수 있어야만 한다. 그렇다고 해서 프로필에 자기 비하를 하라는 것은 아니다. 사람들은 프로필을 보통 빠르게 훑어보는데, 당신이 스스로를 매력이 없다고 한다면 그들은 아마 그대로 믿고 넘어갈 것이다. 당신의 '가장 멋있는' 모습을 소개하자. 그것이 온라인 데이트의 관례이고, 그것이 온라인 데이트를 즐기는 사람들이 보고 싶어 하는 모습이다. 온라인 데이트는 매우 많은 선택 사항들을 제공하는데, 그런 환경이 생소해서 겁이 날 수도 있겠지만 긍정적인 프로필, 매력적인 사진 그리고 대담한 용기는 기적을 낳을 수 있다. 다음 장에서 프로필 사진과 당신에게 알맞은 사이트를 고르는 몇 가지 팁을 확인해보자.

✅ 좋은 프로필 사진이란?

물론 당신은 멋있는 옷을 입고 어딘가 재밌는 곳에서 프로필 사진을 찍고 싶을 것이다. 하지만 꼭 그러지 않아도, 여기 새겨 두면 좋을 몇 가지 팁이 있다.

1 진실하자.

사람의 눈은 입가 근육만 움직이는 '사회적 미소'와 눈가 근육을 사용하는 진실한 미소의 차이를 아주 잘 알아챈다. 만약 당신의 사진에 거짓된 미소가 보인다면, 사람들은 이를 눈치챌 것이며 자칫 당신을 사기꾼처럼 볼 수도 있다. 당신 자신이 진정으로 즐기는 모습의 사진을 사용하도록 하자.

2 똑바로 응시하자.

카메라를 똑바로 응시하는 것은 적극적으로 보이고, 밑으로 내려다보는 것은 지배적인 성격처럼 보인다. 그리고 위로 올려다보는 것은 순종적으로 보이며, 약간 비스듬히 응시하는 것은 친절한 인상을 준다. 어떤 선택을 하든 너무 한쪽으로 과하지 않게만 하면 된다.

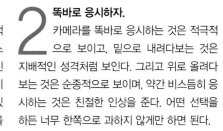

사이트 고르기

인터넷 데이트는 꽤 많은 비용 지출이 따른다. 2014년의 추정에 따르면, 미국의 인터넷 데이트 이용자는 연간 평균 239달러를 인터넷 데이트에 지출한다고 한다. 물론 당신이 술집에서 쓰는 비용에 비하면 적다고 볼 수도 있겠지만, 일반적으로 적은 돈은 아니다. 또한 당신의 예산은 얼마나 많은 사이트에 가입할 수 있는지를 결정한다. 만약 당신이 한정된 비용으로 최적의 선택을 해야 한다면, 사이트 회사들을 조사해보아야 한다. 인구통계학적 수치에 기반해서 정보를 제공하는 것에 뛰어난 사이트도 있고, 당신을 잘 반영하는 특정 가치를 보여주는 데 적합한 사이트도 있을 것이다. 당신에게 어떤 사이트가 적합한지 알아보려면 해당 사이트의 설문을 작성해보는 것이 좋다. 만약 해당 사이트가 마음에 들지 않는다면, 설문을 제출할 필요는 없다. 하지만 그곳에서 물어보는 질문의 종류들을 보면 해당 사이트가 고객들의 어떤 부분에 관심을 기울이는지에 대해 좋은 힌트를 얻을 수 있다.

239달러

미국의 온라인 데이트 이용자들은 데이트 사이트 가입을 위해 연간 평균 239달러를 지출한다.

3 보디랭귀지를 생각하라.

사진에서 당신의 몸이 차지하는 공간이 많을수록, 더 자신감 있어 보인다. 마찬가지로 올곧은 자세를 취할수록, 좀 더 격식 있어 보이고 자신감 있어 보일 것이다. 만약 당신이 어떤 몸짓을 하거나 바람에 머리가 날린다면, 생동감 있고 활동적으로 보일 수 있다. 물론 이 모든 것이 진짜여야만 가능한 이야기다. 다시 한 번 강조하지만, 사람들은 가짜를 알아채는 데 아주 능숙하다.(보디랭귀지에 대해서는 112-115쪽에서 더 알아보자.)

4 당신의 사진기사에게 호감을 가져라.

셀카를 찍는 것은 피하자. 셀카를 찍으면, 허영심 있게 보이거나 남을 의식하는 모습으로 나오는 경우가 많다. 주변에는 매력적이고 자연스럽게 사진과 동영상을 촬영해주는 스튜디오들이 많이 있다. 실제 촬영에 앞서, 사진기사와 대화를 나누며 편안해지도록 하자. 그 모습이 바로 당신의 프로필이 필요로 하는 것이기 때문이다. 쉬운 방법으로는 가까운 친구와 좋은 곳에 가서 스냅사진을 찍는 방법도 있다. 가능한 다정하고 재밌는 시간을 보내자. 사랑하는 친구가 카메라 뒤에 있을 때 당신은 다정한 모습을 보이게 될 것이며, 그 사진을 보는 사람들은 '나를 저렇게 바라봐주는 사람을 원해'라고 생각하게 될 것이다.

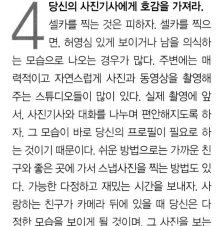

✏ 다시 한 번, 후광효과에 대하여

사람들은 매력적인 사람들이 장점도 많을 거라고 생각한다. 44쪽에 나온 '후광효과'를 기억하는가? 2012년에 보고된 연구에서, 50명의 여성들은 100명의 남성 프로필 사진과 자기소개 글을 보고 평점을 매기도록 요청받았다. 그 결과, 매력적인 사진의 남성이 쓴 자기소개 글이 더 높은 평점을 받았다. 이는 매력적인 프로필 사진을 가진 사람들이 전반적으로 조금 더 높은 호감도를 가진다는 사실을 보여준다. 하지만 아직까지 어떤 연구도 그들이 외모 외에 실제 더 많은 장점을 가졌는지를 밝혀내지는 못하고 있다.

⊘ 사기를 조심해라

불행하게도 모든 사람들이 사랑을 찾기 위해 데이트 사이트를 이용하는 것은 아니다. 따라서 마음뿐만 아니라 당신의 지갑도 보호할 필요가 있다. 사기꾼들은 돈을 빼앗기 위해 사이트에서 잘 믿을 것 같은 사람들을 찾아다닌다. 만약 누군가가 자신을 스물네 살이라고 소개하면서 의사 생활을 15년 했다고 하던가, 주택에 산다고 했다가 아파트에 산다고 하는 등 모순되는 정보를 말하는 것 같다면 조심하자. 무엇보다도 우선, 절대 그들에게 돈을 보내면 안 된다. 당신을 보고 싶어 찾아오고 싶지만 교통비가 없다? 그렇다면, 왜 가까이 있지도 않은 사람을 사귀려고 하는 걸까? 데이트 사이트의 사기꾼들은 끔찍한 사람들이다. 당신 스스로 그들에게 속지 않도록 주의하자.

⊘ 안전한 사이트들

모든 데이트 사이트가 도덕적이지는 않다. 당신의 구체적인 정보를 제공하기 전에 반드시 그곳의 서비스 이용약관 및 정책을 읽어보고, 요금 책정 방식에 대해 확인하자. 또한 인터넷 검색을 통해서 그곳의 평판에 대해서도 알아보자. 온라인데이팅매거진닷컴(onlinedatingmagazine.com)과 립오프리포트(Ripoff Report)를 통해 도움을 받을 수 있을 것이다.

대화 시작하기
클릭 한 번이면 오케이!

누군가의 프로필이 만나볼 가치가 있어 보일 정도로 당신의 눈을 사로잡았다고 하자. 아니면 당신이 누군가로부터 '좋아요' 메시지를 받았을 수도 있다. 그렇다면 이제 그 상대와 어떻게 대화를 시작해야 할까?

데이트 사이트에서 누군가를 만나는 일은 모르는 사람의 사진을 보고 설레는 일부터 시작해서 실제 연락에 이르기까지 약간의 도약 과정이 필요하다. 일부 사이트에서는 만남을 쉽게 해주는 '좋아요'나 '윙크' 같은 기능을 사용해 당신의 실제 모습을 드러내기 전에 온라인상에서 마음에 드는 상대를 고르고 상대도 당신에게 같은 반응인지를 미리 알아볼 수 있다. 또한 이런 서비스를 제공하지 않는 사이트에서는 짧은 메시지를 보내야 할 필요도 있다.

가벼운 마음으로 둘러보기
사실 이런 데이트 사이트의 프로필만으로는 상대가 누구인지 진정으로 알 수 없으며, 상대방 역시 당신을 속속들이 알 수 없다. 따라서 만약 느낌이 오는 사람에게 먼저 마음을 표시했지만, 그들에게서 답이 없다고 해도 심각한 거절로 받아들이지 말고 좋은 경험을 했다고 생각하자. 사람은 저마다

> 요점은 이야깃거리를 많이 준비하고 노력하는 것이지만, 그래도 만약 상대방이 정말로 말이 없다면 당신이 할 수 있는 일은 더 이상 없다는 뜻이다.
> – 인터넷 데이트 사이트 사용자, 크리스티(Christie)

독특한 취향을 가지고 있으며, 단지 당신이 상대방의 취향에 맞지 않을 뿐이라고 생각하면 된다. 짧은 메시지를 보내야 할 때는 애인을 만들고자 하는 바람보다는 상대방을 향한 단순한 호기심이라고 생각하는 편이 좋다.

대화를 시작하는 방법
당신이나 상대방이 서로에게 보낸 첫 인사가 받아들여졌다면, 이제 어떻게 진행해야 할까? 대부분의 데이트 사이트에서 당신은 상대방의 프로필에 댓글을 남길 수 있는데, 이것을 계기로 대화를 시작할 수 있다.

언어로 이루어지는 화학작용도 육체적인 화학작용과 같다. 즉, 잘 맞는 사람들이 만나면 언어로도 화학작용이 일어나지만 그렇지 않은 경우, 아무 반응도 없을 것이다. 예를 들어, 프로필이 마음에 드는 상대에게 댓글을 남겼지만 응답이 없다면, 실제로도 그들은 당신을 지루하게 만들 가능성이 높다. 그러니 답장이 없다고 해도 크게 신경 쓸 필요는 없다. 데이트 사이트에는 수많은 사람들이 가입해 있어서 인연을 맺은 초기 단계에 연락이 끊기는 경우도 상당히 많기 때문이다.

단절
온라인에서 우리는 일반적으로 더 무신경해지고 충동적으로 된다는 사실을 기억하자. 이에 대해, 2005년 미국의 심리학자 존 설러(John Suler)는 '온라인 탈억제효과'를 가져오는 여섯 가지 요인을 규정했다.

원나잇 상대를 찾는 중인데 관심 있나요?

양날의 검이 될 수 있는 세 가지 주요 접근 방식

모두 기발한 이야깃거리를 찾고 있지만 가장 기본적인 댓글이 오히려 더 잘 눈에 띈다. 그러므로 좋은 방법처럼 보이는 몇 가지 접근 방식도 그에 따른 장단점을 잘 숙고해보아야 할 필요가 있다.

접근 방식	예시	장점	단점
신체 부위 칭찬	"안녕하세요? 멋지시네요."	서로 가벼운 만남을 원한다면, 이는 본론으로 바로 들어갈 수 있도록 해준다.	진지한 관계를 원한다면, 이는 너무 스스럼없이 구는 것처럼 느껴질 수 있다.
비슷한 관심사 강조하기	"저도 좋아하는 영화에요!"	만약 당신에게 이와 관련된 흥미로운 이야기들이 있다면 관계 발전에 계기가 될 수 있다.	공통의 관심사로 시작한 대화라고 해도 그 이상으로 진전되지 않는다면, 단순히 취향이 비슷하다는 사실을 확인하는 것으로 끝날 수 있다.
별난 이야기 건네기	"만약 바다코끼리를 만난다면 어떻게 하실 건가요?"	틀에 박히지 않았다는 인상을 줄 수 있다. 그리고 당신이 재미있는 사람이라면, 일종의 게임으로 바꿀 수도 있다.	일부러 '두서없이' 말하는 것은 부자연스러울 수 있으며, 이런 말이 재빨리 다음 대화로 이어지지 않으면 짜증스러울 수 있다.

- **분리된 익명성**: 당신이 온라인에서 하는 행동은 실제의 자신과 연관되지 않는다.
- **비가시성**: 당신이 누군가에게 말을 할 때 그들을 실제로 보지 않아도 된다. 이에 당신의 말이 그들에게 어떤 영향을 미치는지 느낄 수가 없다.
- **비동시성**: 당신이 말을 하는 순간과 상대방이 그것을 듣는 순간 사이에는 시간 차이가 존재한다. 인터넷의 이런 속성은 이를 어딘가에 있을 법하지만 어딘가에도 없는 세계로 만들어버린다.
- **심리적인 내면투사**: 대화하는 순간 실제로 존재하는 단 한 사람은 당신 자신뿐이다. 따라서 다른 사람들의 생각과 기분은 어림짐작으로만 가능하다.
- **분리된 상상**: 사실 어떤 것도 실제적으로 느껴지지 않는다.
- **줄어드는 권위**: 책임자가 없으므로 당신은 잘못한 일에 대해 처벌을 피할 수 있다.

심한 경우, 이 효과는 상대방에 대한 비방과 욕설 글로 표현된다. 하지만 데이트 사이트의 경우, 이 효과를 다른 시각에서 생각해볼 수 있다. '정해진 규칙이 없는' 상황에서 상대방이 어떻게 행동하는지를 살펴보면 그들이 어떤 사람인지를 말해주는 중요한 단서를 잡을 수 있다. 컴퓨터 의자에 반듯이 앉아 예리한 눈으로 상대를 관찰하되, 당신의 기본 매너를 잊어서는 안 된다.

하지만 누군가가 당신을 화나게 하는 글을 썼다면, 평정심을 유지하는 것이 쉽지는 않을 것이다. 그럴 때는 얼굴도 모르는 문제 있는 사람들의 개인적인 의견일 뿐이니 신경 쓰지 말고, 당신의 에너지를 관심받을 만한 가치가 있는 사람들을 위해 아껴두겠다고 다짐하도록 하자.

🔍 만날 인연이 넘쳐나는 상황을 즐겨보자

한 번 만난 인연을 잃지 않으려고 애쓰고 있는가? 인터넷 데이트를 실제 로맨스가 아닌 게임처럼 생각해보자. 아동심리학자들은 오랜 관찰을 통해 무언가를 안전하게 보이게 하는 최고의 방법은 "이건 놀이야."라고 말하는 것이라는 사실을 발견했다. 만약 사람들이 온라인의 비현실성 때문에 그 안에서 무례해진다면, 당신 역시 이와 같은 비현실성을 감정에 대한 완충제로써 이용할 수 있다. 당신의 진심을 인터넷 선에 놓은 것이 아니라 그저 단서를 찾는 탐정 놀이를 하는 중이라고 생각하자. 실패한 만남은 잘못된 단서를 찾은 탓일 뿐이니 너무 오래 마음에 담아 두지는 말자.

당신과 잘 맞는
상대를 만나려면,
직접 10분 정도 얼굴을 맞대고
대화하는 것이 100시간 동안
온라인 데이트 사이트에서
여러 사람들의 프로필을
훑어보는 것보다 낫다.

노스웨스턴대학교 사회심리학 교수, 엘리 핀켈

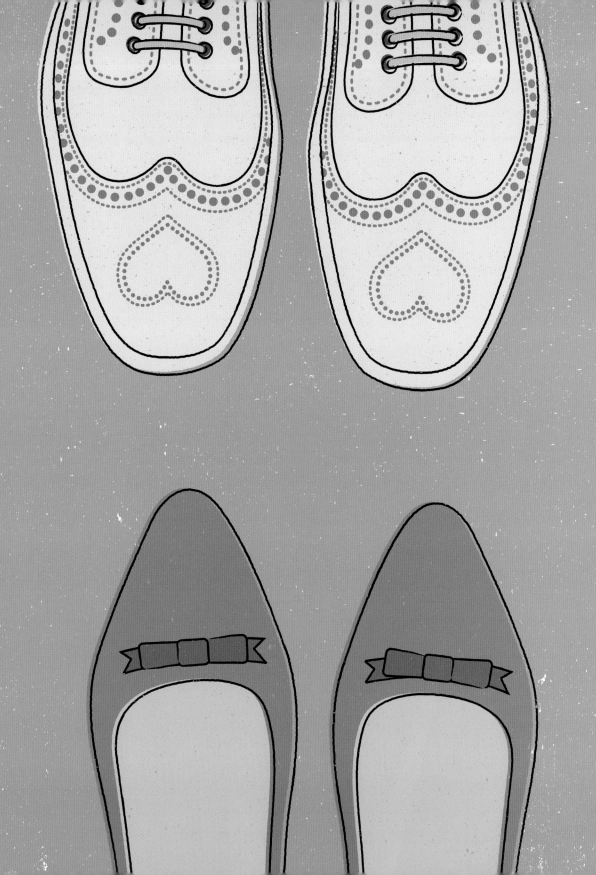

온라인 채팅에서 실제 만남으로

채팅을 데이트로 바꾸기

누군가와 이야기를 나눌 수 있다는 것은 서로 잘 맞는다는 중요한 신호이다. 그리고 온라인 채팅은 대화를 시작할 때 안전하고 스트레스가 덜한 방법이다. 채팅 중에 상대방에게 할 말을 찾을 수가 없다면 실제 만남에서도 어려움을 겪을 가능성이 높다. 또한 인터넷상에서 글을 쓰는 모습이 반드시 실제 모습과 일치하는 것은 아니다. 그렇기 때문에 채팅만 하던 사이에서 실제 만남을 가지는 것은 큰 결심이 필요해 보인다. 하지만 정말로 꼭 그렇기만 할까?

언제 만나야 할까?

온라인 만남을 하나의 경험으로 여기고 싶다면, 첫 데이트 역시 그런 식으로 생각하는 편이 좋다. 많은 데이트 사이트 사용자들은 상대방과 상당한 공통점을 가지고 있는 것이 분명해지면 실제 데이트를 시작해야 한다고 주장한다. 이때 그동안

마음에 드는 사람의 프로필을 발견했으며, 프로필의 주인공 역시 당신을 마음에 들어 하는 눈치라고 가정해보자. 어느 정도가 되어야 당신은 온라인 채팅을 하는 사이를 넘어 실제 만남을 가질 결심이 서겠는가? 그리고 온라인으로 만난 상대와의 첫 데이트는 어떻게 해야 할까?

🔍 당신은 외향적인 사람인가?

온라인 데이트 사이트는 부끄러움을 잘 타는 사람들만을 위한 것이 아니다. 아직까지 딱 맞는 상대를 만나지 못한 많은 외향적인 사람들이 인터넷에서 사랑을 찾아 항해하고 있다. 이것이 당신 이야기처럼 들린다면 여기 안전에 관한 팁 몇 가지를 주겠다. 2013년 미국 중서부 지역에 있는 한 대학교에서 행한 연구에 따르면, 데이트 사이트를 통해 누군가를 만날 때 여학생들은 일상 생활에서 만났을 때보다 자기방어 전략을 훨씬 덜 세우는 것으로 드러났다. 여기서 외향적인 여학생일수록 훨씬 전략을 적게 세웠으며, 그렇게 세운 전략을 실제로도 거의 사용하지 않은 것으로 조사되었다. 만약 당신이 외향적인 성격이라면 최고의 상황뿐 아니라 최악의 경우에 대비할 수 있도록 자기 자신을 지킬 방법을 생각해두자.

나에게 어울리는
사람인가?

주고받은 수십 개의 메시지가 좋은 기준이 되어줄 것이라고 말한다. 하지만 가장 중요한 것은 실제 만남에 대해 상대가 어떤 생각을 가지고 있는지 이야기해보는 것이다.

만남 단계로 나아가야 할 이유는 무엇인가?

온라인 채팅을 해오던 사람과의 첫 데이트는 파티에서 만나 밤새 이야기를 나눈 누군가와의 첫 데이트와는 다르다. 이는 새로 알게 된 사람과 계속해서 관계를 이어가고자 하는 것이라기보다는 일종의 오디션을 새로 보는 것과 같다. 온라인에서는 멋져 보이던 사람이 실제로도 똑같이 멋있는가? 직접 만나보니 매너가 좋은가? 진지한 관계를 찾는 사람인가? 당신은 실제 만남을

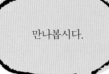

만나봅시다.

통해서만 이런 질문들의 답을 찾을 수 있는데, 온라인 채팅에 더 긴 시간을 할애했던 사람일수록 실제 만남이 실망스러웠을 때 헤어나오기가 더 어렵다.

실제 만남의 핵심은 다음과 같다. 즉, 우리가 원하던 사람과 행복하게 데이트를 즐길 수 있는 사람은 별개의 문제일 수 있다는 것이다. 2008년 엘리 핀켈과 폴 이스트윅 (Paul Eastwick)은 데이트 사이트 사용자들이 '공동평가지표'를 사용하여 데이트 상대를 훑어본다는 사실을 발견했다. 이는 모든 사람을 수입이나 외모 같은 요소들에 기반하여 다른 사람들과 비교하는 것이다. 하지만 막상 실제 데이트에서는 '분리평가지표'를 사용하는데, 이는 자기 자신에게 "이 사람이 나에게 어울리는가?"와 같이 관계에 실

✅ 지나치게 진지한 사람을 위한 조언

만약 당신이 누군가가 마음에 들긴 하지만 조심하고 싶다면, 조심성과 신경과민 사이에서 올바른 선을 지킬 수 있는 다음 몇 가지 방법을 이용하도록 하자.

✔ 사이트를 조사하라. 당신이 사용하는 데이트 사이트가 사용자에게 이롭게 운영되고 있는지 알아보자. 데이트 사이트를 사용하면서 편안하지 않다면, 그 사이트 사용자와도 어울리지 않을 가능성이 높다.

✔ 이미지 역검색 엔진을 사용하라. 만날 가능성이 있는 새로운 사람의 프로필 사진을 다운로드해서 이미지 역검색을 해보자. 만약 아름다운 들판에서 친구와 함께 춤추고 있는 프로필 사진의 일부분이 너저분하기로 유명한 여름축제 행사 웹페이지에 뜬다면, 그 사람이 어떤 사람인지 알 수 있을 것이다.

✔ 흥미를 끄는 주장들은 사실 여부를 확인하라. 당신의 온라인 상대가 화려한 직종에 종사한다거나 훌륭한 곳에서 연구하고 있다고 말하는가? 그렇다면, 어떤 상사나 교수님이 가장 인상 깊은지와 같은 세부적인 질문을 해보자. 그리고 답변으로 들은 이름을 온라인에서 확인해보고 실제로 그들이 그곳에서 일하거나 가르치고 있는지를 알아보자.

✔ IP주소를 확인하라. 인터넷을 찾아보면 IP주소를 확인하는 방법에 대해 자세히 나와 있는 사이트가 많다. 그것을 따라 인터넷에서 만난 사람들이 실제로 그들이 말한 지역에서 이메일을 보냈는지 확인해보자.

✔ 의견 차이는 좋다. 만약 누군가가 당신이 말하는 모든 것에 전적으로 동의한다면, 그들은 어쩌면 완전하게 솔직한 것이 아닐지도 모른다. 당신이나 그들이 이전에 했던 말 중 몇 가지 사안에 대해 약간 다른 의견을 말해보자. 만약 당신의 다른 말에도 그들이 동의한다면, 의심해볼 이유가 충분하다.

✔ 상대가 주는 압박감을 주의하라. 상대가 인적 사항 교환 등 당신이 불편해하는 것들을 알기를 원하는가? '아니오.'라고 대답하라. 만약 당신의 의견을 받아들이지 않는다면 그냥 잊어버리자.

✔ 당신의 본능에 귀 기울여라. 만약 무언가 잘못되었다는 느낌이 든다면, 정말로 그럴 가능성이 상당히 높다. 만약 의심이 든다면, 대화를 중단하고 안전한 기분이 드는 다른 사람을 찾아가자.

제적인 영향을 미치는 질문을 하는 것이다.

새로운 데이트 상대가 당신의 지갑을 훔쳤거나 웨이터에게 주먹을 날리지 않은 한, 그들에게 한 번의 기회를 더 주는 것이 좋다. 한 번의 데이트로는 상대에 대해 잘 알지 못하기 때문이다. 대부분의 데이트 사이트 사용자들은 진짜 사랑을 만나기 전에 실패한 경험을 하나쯤 가지고 있다. 그러니 자신감을 가지고 평가받는다는 생각에서 벗어나 좋은 사람들을 만나고 어떤 사람이 당신에게 어울리는가를 시험하는 기회로 삼도록 하자.

> 만남의 핵심은 다음과 같다. 즉, 우리가 원하던 사람과 행복하게 데이트를 즐길 수 있는 사람은 어쩌면 별개의 문제일 수 있다는 것이다.

안전성 유지하기
편안한 상태에서 만나기

온라인 데이트 사이트나 스피드 데이트를 통해 배우자를 찾는 사람들은 대개는 당신처럼 평범하고 좋은 사람들이다. 이들은 배우자를 찾는 일에 있어 현대적 중매인이 선사하는 이점을 깨닫고, 그렇게 만난 상대를 친절과 존중하는 태도로 대할 줄 아는 사람들이다. 하지만 운이 없다면, 범죄 대상을 찾아 인터넷을 배회하는 누군가와 마주칠 수도 있다. 남성이든 여성이든 관계없이 모든 사람이 정서적으로 정상은 아니므로, 당신이 얼마나 강한 사람인지와는 관계없이 누군가를 만날 때는 항상 약간의 주의를 기울이는 편이 현명하다.

⚠ 신상 정보 공개에 제한을 두자

- 아직 채팅만 하는 사이인지, 이미 첫 데이트를 계획하고 있는 사이인지와는 상관없이 당신의 진짜 이름을 밝히지 말자. 성을 제외한 이름만 가르쳐주는 것만으로도 충분하다.

- 집 전화번호보다는 핸드폰번호를 알려주자. 이는 상대가 당신의 집 주소를 추적하기 어렵게 만들어준다.

- 익명으로 개설한 공개 계정의 이메일 주소를 사용하자. 이는 당신에 대한 추적을 어렵게 만들 뿐 아니라 상대가 원치 않는 이메일을 계속 보낼 경우, 큰 불편함 없이 계정 탈퇴가 가능하다.

- 원거리 상대와는 만날 계획을 세우지 말자. 이 단계에서 상대의 관심은 오로지 당신이 데이트를 할 수 있는지 여부일 뿐이며 당신이 어디에서 오는지, 어떤 방법으로 오는지 등은 관심사가 아니다.

데이트 사이트를 통해 누군가를 만났거나 개인 광고 혹은 스피드 데이트 경험이 있다면 거기에는 한 가지 공통점이 있다는 사실을 알 것이다. 그것은 잘 알지 못하는 누군가와 데이트를 한다는 것이다. 그렇다면 당신 자신을 보호하는 최고의 방법은 무엇일까?

안전하게 만나자

- 공공장소에서 만나고, 낮에 만나는 것이 좋다.

- 커피숍이나 바처럼 식사나 차를 마시기 전 미리 계산을 하는 장소에서 만나도록 하자. 그렇게 하면 상대가 마음에 들지 않아 빨리 자리를 뜨고 싶을 때, 정산 때문에 시간을 낭비하지 않아도 된다.

- 당신 혼자 움직이도록 한다. 가능하다면 자신의 차를 이용하고, 그렇지 못할 경우 대중교통을 이용하자. 상대방이 집으로 데리러 온다면, 당신의 사는 곳이 노출된다.

- 당신이 먹은 음식이나 찻값을 지불하자. 햄버거 한 개나 맥주 한 잔이 성적인 대가를 의미한다는 것은 말이 되지 않지만, 이상한 기대를 하는 사람을 만날 경우를 대비해서 가능한 한 신세를 지지 않도록 한다.

친구의 도움을 받자

- 친구에게 당신이 어디서 누구와 만나기로 했으며 언제쯤 귀가할 예정인지 알려준다.

- '무응답 긴급통화' 시스템을 이용한다. 약속한 시간에 당신이 전화를 하지 못하면 친구가 당신에게 전화를 해보고, 응답이 없을 경우 경찰에게 알리도록 한다.

- 당신이 도망갈 수 없는 상황을 대비해서 친구와 암호를 설정해둔다. 당신이 친구에게 전화해서 모든 것이 좋다고 태연하게 말하되, '좋은'이란 단어를 갑자기 내뱉거나 "어쨌거나 내 고양이에게 먹이를 좀 줄래?"라고 말한다면, 친구는 이를 당신에게 도움이 필요하지만 말하기 어려운 상황이라고 해석할 수 있도록 서로 정해놓자.

- 친구에게 당신의 안전을 알리는 전화 통화에 데이트 상대가 불쾌함을 드러낸다면, 그런 사람과는 더 이상 만나지 않는 편이 좋다.

거짓말하는 양다리를 경계하자

신체적 위협을 하지는 않지만 당신에게 해로운 부류의 사람들이 있는데, 결혼을 했음에도 불구하고 섹스파트너를 찾는 사람들이다. 이런 사람들은 진실을 털어놓으면 당신이 잠자리를 함께 하지 않을 것을 알기 때문에 거짓말을 하는데, 다음과 같은 행동을 하는 사람을 주의하자.

- 당신의 전화번호는 받아가지만, 자신의 번호는 알려주지 않는다.

- 당신을 만나기 위해서는 몰래 움직여야만 하는 것처럼 늘 전화만 하고 가끔씩만 만나거나 정해진 날에만 만날 수 있다.

- 아는 사람과 마주칠까 봐 두려워하는 것처럼 인가에서 멀리 떨어진 곳에서만 만나려 한다.

- 가족에 대해 모호한 태도를 보인다.

- 주말에는 절대 만날 수 없는 듯 행동한다.

미리 준비하자

- 첫 데이트에서 잠자리를 가지지는 않겠지만, 간혹 그런 경우도 생기는데 이는 좋은 생각은 아니다. 그럼에도 잠자리를 함께할 경우가 생길 것 같다면, 안전하게 준비해두자. 성병 예방을 위해 콘돔을 준비하고, 호르몬 피임제를 사용하고 있는 여성의 경우 날짜 계산에 주의하도록 하자.

- 상대방이 좋은 사람이라는 것이 확실해지는 순간까지는 상대방과 주고받은 메시지 등을 지우지 않도록 한다.

- 만약 상대방이 정말로 두려운 사람이라는 생각이 든다면, 그들이 한 행동과 말을 계속해서 기록하고 저장해둔다. 흔치 않은 경우이긴 하지만, 접근 금지 신청을 내야 할 상황이 생겼을 때 더 많은 증거를 모을수록 더 유리하다.

경계심을 가지자

당신 자신의 본능을 믿고, 위험한 상대방이 보내는 신호에 주의하자.(156~157쪽 참고) 특히, 다음과 같은 사람을 경계하도록 하자.

- 당신이 불편함을 느끼는 것에 아랑곳없이 어떤 행동을 계속 밀어붙이는 사람. 술을 더 마시게 하는 것과 같은 행동도 이에 해당한다.

- "고맙지만 사양하겠어요."라는 당신의 말을 신경 쓰지 않는 사람.

- 당신이 경계선을 설정해두었다는 사실을 반기지 않는 사람.

- 인적이 드문 곳으로 당신을 데려가고 싶어 하는 사람.

- 당신의 반응을 떠보기 위해 일부러 약간의 모욕적인 언사를 하는 사람.

- "당신은 조금 긴장했군요."와 같은 부정적인 일반화를 통해, 자신이 원하는 바를 당신이 하게끔 도발하는 사람.

- 이성혐오적 태도를 가진 것처럼 보이는 사람.

- 이중인격을 가진 사람. 예를 들어, 당신에게는 다정하지만 웨이터를 함부로 대하는 사람.

- 자신의 힘든 경험을 많이 이야기하는 사람.

- 이상하게 변덕스러워 보이는 사람.

- 정당한 질문에 모호하게 대답하거나 말하기를 꺼리는 사람.

- 자신을 믿지 못한다는 사실에 바로 기분이 상한 반응을 보이지만, 그에 대한 타당한 이유를 설명해주지 못하는 사람.

- 당신이 약속하지도 않은 것을 마치 약속한 것처럼 가정하는 사람.

- 설명할 수 없는 이유로 당신을 불안하게 만드는 사람.

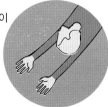

친구에게 소개받기

인연은 생각보다 가까운 곳에 있을 수도 있다

우리 주위에는 친구에게 소개받아 연인이 된 커플들이 한두 쌍은 꼭 있을 것이다. 그럼에도 당신에게도 일어날 수 있는 이런 좋은 기회를 포기하고 있는가? 친구를 통한 소개는 실패한 경험이 있더라도 한 번 더 시도해볼 가치가 충분한 방법이다. 이때, 양측을 모두 알고 있는 친구에게 소개받는 것이 성공률을 더 높일 수 있다.

여러 가지 맞선 방법이 유행을 타는 반면, 친구를 통해 소개받는 방법은 항상 인기를 끌고 있다. 여기에는 이유가 있는데, 일단 우리는 보통 좋아하는 사람과 친구가 되므로 그 친구가 가까이 지내는 사람을 좋아할 확률이 완전히 낯선 상대를 만났을 때보다 높다. 다음으로 우리는 사회경제적 기반이 비슷한 사람과 결혼하는 경향이 있는데, 친구를 통해 소개받으면 비슷한 배경을 가진 상대를 만날 가능성이 높아진다. 그 외에 우리는 잠재적인 스토커나 정신이상자를 만나게 될까 봐 걱정하기도 하는데, 친구가 보증해주는 사람은 덜 위험하게 보인다. 이처럼 친구를 통해 소개받는 것은 새로운 사람을 만나는 확실한 방법이다.

파티, 파티, 파티

하지만 친구에게 중매자가 되어달라는 부탁을 하고 싶지 않다면, 어떤 선택이 남아 있을까? 이런 경우, 당신이 할 수 있는 최고의 선택은 적극적으로 사교 모임에 참석하는 것이다. 힘든 한 주를 보내고 집에서 쉬고 싶은가? 그래도 파티에 가고 바비큐를 굽고 콘서트를 관람하자. 지치고 힘들며, 행사의 어떤 부분은 마음에 들지 않을지 모른다. 당신이 내향적인 사람이라면 특히 더 그런 기분이 들 것이다.(36-37쪽 참고) 그럴 때는 경험을 쌓고 있는 중이라는 사실을 스스로에게 되뇌며 잘 견뎌보자. 파티나 행사를 주최한 친구의 싱글 친구들이 어쩌면 당신과 같은 이유로 참석하고 있을지 모르기 때문이다. 따라서 당신이 더 많은 모임에 참여할수록 마음에 드는 사람을 만날 가능성이 더 높아진다.

당신의 외모가 마음에 들어요

만약 당신의 사회적 망을 통해 누군가를 만났다면, 다음에는 어떻게 해야 할까? 언제 그리고 어떻게 서로를 알아나가야 할까? 여기에는 진지한 계산이 필요하다. 먼저, 만난 상대가 다른 행사에서도 많이 마주칠 수 있는 사람이라면 서로 알아나갈 시간을 벌 수 있다. 이런 경우, 주기적으로 마주치는 '안전한' 방식에 너무 마음을 놓지 않도록 주의하되, 상대가 당신의 감정을 받아줄지에 대한 확신이 없는 경우 절대 섣부른 용기를 내지 않도록 하자.(68-69쪽 참고) 이와는 달리, 만약 당신이 상대와 다른 사회에 속해 있으며 친구를 통한 이 특별한 모임이 한 번뿐인 기회라면 가능한 한 빨리 그 기회를 잡는 것이 좋다.(66-67쪽 참고)

친구를 통해 사람을 만나는 방식의 가장 큰 장점은 사회적 환경이 비슷한 사람을 소

> 친구는 우리가 가장 가깝게 지내는 사람들이며, 성인이 되어 가장 많은 시간을 함께 보내는 사람들이다. 그러므로 우리가 좋아할 만한 상대를 소개시켜주기에 가장 적당한 사람들이다.
>
> – 스탠포드대학교의 사회학자, 마이클 J. 로젠펠트
> (Michael J. Rosenfeld)

시간이 됐는가?

사교 모임이 지겹고 그에 들이는 노력과 시간이 아깝다는 생각이 들기 시작했는가? 가기 싫은 행사에 그래도 가야 한다면, 상황별로 시간제한을 설정해두고 움직이는 방법을 계획해보자.

5분 : 새로 만난 사람과 5분가량 대화를 해도 자연스러운 기분이 들지 않는다면, 다른 사람에게로 넘어갈 시간이다.

15분 : 지루한 느낌 없이 15분 넘게 상대와 이야기할 수 있다면, 그 사람은 더 알아갈 만한 가치가 있다.

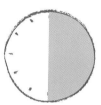

30분 : 로맨스를 찾아 모임에 참석했지만 이미 친분이 있는 사람들과 계속 이야기를 나누고 있다면, 그 자리에 있는 모든 사람을 만나기 위해 30분마다 자리를 옮겨 다니도록 하자.

45분 : 새로 만난 사람과 45분가량 쉬지 않고 이야기를 나누었는데도 여전히 즐겁다면, 이제 상대에게 당신이 싱글이라는 사실을 알려주어야 할 시간이다.

60분 : 모임에 새로운 로맨틱한 상대는 없고, 이미 알고 지낸 친구들과 인사를 나누는 일에 피곤함이 몰려온다면, 60분은 양해를 구하고 집으로 돌아갈 만한 적당한 시간이다.

30%

2012년, 미국 커플의 최소 30%가 친구를 통해 만났다고 응답했다.

10%

미국에서 조사된 바에 따르면, 온라인으로 만난 커플의 대략 10%가 인터넷 사교 사이트에서 만나기 전에 이미 같은 사회망에 속해 있었다고 한다.

개받는다는 것이며, 단점은 당신의 의도가 오해받을 수 있다는 것이다. 당신이 무심코 하는 행동들도 상대에게 흑심이 있다는 신호로 받아들여질 수 있으며, 상대방에 대한 접근은 당신이 속한 그룹의 관습이나 전제에 따라 달라질 수 있다. 여기서 당신과 상대방이 같은 친구를 공유하고 있다는 사실이 주도적으로 행동하지 않아도 된다는 것을 뜻하지는 않는다. 적절한 시점이 되면 당신은 원하는 바를 분명하게 밝혀야 한다.

친구를 통한 만남은 별다른 노력을 기울이지 않아도 되는 엄청나게 쉬운 방법처럼 보이지만, 사실은 실제적인 노력 없이는 그런 일은 일어나지 않는다.

🔍 친구들이 충분히 많은가?

많은 파티에 참석하는 것이 혼란스러운 당신을 위한 좋은 소식이 있다. 규모가 크고 복잡한 사회적 망을 향해하는 것이 뇌의 사회적 기술을 주관하는 영역을 확장시켜준다는 조사 결과가 나왔다. 옥스포드의 신경과학자 메리앤 누넌(MaryAnn Noonan)은 이를 다른 사람들과 화음을 넣어 노래 부르는 행동과 비교했다. "뇌는 당신의 욕구를 반영하기 위해 바뀌고 최적화된다." 따라서 많은 사람을 만나보는 것은, 당신이 진정한 사랑을 만났을 때 더 능숙하게 대처할 수 있도록 만들어줄 것이다.

당신은 얼마나 인기 있는 사람인가?

사회학자 스콧 펠드(Scott Feld)의 '우정의 역설' 개념에 따르면, 당신의 친구들은 평균적으로 당신보다 더 많은 친구를 가지는데 이는 당신이 어떤 사람인지를 막론하고 적용된다. 친구를 많이 사귀는 사람들은 당신과도 친구가 될 가능성이 높은데, 이런 사람들은 모두와 친구가 되기를 원하기 때문이다. 이는 만약 당신에게 10명의 친구가 있고 그중 9명에게 각각 10명의 친구가 있다면, 나머지 1명은 100명의 친구가 있다는 뜻이다. 따라서 평균적으로 당신의 친구들은 각각 19명의 친구를 가지게 된다. 이처럼 친구를 통해 누군가를 만날 확률은 당신이 생각하는 것보다 훨씬 더 높다.

친구가 중매자일 때

친구를 통한 소개팅을 할 때 주의할 점

당신의 친구가 당신과 완벽하게 어울리는 상대를 알고 있으며, 서로 소개해주기를 바라고 있는 가? '완벽하다'는 친구의 기준은 어쩌면 당신과 다를지도 모르며, 소개팅은 당신에게 재미없게 느껴질지도 모른다. 하지만 이는 한 번쯤 경험해볼 만한 가치가 있다.

모임에 참석하 당시의 맞은편에 항상 싱글인 사람이 앉아있다는 느낌이 드는가? 많은 사람들이 자신의 친구들을 서로에게 '소개'해주는 일을 좋아하며, 우연인 것처럼 맞은편에 서로 앉혀두고 반하게 되는지 살펴보기를 즐긴다. 이러한 방식은 소개받는 사람들에게 부담을 주지 않으며, 서로가 마음에 들지 않았을 경우 아무도 망신 당할 위험이 없다는 장점이 있다. 하지만 당신의 친구가 상의도 없이 이 방법을 너무 많이 쓸 경우에는 짜증이 날 수도 있다. 당신은 그저 로맨틱한 연애 상대 없이 편안한 시간을 즐기고 싶어 모임에 참석했을 수 있기 때문이다.

만약 당신의 친구가 너무 지나치다는 느낌이 든다면, 사안에 대해 정중하게 이야기를 해보도록 하자. 우정은 로맨스를 찾는 과정에서 당신의 버팀목이 되어주는 중요한 부분이며, 친구라는 안전한 공간이 필요할 때도 있으므로 그의 기분이 상하지 않도록 주의하자. 또한 당신에게 소개한 매력적인 상대가 어떠한 해로움을 야기하는 것은 아니므로, 당신의 안녕과 균형을 맞추는 선에서 상대를 소개받도록 하자.

> 중매자들은 남들에게는 없는
> 사회적 인연을 맺어주는
> 감각이 자신에게 있다는 점을
> 자랑스럽게 여긴다.
>
> – 듀크대학교 푸쿠아 경영대학원의
> 라린 아니크(Lalin Anik)

공개적인 소개

소개에 대해 미리 이야기된 상태라면, 그에 따라 어떻게 행동해야 하며 무엇을 준비해야 할지를 알 수 있다. 하지만 '당신에게 완벽한 상대'라고 친구가 보증하는 누군가를 만나는 일도 그 나름의 어색함이 있다. 만약 결과가 좋지 않다면 당신도 당신의 친구도 실망감을 느낄 것이기 때문이다. 이와는 달리, 서로의 친구들이 모인 상태에서 상대를 만나는 것은 당신이 자유롭게 상대를 탐색하다가 아무런 느낌도 없을 경우 다시 친구들에게 돌아가 남은 시간을 즐겁게 보낼 수 있다는 장점이 있다. 어떤 경우든 아마도 당신 친구의 예감이 잘 맞을 가능성이 크다. 당신을 좋아하는 친구라면 로맨틱한 상대에 대한 취향도 당신처럼 좋을 것이기 때문이다.

소개팅

만약 당신이 소개팅을 생각 중이라면, 친구를 통해 하는 것이 가장 안전한 방법이다. 친구는 당신의 데이트 상대가 살인자와 같은 위험 인물이 아니라는 사실을 보증할 수 있다. 그럼에도 당신은 이 데이트 역시 완전하게 안전하다고 가정해서는 안 되는데, 그 이유는 아래에서 살펴볼 수 있다. 그 밖에 이런 데이트는 사회적인 장점도 있다. 예를 들어, 만약 상대가 레스토랑 밖에서 창문을 통해 당신을 본 후, 외모가 마음에 들지 않더라도 말없이 자리에 나타나지 않는 수치스러운 행동을 보여줄 가능성은 훨씬 적다.

소개팅은 재미있다는 장점도 있다. 물론 친구를 통한 소개팅은 완전 낯선 사람을 만나는 떨림 같은 것은 없다. 하지만 서로 아는 친구들끼리 만남이 주선되었을 경우 상대에게 이성적 매력을 느끼지 못하더라도 함께 즐길 수 있는 좋은 기회가 된다. 이 만남이 로맨스로 발전하든 안 하든 당신은 적어도 새로운 친구를 사귈 수 있는 셈이다.

물론 친구가 당신의 모든 것을 알고 있지는 않다. 하지만 적어도 그들은 진심으로 우리의 최대 관심사를 이해하고 있다. 그러니 만약 친구가 당신에게 누군가를 소개해주기 원한다면, 기꺼이 받아들이고 마음 편하게 즐겨보자. 소개받은 상대와 어떻게 될지는 아무도 모르는 일이다.

중매는 그 자체가 가져다주는 보상이 있다. 2014년에 행한 조사에서 연구원들은 맞선을 주도한 사람들은 자신들이 뜻밖의 인연을 연결해줄수록 그 결과에 행복해 한다는 사실을 발견했다. 로맨틱한 관계를 우리 자신을 위해 찾든 다른 사람을 위해 찾든, 우리는 연결을 위해 태어난 사람들이다.

10명 중 3명

조사기관 민텔(Mintel)에 따르면, 10명 중 3명은 지금도 친구에게 소개를 부탁하고 있으며, 그들은 연인을 찾기 위해 무료 데이트 사이트를 사용하는 10명 중 3명과 이어진다고 밝혔다.

ⓘ 친구들 중에도?

신뢰하는 사람에게 소개받았다고 해서 상대가 안전한 사람이라고 단정 짓는 것은 현명하지 못한 일이다. 2002년, 미국의 심리학자이자 폭력성 전문가인 데이비드 리삭(David Lisak)과 폴 M. 밀러(Paul M. Miller)의 연구는 몇 가지 놀라운 요소와 수치를 보여준다.

- 1,882명의 대학생들을 대상으로 한 설문조사에서 120명의 남학생들이 강간을 행했거나 그러고 싶은 유혹을 느꼈다고 시인했다. 여기서 '강간'이란 단어를 사용하지는 않았지만, '물리적 힘'을 가하거나 '상대가 원치 않는데도 불구하고', '성관계를 가진 것'을 인정했다.

- 강간범들의 63%가 반복적으로 죄를 저지른다.

- 강간범들의 30%가 물리적인 힘을 사용한 점을 인정했다.

- '비폭력적'인 강간범들은 범죄 대상자들의 저항력을 약하게 하기 위해 고의적으로 술을 마시게 했다.

만약 한 친구가 당신을 위한 소개팅을 준비한다면, 다른 친구에게 만약을 대비해서 무음통화 긴급연락을 부탁하도록 하자.(89쪽 참고) 그런 방식으로 소개해주는 사람의 진심을 상하게 하지 않을 수 있다.

ⓘ 나를 사랑할 수도 있는 스파이

만약 친구가 누군가를 소개해준다면, 당신은 소개받는 사람의 외모가 어떤지 알기 위해 분명 인터넷을 찾아볼 것이다. 하지만 외모가 마음에 들더라도, 상대방의 사생활을 더 깊게 파고들지 않는 것이 좋다. 이는 나중에 곤란한 상황을 만들 수 있기 때문이다. 또한 어떤 사람들은 사진 찍기나 글쓰기에 능숙하지 않다는 점을 기억해야 한다. 따라서 별로 매력적이지 않은 온라인 프로필이 실제 사람도 매력적이지 않다는 것을 의미하지는 않는다. 만나려는 사람이 정말로 끔찍하지 않은 이상, 당신은 그들에게 기회를 주는 것이 좋다. 또한 그들 역시 인터넷에서 당신에 관해 조사해볼 것이므로 개인적으로 난처한 것들은 인터넷 접근이 용이한 상태로 남겨두지 말도록 하자.

다음에는 행운이 올까?

이혼 후의 데이트

이혼은 우리 영혼에 엄청난 충격을 줄 수 있다. 결혼을 하고 이제 로맨틱한 삶이 안정되었다고 생각했는데 결국 다시 데이트를 해야 하는 상황으로 돌아와버린 것이다. 이런 상황에서 어떻게 해야 계속해서 자신감을 가질 수 있을까?

인생에서 결혼의 종지부를 찍는 일처럼, 자신에 대한 믿음에 상처를 입히는 일은 많지 않다. 비록 그 헤어짐이 우호적이었어도 '실패'의 느낌이 뇌리에서 사라지지 않을 것이다. 더욱이 나쁘게 헤어진 경우라면, 심각한 감정의 상처를 입었을 수도 있다. 사실 이혼 후에 자신감을 가지기란 어려운데, 특히 현재의 모습이 결혼 전보다 덜 매력적으로 느껴진다면 상황은 더 심각할 것이다. 그런 마음 상태에서 새로운 파트너를 찾는 일은 상당한 용기가 필요하다.

30-45세

영국에서 이혼하는 평균 나이는 남성은 마흔다섯 살, 여성은 마흔두 살로 알려져 있다. 미국의 경우, 남성은 서른두 살, 여성은 서른 살로 연령대가 영국보다 조금 더 낮다.

어떻게 대처하고 있는가?

전 배우자가 당신을 무시하고 깎아내렸다면, 당신은 아마도 기운이 없는 꽤 무기력한 상태일 것이다. 때문에 앞서 설명한 '자기 연민' 훈련을 해야 할 필요가 있거나, 전문 치료사를 찾아야 할지도 모른다.

경험으로 말하건대, 시간은 많은 사람에게 치유제가 되어 줄 것이다. 2011년에 인도의 심리학자 바르티 샤르마(Bharti Sharma)는 그 전해에 이혼한 100명의 여성을 대상으로 연구를 진행했다. 여기서 모든 응답자는 이혼 후 정신적 고통을 경험했다고 밝혔으며, 이는 연령대가 높은 30-40대 여성에게서 더 뚜렷하게 나타났다. 하지만 응답자 모두 시간이 흐름에 따라 정신 건강이 더 나아졌다고 보고했다.

친구를 가까이 하자

결혼 생활을 끝낸다는 것은 그동안 지내온 지역 공동체를 잃는다는 것을 뜻할 수 있으며, 적어도 사회 집단이 분리될 수 있다. 긍정적인 인간관계를 유지하는 것은 정신 건강 유지에 중요하다. 예를 들어, 『이혼과 재혼』에 실린 오하이오 주에서 실시된 연구는 친구 관계를 유지하는 것은 '긍정적인 적응력' 증진에 도움이 된다는 사실을 발견했으며, 특별히 친한 친구들은 탈선을 막아줄 '부적응 완충기제'로써 훌륭한 역할을 한다고 밝혔다. 오히려 친구들 입장에서 이혼한 친구를 대할 때, 의리와 인정 사이에서 딜레마를 느끼는데 친구를 통해 연인을 만난 커플의 경우에는 그런 경향이 더 심했다. 이런 경우, 친구들은 당신이 새로운 사람을 만날 때 어색함을 느낄 수 있다. 따라서 이혼 후 당신의 친구를 정신적 버팀목으로 삼되, 새로운 로맨틱한 상대를 찾기 위해서는 친구와 연관된 기존의 사회망을 벗어나 움직이는 것이 더 좋은 방법이다.

경험을 통한 교훈

이혼이 당신에게 가르쳐준 한 가지는 관계에서 당신이 원하지 않는 것이 무엇인지를 확실히 알게 되었다는 것이다. 버지니아 공과대학교의 데보라 슈넬러(Debora Schneller)와 조이스 아디티(Joyce Arditti)는 대부분의 이혼 경험자들이 새로운 관계에는 어떤 자

🔍 당신 자신을 헐값에 넘기지 말자

경제학 교수 데이비드 앤더슨(David Anderson)은 우리는 '사회적 가격'에 기반하여 데이트 상대를 고른다는 사실을 지적했다. 새로운 사람을 만날 때, 그 기준을 자기 자신이 생각하는 스스로에 대한 '가치'에 두고 조정한다는 것이다. 여기서 이혼은 자기 자신의 '가격'을 매기는 기준을 낮출 수 있으며, 이는 우리가 배우자 선택에 덜 까다로워진다는 것을 뜻한다. 이상형이 아닌 사람을 만나보는 것이 나쁘지는 않지만, 그렇다고 해서 자기 자신을 너무 낮추지는 말자. 만약 당신이 그럴 만한 가치가 없다고 느껴진다면, 새로운 데이트를 시작할 준비가 되지 않은 것일 수 있다.

질들이 있어야 하는지에 관한 개념을 명확히 가진다는 사실을 지적했다. 슈넬러는 또한 이런 사람들이 보통 이혼을 성장을 위한 기폭제로써 인식한다는 사실을 발견했다. 그는 "이혼은 여전히 우리 사회에서 안 좋은 낙인으로 생각되기 때문에, 이혼한 사람들은 그 경험으로부터 긍정적인 의미를 끌어내야 하는 도전을 맞게 된다."고 설명한다. 이혼 후 여성은 조금 더 단호한 성격이 되고, 반대로 남성은 평등주의자가 되기도 하는 등 이혼은 기존의 고정관념을 뒤바꿀 기회가 될 수 있으며, 이는 우리의 새로운 관계에 적용해야 하는 교훈이 된다.

이혼은 그 당시에는 결코 행복한 경험이 아니다. 하지만 시간이 지나 세상에 나와 새로운 관계를 시작할 준비가 되었다고 느낄 때쯤이면, 당신은 더 큰 지혜와 높은 기준을 통해 좋은 상대를 알아보는 일이 한결 쉽게 느껴질 것이다.

❓ 아직은 시기상조라는 신호

때로는 새로운 시작을 준비하는 데 시간이 더 필요할지 모른다. 다음의 적색 신호를 주의하자.

✖ 전 배우자를 아직 잊지 못할 때. 만약 당신이 새로 만나는 모든 사람들을 전 배우자와 비교하고 있거나, 그에 대한 생각을 떨쳐낼 수 없다면 우선은 머리를 깨끗이 비울 필요가 있다.

✖ 전 배우자에 대한 원망이 사라지지 않았을 때. 이혼 과정이 힘들었다면 분노가 남는 것은 당연하다. 이는 양육권이나 재산 분배에 대한 협의가 진행 중일 경우, 특히 더 심할 수 있다. 그로 인해 제정신이 아닐 정도로 감정이 복잡하다면 새로운 관계를 시작할 시점이 아니다.

✖ 반쪽이 없는 것 같은 기분이 계속해서 들 때. 자아정체성은 결혼과 함께 두 사람이 합쳐졌을 수 있다. 새로운 데이트를 다시 시작할 시점은, 하나의 개인으로서 당신 자신에 대한 정체성이 다시 돌아왔을 때다.

✖ 사람을 믿지 못할 때. 요컨대, 만약 자기 자신에게 "모든 남자나 여자는 깊이가 없어."라고 말하고 있다면, 그런 부정적인 생각을 멈출 필요가 있다. 그리고 이런 생각을 고치는 것은 새로운 연인이 아니라 당신에게 달렸다. 그 과정을 용이하게 하기 위해, 간단한 CBT훈련을 시도해볼 수 있는데 그 방법은 이 책의 24–25쪽을 참고하자.

✖ 혼자인 것을 상상할 수 없을 때. 물론 혼자가 된 자신을 발견하는 일은 충격적일 수 있다. 하지만 혼자 있는 자신을 잠시도 못 견딘다면 당신은 새로 만나는 어느 누구라도 놓치지 않으려고 할지 모른다. 그 사람이 당신에게 적합하지 않더라도 말이다.

위에 열거된 내용이 당신에게 하는 이야기 같다면, 잠시 멈춰서 자기 연민의 시각에서 자기 자신을 돌아보자.(54–57쪽 참고)

❓ 준비된 느낌이 드는가?

다시 세상에 나와, 새로운 관계를 탐색할 시간이 되었다는 사실을 어떻게 알 수 있을까?

✔ 한 인간으로서 자기 자신에 대해 긍정적인 기분이 들 때. 텍사스대학교의 심리학자 윌리엄 스완은 사람들은 자기 자신을 가치 있다고 여길 때, 자신을 지지해주는 동반자를 선택하는 경향이 있다고 말했다.

✔ 가능성을 느낄 때. 미국의 치료전문가 수잔 피어스 가두아(Susan Pease Gadoua)는 '아직 준비가 되지 않았다는 당신의 그 생각이 당신을 매력 없게 만든다.'고 지적했다. 데이트를 시작해도 될 것 같다는 느낌이 든다면, 그때가 된 것이다.

✔ 새롭게 되었을 때. 재산 분배가 끝나고 주거 공간에 대한 분쟁이 해결되었으며, 특히 양육권 문제가 해결되면 당신은 전보다 더 커진 확신으로 새로운 사람을 만날 수 있다.

✔ 약간의 모험을 감당할 수 있다는 느낌이 들 때. 어떤 데이트라도 당신의 안락한 공간을 떠나야 가능하다. 따라서 당신이 새로운 공간을 즐길 수 있고 모험에 직면할 준비가 되었다는 것은 좋은 신호이다.

> 하나씩 하나씩 시도해보자. 믿음직한 친구들에게 당신이 새로운 사람을 만나는 일에 관심이 있다는 사실을 알리고, 그들이 보내오는 파티 초대를 수락하자.
>
> – 심리학자이자 『90일의 사랑』의 저자, 다이아나 커슈너(Diana Kirschner)

3부

데이트하기

성공적인 데이트를 위한 조언

첫 데이트

탁월한 선택하기

일단 첫 데이트가 성사되었다면, 이제부터는 당신의 기대치를 실현해야 할 때이다. 자기 자신이 무엇을 바라는지 분명히 알고 있다면, 당신에게 딱 어울리는 사람을 발견할 좋은 기회를 보다 빨리 가지게 될 것이다.

첫 데이트는 서로를 경험해보는 새로운 과정이다. 당신은 이제부터 외모는 마음에 들지만, 그 외에는 잘 알지 못하는 사람과 시간을 함께 보내게 될 것이다. 이때, 당신 자신의 감정을 명확하게 이해하는 것이 좋다. 지금 하고 있는 데이트가 계속될 가치가 있는지 아닌지를 판단함에 있어 감정이 당신의 조력자가 되어줄 것이다.

무엇을 보고 있는가?

32쪽과 33쪽에서 살펴보았던 자아검증 과정을 기억하는가? 이는 자신이 가지고 있는 자아상을 확증해주는 사람을 추구하는 경향을 뜻하는데, 확증만 가능하다면 그 사람이 사실상 자신을 좋아하지 않아도 끌리게 된다. 이 개념을 알고 있으면, 과거 자신의 연애가 왜 잘못되었는지를 돌아볼 수 있으며 앞으로의 연애에 어떤 점을 주의해야 하는지 살펴볼 수 있다. 또한 새로운 데이

트 상대를 확인하는 과정에서 나타나는 자아검증 개념과 상호보완적 관계의 '확증편향'을 알아보고, 자신의 잘못된 연애 경향을 짚어보는 것도 좋은 방법이다. 확증편향이란 선택적으로 증거를 수집하는 경향을 뜻하는데, 자아검증이 우리가 스스로 만든 자아상을 확인해주는 증거들을 선택하도록 이끄는 것에 비해 확증편향은 조금 더 넓은 개념이다. 믿고 싶은 것을 확인해주는 증거만을 선택하는 이런 경향은 데이트에 있어서도 마찬가지다. 중요하게 생각할 점은 당신은 매우 강한 몇 가지 희망 사항을 가지고서 데이트에 임한다는 것이다. 따라서 그 희망 사항 위주의 증거들만 선택적으로 바라볼 가능성이 크다.

당신이 원하는 것은 무엇인가?

당신은 헌신적인 로맨틱한 관계를 원했으며, 이번에 만난 데이트 상대가 매력적이라고 해보자. 그렇다면 당신은 상대가 헌신과

는 거리가 먼 사람이라는 신호를 무시하거나 반대로 헌신을 의미하는 신호를 과장하고 싶은 유혹을 느낄 것이다. 또한 당신이 신중하게 상대를 알아보고 싶지만 상대와의 시간이 매우 격정적으로 흘러간다면, 당신의 뇌는 헌신과 관련된 이야기는 피하거나 그냥 넘어가도록 지시할 것이다.

적절하지 않은 사람을 향한 끌림은 우리를 문제 상황에 몰아넣을 수 있는데, 그렇게 되기까지는 확증편향이 큰 역할을 한다. 요컨대, 우리는 누군가를 원하게 되면 그 사람과 잘 해나갈 수 있다고 믿고 싶어진다. 그러므로 그 반대를 예견하는 신호는 주목하지 않는 것이다.

따라서 당신이 데이트 상대에게 바라는 바를 명확히 해두는 것이 중요하다. 물론 당신의 소망들은 이치에 맞는 것들이어야 하며, 상대방에게 조건 없이 설레는 기분이 드는 것도 건강한 관계에 있어 중요한 부분이기는 하다. 그렇지만 당신이 첫 데이트에서 본 신호들이 확증편향의 영향을 받지 않은 실제로 존재하는 것인지를 확인할 필요가 있다. 그래야 당신은 확고한 토대 위에서 새로운 관계를 시작할 수 있기 때문이다. 당신의 확증편향이 제자리를 찾게 하기 위해 옆쪽에 나와 있는 방법을 연습해보자.

확증편향

뇌는 이미 믿고 있는 사실을 확증해주는 정보를 골라서 주목하고 보유한다. 그리고 그 정보들에 우선순위를 매겨두었다가 기억해낸다. 우리는 자신의 의견을 뒷받침해주는 증거를 가지고 있다고 생각하는데, 이는 실제로 그럴 수밖에 없다. 왜냐하면 우리는 반대되는 증거를 무시해버리는 일에 능숙하기 때문이다. 이런 편향성은 아래의 어떤 단계에서도 시작할 수 있으며, 여러 단계를 넘나든다.

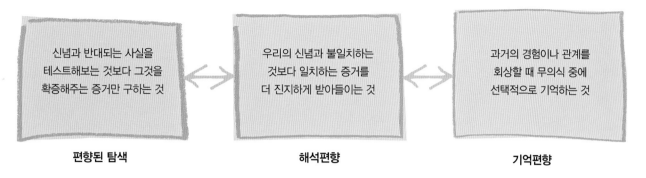

편향된 탐색	해석편향	기억편향
신념과 반대되는 사실을 테스트해보는 것보다 그것을 확증해주는 증거만 구하는 것	우리의 신념과 불일치하는 것보다 일치하는 증거를 더 진지하게 받아들이는 것	과거의 경험이나 관계를 회상할 때 무의식 중에 선택적으로 기억하는 것

 ### 무엇을 확인할 것인가?

첫 데이트에 나서기 전, 당신이 원하는 것에 대해 다음의 체크리스트를 작성해보자.

- 매력적인 사람이 보는 나라는 사람은?
- 내가 정말로 원하는 관계란?
- 내가 누릴 자격이 있는 관계란?
- 내가 가지게 될 것 같은 관계란?
- 새로운 데이트 상대에게 내가 정말로 바라는 것은?
- 새로운 데이트 상대가 정말로 하지 말았으면 좋겠는 것은?
- 이 데이트에서 내가 가장 원하는 것은?

기억하자, 당신이 원하는 것을 추구하는 것은 완벽하게 정당한 일이다. 이는 사실 진실한 관계를 구성하는 가장 중요한 기반이다. 위 체크리스트는 당신이 원하는 바를 명확하게 하도록 도와줄 것이며, 당신의 과거 경험과는 별개로 앞으로의 희망 사항을 분류할 수 있도록 해줄 것이다.

 ### 데이터를 수집하자

당신의 데이트가 하룻밤 잠자리로 끝났거나 첫눈에 반해 라스베이거스로 날아가 결혼하려는 것이 아니라면, 데이트 직후 아래의 두 번째 체크리스트를 작성하자.

- 상대방이 어떤 종류의 관계를 원한다고 생각하는가?
- 상대가 내가 바라온 사람이라는 신호를 보여주었는가?
- 내가 꿈꿔왔던 부류의 사람이 아니라는 신호가 있지는 않았는가?
- 특히 좋았던 순간은 언제였는가?
- 불쾌했던 순간은 언제였는가?
- 상대가 하지 말았으면 좋겠다고 생각했던 말이나 행동을 보여준 적은 없는가?
- 나에 대해서 상대가 어떻게 느낀다고 생각하는가?

체크리스트를 완성한 후, 당신의 결론이 상대와 다시 만나고 싶지 않다는 것이라면 그것으로 끝났다. 하지만 상대를 한 번쯤 다시 보고 싶다면, 체크리스트 답안을 멀리 치워두고 한동안 찾아보지 않도록 한다.

 ### 다시 한 번 만남을 가졌는가?

두 번째 데이트에 나서기 바로 전, 첫 번째 체크리스트를 다시 한 번 채우되 이전에 작성했던 답안을 참고하지 않는다.

두 번째 데이트 후, 두 번째 체크리스트도 다시 한 번 채운다.

두 번째 데이트 다음 날 아침, 그동안 쓴 체크리스트의 답안을 모두 꺼내 비교한 후, 자기 자신에게 다음의 질문들을 해보자.

- 첫 번째 데이트에서 두 번째 데이트를 하는 과정에서 내가 무시하고자 했던 것이 있는가?
- 스스로에 대한 이미지가 첫 번째 데이트 전보다 두 번째 데이트 전이 나은가?
- 상대는 내게 일관적인 모습을 보였는가?

당신의 가치와 부합하는 데이트가 되기 위해서는 위 체크리스트의 답안들이 긍정적인 방향으로 채워져야 한다. 즉, 상대방의 의도는 투명해야 하고, 당신의 가치와 조화를 이룰 수 있어야 하며, 당신이 외면하려고 하는 부분들에 영향을 받지 않아야 한다. 이렇게 하면, 상대방을 긍정적으로 보고 있는 당신의 확증이 실제 행동에 기반하여 평가한 것이라는 확신을 가지게 될 것이다. 이런 확신은 당신의 희망 사항이 이루어질 수 있는 좋은 기회를 맞았다는 뜻이다.

최고의 모습을 선보이는 법

알맞게 차려입기

결전의 시간이 왔다. 당신은 상대에게 좋은 첫인상을 남기기 원할 것이다. 그렇다면 당신 본연의 모습을 잃지 않으면서도, 가능한 편안하고 이상적인 모습으로 보이기 위해서는 어떻게 해야 할까?

마음 가는 대로

■ 보기 좋게 잘 맞는 옷을 입자. 당신이 보이기 원하는 사이즈가 아니라 실제 당신 사이즈의 옷을 입어야 한다. 잘 어울리는 옷을 입어서 보기 좋게 보이면, 어느 누구도 당신이 아닌 옷의 상표를 보지 않는다. 게다가 지금 당신이 만나고 있는 상대는 현재 당신의 모습을 알고도 기꺼이 당신과 데이트를 즐기러 나온 사람이다. 그러니 자신감을 가지자.

■ 당신의 피부톤을 보완해줄 색상을 찾자. 당신에게 어울리는 색이 무엇인지 감이 안 온다면, 알고 지내는 미용사나 옷 잘 입기로 유명한 친구에게 조언을 구하자.

■ 아무리 좋아 보이더라도, 입었을 때 편하지 않은 옷은 입지 않도록 한다. 불편한 옷 때문에 몸을 자꾸 꿈틀거리거나 가려운 듯 긁어대는 행동은 당신의 모습을 이상적으로 보여줄 수 없다.

상황에 맞게

■ 데이트에 앞서 미리 장소를 확인하고, 알맞은 옷을 골라두자. 미술관에서의 첫 데이트와 공원을 산책하는 첫 데이트는 당연히 다른 종류의 옷이 필요하다.

■ 날씨 변화에 대비하자. 추위로 몸을 떨거나 더위 때문에 땀을 뻘뻘 흘리는 모습은 그다지 우아한 모습이라고 할 수 없다. 게다가 날씨 변화에 대비하지 않는다면, 견딜 수 없는 날씨 때문에 당신은 결국 상대와 함께 보내는 저녁시간을 빨리 끝내고 싶어질 것이다.

■ 편안한 신발을 신자. 그렇다고 해서 꼭 등산화 같은 신발을 신으라는 뜻은 아니다. 하지만 성공적인 데이트는 종종 생각보다 더 오랜 시간을 함께 보내게 되어 새로운 장소를 찾아 길을 헤매기도 한다는 사실을 기억하자. 이때 절름발이처럼 보이는 것보다는 편안한 신발을 찾아 신는 편이 좋을 것이다.

얼굴은 말끔하게

- 메이크업을 할까 말까? 면도를 할까 말까? 최고의 선택은 평상시 당신의 모습을 그대로 보여주는 것이다. 당신이 데이트 상대에게 보여주어야 할 얼굴은 함께 관계를 만들어나갈 사람의 이미지이지, 포토샵에서 나온 듯한 얼굴이 아니다. 그러니 스스로 유지하지 못할 것 같은 모습으로 자신을 꾸미는 실수를 범하지 말자.

- 지금부터는 키스를 바라는 신사들이 참고해야 할 내용이다. 까끌까끌한 수염이 분위기를 망칠 수 있다는 사실을 인지하자. 물론 새벽 다섯 시에 면도를 한 적당히 자란 수염이 당신이 가진 강인한 매력의 일부라면 그렇게 해도 된다. 하지만 데이트에 앞서 로션을 발라 피부를 부드럽게 해두는 것을 한 번 고려해보자. '그 남자의 피부는 마치 사포 같았어.'라고 기억되고 싶지 않다면, 다른 이들보다 예민한 피부를 가진 사람도 있다는 사실을 기억하도록 하자.

- 평소에 안경을 착용하는가? 그렇다면 데이트에서도 안경을 쓰도록 하자. 당신을 돋보이게 해주고 잘 관리된 상태라면, 안경을 써도 괜찮다. 굳이 안경을 안 쓰는 척할 필요는 없다. 만약 이번 데이트가 연애로 발전한다면, 상대는 당신의 모습을 훨씬 자주 보게 될 것이기 때문에 앞으로 보여주게 될 모습 그대로 시작하는 편이 좋다.

- 향수나 애프터쉐이브 제품을 선택했는가? 그렇다면 가볍게만 사용하도록 하자. 자연스러운 체취는 페로몬 향을 함유하고 있는데, 이를 적당히 이용하는 것이 좋다.

- 양치질을 하고 냄새가 오래가거나 이에 끼일 만한 음식은 먹지 않도록 하자. 냄새나는 상대와 키스하고 싶은 사람은 아무도 없다. 이런 상황은 불쾌할 뿐만 아니라 상대에 대한 배려심이 없는 사람으로 보일 수 있다.

분위기에 맞게

- 2002년 한 연구는 옷 스타일이 말하기 스타일에 영향을 미친다는 사실을 발견했다. 자기소개를 할 때, 갖춰 입은 사람은 일상적인 대화체로 자신을 소개하는 평상복 차림의 사람들보다 정중한 표현을 더 많이 사용했다. 또한 사람들은 자신들의 옷 스타일과 잘 어울리는 사람들이 말할 때, 더 빠르게 응답했다.

- 만약 당신의 가장 좋아하는 옷이 마침 상대와 만나기로 한 장소에 잘 어울린다면, 그 옷을 입도록 하자. 그러면 당신은 상대가 사랑해주기를 바라는 자신의 본모습을 보여줄 수 있을 것이며, 이에 대한 상대의 반응을 볼 수 있다.

- 당신의 성격을 반영하는 스타일을 선택하자. 화려하고 멋지게 입든지, 격식을 갖춰 입든지 당신이 그리는 이상적인 관계에 어울리는 사람으로 보이도록 입어보자. 그리고 상대가 그런 모습의 당신이 멋져 보인다고 생각하는지를 살펴보도록 하자.

⊗ 완벽한 색상

데이트에 입고 갈 옷의 완벽한 색은 무엇일까? 여기 많은 잡지와 온라인 기사에서 보았던 색상 추천의 예를 살펴보자.

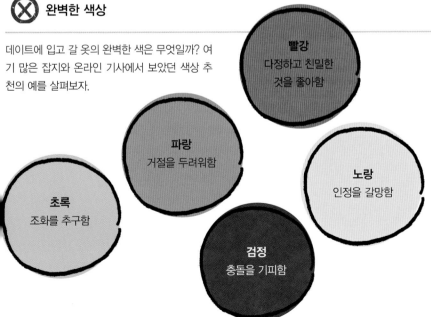

색상 묘사가 이해되는가? 사실 여기에 있는 모든 색상 묘사는 하나의 목적만을 염두에 두고 만들었기 때문에, 결국 모두 같은 것을 의미하며 누구에게든 아무 색이나 적용할 수 있다. 그렇게 해도 모두 별다른 거부감 없이 결과를 잘 받아들일 것이다. 당신이 이와 같은 조언을 받는다면, 52쪽과 53쪽에서 설명했던 '포러효과'를 한번 찾아보자. 사람들은 컴퓨터가 아니므로 이상적인 응답을 얻을 수 있는 색상암호를 입력하는 것이 불가능하다.

유행하는 심리학적 조언은 신경 쓰지 말고, 당신에게 가장 잘 어울리는 색상의 옷을 입고 데이트에 나가자. 만약 당신이 마음에 들었다면, 상대는 코트 색상 때문에 당신이 싫어지지는 않을 것이다.

다 괜찮을 거야

자신감 기르기 훈련

잘 차려입고도 여전히 문을 나서서 새로운 데이트 상대를 만날 준비가 되지 않은 것 같은가? 그렇다면 몇 가지 자신감 기르기 훈련을 해보도록 하자. 이는 당신의 불안감 해소에 도움을 줄 것이며, 더 나은 마음가짐을 가지도록 해줄 것이다.

당신이 불안을 느낄 때, 이는 뇌의 한 영역인 편도체를 자극한다. 편도체란 두려움을 처리하는 뇌 영역으로, 두려움을 느낄 때 심장을 빠르게 뛰게 하고 두 손바닥에는 땀이 축축하게 배어나게 하며 다리가 떨리도록 만든다. 하지만 지금 당신은 이런 신체적인 반응으로 두려움에 맞서는 것이 아닌 데이트 중에 나타나는 불안을 다룰 수 있는 더 현실적인 방법을 원할 것이다.

 ### 던져버릴까, 간직할까?

당신이 좋은 인상을 줄 수 있을지 걱정되는가?

해야 할 것 : 당신이 자신감을 느끼는 이유와 그렇지 않은 이유를 적어라. '자신감이 없는 이유'는 휴지통에 버리고 '자신감을 느끼는 이유'는 간직하도록 하자. 스페인에서 행한 연구에 참여한 사람들은 자신이 좋아하거나 싫어하는 것들을 적은 종이를 간직하거나 찢어버리도록 지시받았다. 그러자 '싫어하는 것'을 찢어버리는 것이 그것을 간직하는 것보다 참여자들의 기분을 더 좋게 만드는 결과가 나타났다.

팁 : 생각을 적은 종이를 물리적으로 던져버리거나 저장하는 일은 그렇게 하겠다고 상상하는 것보다 훨씬 효과가 좋다. 그러므로 실제 행동으로 생각을 다뤄보도록 하자.

 ### 작성하자

데이트가 이상하게 흘러간다면 나는 어떻게 대처할 것인가?

해야 할 것 : 지난주, 당신이 한 일 중에 다정하고 기발하며 좋았던 것, 그리고 현명하며 멋졌던 모든 일을 목록으로 작성해보자.

팁 : 목록을 작성할 때는 손글씨로 하자. 그렇게 하면 당신이 한 훌륭한 일들을 기록하기에 오랜 시간이 걸릴 것이다. 그 시간 동안 당신의 삶에 얼마나 많은 좋은 일들이 있는지를 스스로가 느낄 수 있도록 하자.

자세를 고치자

데이트 상대를 만나러 가는 길인가?

해야 할 것 : 앉아있자. 오하이오주립대학교의 연구진들은 사람들에게 자신의 긍정적이거나 부정적인 자질 중 미래의 직업 수행에 영향을 미칠 세 가지 요소를 써보도록 요청했다. 그다음에 참가자들을 꼿꼿이 앉거나 앞으로 숙인 자세 중 하나를 취하도록 한 후, 자신이 쓴 내용을 평가하도록 했다. 그 결과, 똑바로 앉은 참가자들이 자신이 적어낸 긍정적인 자질들에 훨씬 더 높은 일치감을 보여주었다. 반대로 앞으로 숙인 자세를 취했던 참가자들은 자신의 좋은 자질을 설득력이 없는 것으로 낮춰 평가하고, 부정적인 자질들에 더 높은 신뢰를 보여주었다.

팁 : 우리의 몸은 자세를 감정과 동일한 선상에서 생각하며, 때로는 그 반대로 자세에 따라 감정이 달라지기도 한다. 그러니 당신이 할 수 있는 가장 자신감 있는 자세를 찾아보자.

계속해서 웃자

부끄럽고 당혹스러운 기분이 든다면?

해야 할 것 : 행복한 얼굴을 하고 있자. 여러 연구들을 통해 감정이 표정을 따라가는 경향이 있다는 사실이 밝혀졌으며, 웃음은 실제로 우리를 행복하게 만들어줄 수 있다. 이런 현상을 심리학에서는 '안면 환류 가설'이라고 부른다. 1988년의 한 연구는 이 가설을 뒷받침해주는데, 참가자들은 치아 사이에 수평으로 연필 하나를 물고 만화영화를 시청하도록 지시받았다. 이렇게 함으로써 참가자들의 얼굴은 완전히 물리적인 방법으로 '웃음' 짓도록 만들어졌다. 그 결과, 참가자들은 얼굴 표정이 찡그려지도록 입술로 연필을 물고 있었던 다른 참가자들보다 해당 만화영화가 더 재미있다고 점수 매겼다.

팁 : 거울 앞에서 미소 짓는 연습을 하지 말자. 이는 얼굴 표정보다는 눈에만 집중하도록 만든다. 자연스럽게 웃음 짓고 그 효과를 느껴보자.

얼굴 안정시키기

약간 정신없는 기분인가?

해야 할 것 : 흥분한 아이를 달래듯이 자기 자신의 마음을 달래보자. 얼굴에 두 손을 가볍게 올리고 볼이나 이마를 살짝살짝 쳐보자. 이처럼 자기 자신에게 약간의 자극을 주는 것을 '자기 위로'라고 하는데, 감정을 제어하는 유용한 기술이다.

팁 : 이 연습을 하는 동안, 당신의 얼굴을 정말로 소중한 것을 다루듯이 만져야 한다. 그리고 실제로도 당신의 얼굴은 소중하다는 것을 기억해야 한다.

운동으로 해결하기

다뤄야 할 스트레스가 너무 많은가?

해야 할 것 : 몸을 움직이자. 운동은 엔도르핀을 배출하게 하는데, 이는 스트레스 방어 호르몬으로 고통을 막아주고 행복감을 느끼게 해주어서 긴장을 푸는 데 도움을 준다. 운동은 또한 당신의 유동지능을 향상시켜주는데, 유동지능이란 복잡한 정보를 처리하는 데 있어 기존의 지식에 의존하지 않고 빠르게 추론을 도출해서 의견을 내도록 해주는 지능이다. 이 지능이 향상되면, 새로운 사람을 만날 때 유용하다. 마라톤처럼 힘든 운동을 하는 것은 아니므로 당신이 운동을 잘하지 못해도 괜찮다. 심장박동수를 올려주고 땀을 낼 정도의 운동이라면 체육관에서 운동하는 것이든 욕실에서 머리빗을 잡고 노래를 부르며 춤을 추는 것이든 어느 것이나 좋다.

팁 : 운동은 체온을 올려주어, 운동을 마친 후에도 한동안은 계속해서 땀이 흐를 수 있다는 사실을 명심하자. 따라서 데이트 바로 직전보다는 몇 시간 여유를 두고 운동을 마치는 것이 가장 좋은 방법이다. 당신의 심장이 신체 활동으로 뛰게 만들자. 그러면 그 후에는 조절 가능한 수준으로 안정될 것이다.

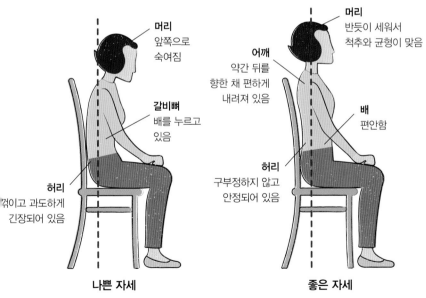

머리 앞쪽으로 숙여짐

갈비뼈 배를 누르고 있음

허리 꺾이고 과도하게 긴장되어 있음

나쁜 자세

머리 반듯이 세워서 척추와 균형이 맞음

어깨 약간 뒤를 향한 채 편하게 내려져 있음

배 편안함

허리 구부정하지 않고 안정되어 있음

좋은 자세

똑바로 앉자
우리는 학생 시절부터 선생님들이 지겨울 정도로 자세의 중요성을 강조하는 것을 들어왔는데, 이는 일리가 있는 말이다. 꼿꼿하면서도 편안한 자세는 몸에 스트레스를 덜 주고 신체적인 긴장이 정신 상태까지 영향을 미치지 못하도록 만들어준다. 데이트할 때 항상 이 점을 염두에 두자.

데이트를 시작할 최고의 장소는 어디일까?

스트레스 없는 첫 데이트

스트레스가 전혀 없는 첫 데이트는 이 세상에 없다. 하지만 좋은 장소를 선택하는 것만으로도 스트레스를 뛰어넘는 보상을 받을 수 있을 것이다.

 위대한 자연

자연으로 나가는 것은 자신을 있는 모습 그대로 느껴볼 수 있는 훌륭한 방법이다. 2015년 스웨덴에서 연구진들은 스트레스를 받거나 매우 지친 18명의 지원자들을 절반은 야외로, 나머지는 자연 환경을 모방한 실내에 두고 실험을 진행했다. 그 결과 실제 자연에 노출된 참가자들은 행복감이 살아나고 감각기관이 활성화되는 경험을 한 것에 반해 인공적인 환경에 노출된 참가자들은 어떤 혜택도 느끼지 못했다.

야외에서 하는 산책은 스트레스가 덜한 첫 데이트를 만들어주는데, 이 방법은 돈이 들지도 않을 뿐더러 감각적으로 지각하게 해줌으로써 유쾌함을 더해준다. 하지만 지금 방금 만난 사람과 험한 곳으로 가는 것은 좋은 방법이 아니므로, 일단 사람이 많은 곳에서 만나는 것이 안전하다. 그런 다음에 주변에 좋은 공원이 있는지를 살펴보는 것이 좋다.

 어디서 식사해야 할까?

데이트 상대와 이야기를 나누며 친해지기 좋을 레스토랑을 고르는 중인가? 그렇다면 클래식 음악이 흐르는 곳을 고르도록 하자. 2001년 음악 치료사 카자 옌센(Kaja Jensen)은 85명의 젊은이들을 대상으로 삶에서 가장 뜻 깊은 사건에 관해 써보거나 말해보도록 요청했다. 그러자 클래식 음악이 흐르는 곳에서 조사에 응한 참가자들은 더 사려 깊고 풍부한 표현을 사용하였으며, 음악 역시 즐긴다고 응답했다.

물론 클래식 음악이 모두의 취향은 아니다. 하지만 만약 우아한 분위기가 서로에게 마음을 열 수 있는 장소로 알맞다는 생각에 동의한다면, 스피커 너머로 흘러나오는 모차르트나 멘델스존은 대화를 더 깊은 수준으로 이끌어 줄 것이다.

가사 안에 모든 것이 있다

당신과 상대의 취향이 클래식보다는 팝에 가까운가? 그렇다면 분위기 있는 음악을 듣되 약간 섹시한 음악을 활용하자. 2007년, 미국의 한 연구에 따르면 섹시한 노래에 노출된 참가자들이 가족 친화적인 노래를 듣던 이들보다 타인의 온라인 프로필에 더 후한 점수를 주었다고 한다. 너무 저속하거나 천박한 가사는 피하도록 하자. 하지만 스피커에서 흘러나오는 약간의 음탕한 가사는 서로에게 더 불꽃이 튀도록 만들어줄 것이다.

편안한 곳에서 듣는 라이브음악이 당신의 취향이라면, 데이트하는 날에 지역 축제나 박람회가 열리고 있는지 알아보도록 하자. 즐길 거리를 찾아 한 번뿐인 기회를 찾아온 당신은 유쾌하며 열린 마음의 소유자로 비춰질 것이며, 상대방과 당신 모두 새로운 경험을 하면서 유대감을 형성할 수 있을 것이다.

문화시설 탐방?

당신 주변 지역에 박물관이나 미술관이 있는지 알아보자. 무료이거나 부담스럽지 않은 비용으로 즐길 수 있는 많은 곳이 있을 것이며, 이는 압박감을 줄이는 데 도움을 준다. 또한 물질적인 것만 바라는 상대를 골라내는 데도 도움이 될 수 있는데, 그런 사람들은 다음 만남을 할 가치도 없다.

더 중요한 것은 그러한 장소들에서 당신이 자유롭게 걸어 다니며 많은 대화 주제를 발견할 수 있다는 것이다. 그곳에서 특히 사람들이 많을 때 상대방이 다른 사람들을 대하는 매너를 확인해보도록 하자.

이런 장소가 많이 익숙하지 않더라도 문화를 즐기는 기회로 활용해보자. 이를 통해 당신은 대화 주제가 훨씬 늘어나게 되는 경험을 하게 될 것이다.

단골 커피숍

적은 비용이 드는 데이트 장소를 찾고 있다면, 커피숍에서 만나는 것이 전형적인 방법이다. 만약 당신이 온라인 데이트 사이트를 통해 여러 사람을 만나보고 있다고 해보자. 커피숍 데이트는 서로의 비용적인 압박감을 줄여주고 당신의 돈을 가치 있게 사용하게 해줄 것이다.

스트레스로 고민하는가?

불안감을 마법같이 사라지게 할 방법은 없지만, 이를 이용할 수는 있다. 미국과 캐나다의 2009년 연구에서는 긴장감을 가진 사람들이 시험에서 더 좋은 성적을 받는다는 사실을 발견했다. 긴장감이 도움이 될 것이라고 스스로에게 되뇌면, 실제로 그렇게 될 것이다.

문을 잡아주었는가?

요즘 남자들은 문을 잡아주는 예의에 대하여 고민한다. 문을 잡아주면 여성을 무시하는 행위일까? 아니면 문을 안 잡아주는 것이 무례한 것일까? 물론 사람마다 선호하는 바가 다르겠지만, 기본적인 규칙은 다음과 같다.

1. 만약 당신이 먼저 문 앞에 도착했다면, 문을 열고 상대방이 이용하도록 잡아주자. 그것은 부담스러운 호의로 받아들여지지 않으므로, 별다른 이유가 없는 한 거절하지 않을 것이다.

2. 만약 상대 여성이 먼저 문 앞에 도착했다면, 그녀가 어떻게 하는지 잠시 지켜보고 기다리자. 당신이 문을 열어주기를 기다리면 열어주고, 그녀가 직접 문을 연다면 그대로 두자.

3. 만약 상대 여성이 당신을 위해 문을 잡아준다면, 정중히 받아들이자. 먼저 문을 지나가면서 "고마워요."라고 말하는 것만으로 충분히 신사적인 행위이다.

4. 만약 당신이 상대 여성을 위해 문을 잡고 있고, 그녀가 "고마워요."라고 말한다면, "천만에요."와 같이 성차별적이지 않은 표현을 하라.

5. 위의 어떤 상황이든, 이와 관련한 이야기를 깊게 하지 말자. 사실 대부분의 여성들은 누가 먼저 문을 열든 별로 상관하지 않으므로, 첫 번째 데이트부터 남성과 여성의 전통적인 역할에 대해 토론하고 싶어 하지 않는다.

문을 잡아주는 행위는 남성과 여성의 역할보다는 매너에 관한 문제이다. 따라서 고민하기보다는 평소 방식대로 행동하도록 하자.

첫 데이트의 나쁜 예

첫 번째 데이트로 그리 좋지 않은 몇 가지 선택들이 있다. 아래 나열된 것들은 피하자.

1. 집에서 요리하기. 잘 알지 못하는 사람의 집에 있다는 것은 긴장감을 준다.

2. 영화 보기. 전형적인 데이트 방식이다. 하지만 서로 이야기를 나눌 수가 없다.

3. 고급 레스토랑. 비용이 늘어나면 부담감도 늘어나기 마련이다.

4. 클럽 가기. 서로 말하는 것을 들을 수 없다.

5. 당신의 취미와 관련된 곳. 상대방은 자신이 따라 하기만 한다고 느낄 것이다.

6. 친구들 혹은 가족들과 함께가기. 당신이 보호자가 필요한 것이 아니라면, 중립적인 공간에서 둘만의 데이트를 하자.

능동적인
의사소통의 기술

모든 사람이 좋아하는 경청하는 사람

대부분의 사람들은 깨어있는 시간의 90%를 의사소통하면서 보낸다. 여기서 의사소통이란 말하기나 글쓰기, 또는 듣는 일 등 모든 종류의 의사소통을 말한다. 우리는 이 중 25%만 듣는 것에 할애하며, 그렇게 들은 것 중에서도 절반 정도만 실제로 받아들인다. 우리는 타인과 소통하고 있다고 생각하지만 이야기하는 동안 상대방이 말하는 것을 띄엄띄엄 들으며 요점만 헤아리려 할 뿐 정말로 면밀하게 말하는 바를 듣는 경향은 보이지 않는다.

하지만 데이트 상대를 알아가는 과정에서 그들이 어떤 말을 하는지 자세하게 듣는 것은 중요하다. 이를 통해 우리는 상대방의 연애에 대한 태도와 기대감, 그리고 사고방식을 알 수 있다. 그리고 더 중요한 것은 타인의 관심을 얻고자 할 때, 그 사람이 말하는 것에 귀를 기울이는 것보다 더 좋은 방법은 없기 때문이다. 사람은 대체로 사회적 동물이므로 자신을 관심 있게 봐주는 사람에게 관심이 가게 마련이다. 이런 이유로 '적극적 경청'이라고 불리는 기술이 생겨났다.

누군가의 관심 한가운데 있다는 사실만큼 기분 좋은 일은 없다. 그리고 상대의 이야기를 경청하는 행동만큼 자신이 상대에게 관심 있다는 사실을 말해주는 것도 없다. 따라서 우리는 경청하는 기술을 향상시켜 매력적인 데이트를 이끌어야 하는데, 그 방법은 무엇일까?

🔍 거울신경

우리의 뇌는 타인의 행동을 모방하도록 만드는 특정한 신경체계를 가지고 있다. '거울신경'이라고 알려진 이 체계는 다른 사람이 표현하는 감정에 반응하여 나타난다. 이를 통해 우리는 상대방의 행복과 고통에 대한 거울 이미지를 만들어 모방하며 심지어 웃음이나 찡그림과 같은 신체적인 행동도 따라 한다. 그러므로 우리가 타인을 관찰할 때, 우리는 자연스럽게 그들과 함께 '느끼게' 된다. 우리가 더 면밀히 관찰할수록 우리는 상대방을 더 잘 모방하게 되며 더 강한 유대감을 만들 수 있다.

적극적 경청

적극적 경청이란 대화하는 상대에게 집중하는 것을 말한다. 이때, 상대에게 집중하고 있다는 사실을 증명하기 위해 혹은 계속 집중력을 유지하기 위해 언어적이거나 비언어적인 반응을 할 수 있다. 다음은 몇 가지 기본적인 팁이다.

1 말하는 사람에게 정신을 집중하자. 주위를 산만하게 하는 외부 자극은 최대한 무시하도록 하자. 어떤 대답을 해야 하는지 고민하거나 상대방의 이야기와 맞물려 갑자기 떠오른 생각처럼 내부의 방해 요소들에도 휩쓸리지 않아야 한다. 상대방의 말에 집중하도록 하자.

2 포용력을 가지고 감정이입을 하자. 상대가 하는 이야기에 공감이 갈 때도 있고 그렇지 않을 때도 있다. 하지만 당신의 판단은 상대가 이야기를 마친 후에 해도 늦지 않다. 상대가 당신과는 다른 의견을 펼칠 수도 있으며, 당신의 사상과 감정이 스스로에게 생생하고 의미 있는 것처럼 상대방도 그러하다는 것을 기억하자.

3 성급하게 말을 시작하지 말자. 갑자기 대화가 멈추고 어색한 침묵이 시작되는 경우도 있지만, 때로는 말하는 사람이 자신의 생각을 정리하거나 잠시 숨을 돌리는 때일 수 있다. 대화를 이어나가기 전에 상대방의 이야기가 끝난 것인지를 확실히 살피도록 하자.

4 건설적인 질문을 하자. 특별한 이야기가 나왔을 때 상대방이 더 구체적으로 말할 수 있도록 해주자. 예를 들어, 자신의 직업이 흥미진진하다고 말하는 상대에게 어떤 점이 그렇게 흥미로운지를 물어보는 것이다. 당신이 더 구체적으로 질문할수록 상대가 가진 경험을 더 깊게 이해할 수 있다.(단, 너무 과하면 대화를 이어나가기 힘들 수 있다.)

5 섬세하게 반응하자. 상대의 이야기에 맞장구치거나 의도하는 바를 되물어서 다시 확인하는 행동을 통해 당신이 집중해서 듣고 있다는 표시를 하도록 하자.

6 열린 보디랭귀지를 사용하자. 열린 보디랭귀지란 다음과 같다.

눈 맞춤. 뚫어지게 쳐다보라는 뜻이 아니다. 그렇게 하는 것은 오히려 불편하고 공격적으로 느껴질 수 있다. 시기적절하게 상대방의 시선과 마주칠 수 있도록 하자.

표정 모방. 우리는 대부분 건너편에 앉아 있는 상대의 표정을 자연스럽게 '모방'하게 된다. 감정적으로 상대방에게 공감하고 있다는 것을 표정을 모방함으로써 보여주도록 하자.

팔을 자연스럽게 내리자. 팔짱을 낀 모습은 당신을 폐쇄적인 사람으로 보이게 한다.

상대의 자세에 맞추자. 친밀한 사람과 함께 있을 때, 우리는 그 사람과 비슷한 자세를 취하게 된다. 데이트 상대에게도 그와 같이 해보고 효과가 있는지 살펴보자.

적절한 거리를 유지하자. 비밀을 털어놓는 순간처럼 상대가 자신 쪽으로 몸을 기울여 들어주는 것이 좋은 때도 있지만, 대체로 사람들은 상대와 어느 정도 거리를 유지하기를 바란다. 상대가 어느 정도의 거리를 선호하는지 주의 깊게 지켜보고, 그것을 지키도록 하자.

적극적 경청의 목적은 상대가 하는 말을 단지 듣기만 하는 것이 아니다. 마음속에 있는 진실한 이야기를 당신과 소통하려는 상대방의 의도에 적극적으로 동참하는 것이다. 적극적으로 대화에 참여할 때, 당신과 상대방은 서로에게 친밀감을 느끼게 될 것이며 자신을 지지해주는 사람과 함께 있는 경험을 하게 될 것이다.

> 상대의 관심을 받고자 할 때,
> 상대방에게 완전히
> 집중하는 것은
> 아주 좋은 방법이다.

🔍 친사회적 유전자

토론토에서 진행된 2011년의 한 연구는 다른 사람들에 비해 상대방에게 더 많이 웃음 짓고 공감하며, 눈 맞춤을 하는 특정 유전자형이 있다는 사실을 밝혀냈다. 심리학자들은 이를 '친화 신호'라고 부른다. 이런 유전자는 뇌하수체에서 분비되는 옥시토신이라는 호르몬의 염기서열로 rs53576이라고 불리는데, 타인과의 유대감 형성을 돕는다. 당신은 이런 유전자를 가지고 태어났을 수도 있고 아닐 수도 있다. 하지만 확실한 것은 상대방의 이야기에 고개를 끄덕이고 미소 지어주는 행동을 막을 유전자는 없다는 것이다. 그러니 이런 행동들이 좋은 인상을 만드는 데 도움을 준다는 사실을 기억하고 연습하도록 하자.

25만 가지

미국의 인류학자 레이 버드휘스텔(Ray Birdwhistell)은 인간의 얼굴은 25만 가지 이상의 표정을 짓는 것이 가능하다고 추정했다. 이런 수많은 표정들을 계속 관찰하는 것은 절대 지루하지 않을 것이다.

수줍음 많은 당신

수줍음에 맞서기

자신이 심하다 싶을 정도로 불안을 느끼고, 누군가에게 다가갈 용기가 좀처럼 생기지 않는다고 해서 절망하지는 말자. 수줍음은 당신이 생각하는 것보다 조절하는 것이 훨씬 쉽기 때문이다.

인디아나대학 사우스이스트 캠퍼스의 소심연구소 소속 베르나르도 카르두치(Bernardo Carducci)가 수줍음에 대해 발표한 통계 자료에 따르면, 미국인의 절반가량이 스스로를 소심하다고 생각하는데, 이 중 대부분은 평상시에 주변 사람들과 잘 지내고 있었다. 카르두치의 통계는 우리에게 한 가지 사실을 말해준다. 즉, 수줍음을 느끼는 것과 사회적으로 부적당하게 보이는 것에는 실질적인 관계가 없다는 것이다.

40-45%

미국 성인의 40-45%가량이 스스로를 소심하다고 생각한다.

어떤 종류의 소심함을 가지고 있는가?

소심연구소는 소심함을 인지적, 감정적, 그리고 행동적이라는 세 가지 형태로 분류한다. 인지적 소심함은 과도한 자기비판의 형태를 띠거나 최악의 상황을 상상하고 걱정하는 형태로 나타난다.(24-25쪽 참고) 즉, 스스로에게 자신은 가망 없다고 말함으로써 실제로 그렇게 믿게 되는 것이다. 이외에 감정적 소심함은 스트레스 및 불안과 관련이 있으며, 행동적 소심함은 타인에게 말을 거는 것이나 모임에 참석하는 등 당신이 할 수 없는 행동을 말한다.

이러한 소심함의 세 가지 유형이 맞물려서 동시에 나타나면, 더 심각해진다. 즉, 고통스러운 생각을 계속하면 고통스러운 감정이 찾아오고, 사람과의 접촉을 피하면 그에 대해 안 좋은 기분이 들게 되어 자신이 실패한 인생은 아닐지 걱정하게 된다. 그래서 사람을 계속해서 피하게 되는 악순환이 반복된다. 만약 새로운 사람을 만나는 일에 당신의 소심함이 방해된다면, 자기 자신을 관찰해보고 소심함이 어디서부터 시작되는

(24-25쪽 참고)

소심함에 숨겨진 긍정적인 측면

신경학적으로 보면, 소심함은 더 깊은 사고력을 뜻할 수 있다. 전체 인구의 약 20%는 '예민한 감각적 지각'을 지니고 태어난다. 이런 사람들은 어린 시절, '준비시간'이 오래 걸리고, 보다 조심스러우며, 사람들과의 짧은 대화에도 별로 관심을 보이지 않고, 사람들이 많은 곳에서는 쉽게 지치게 된다. 이렇게 성장한 사람들은 겉으로는 소심해 보이기 쉽지만 그들의 뇌는 보다 많은 정보를 활발하게 처리하고 있다. 따라서 다른 사람들보다 더 독창적이고 영리한 사람일 가능성이 높다.

지 찾아내도록 하자. 소심함의 근원이 어디인지를 잘 이해한다면, 이에 맞서는 일이 쉬워질 것이다.

소심함을 고치는 법

해결책은 소심함의 근원이 어디에 있는지에 달렸다. 만약 당신의 소심함이 부정적인 생각으로부터 시작된다면, 긍정적인 자기 확증을 연습해야 한다. 당신은 확실히 현재 스스로에게 말하고 있는 것보다 더 매력적이며 가치 있는 사람이다. 그러니 부정적인 생각들이 당신을 옭아매기 전에 멈추는

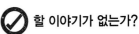 소심한가, 단지 내향적일 뿐인가?

당신이 어떤 유형에 속해 있는지 알기 위해, 다음의 질문에 답해보도록 하자.

내가 사회활동을 피하게 될 때, 그 이유는?
A. 오늘 밤까지 귀찮고 싶지 않아. 나는 집에 있는 것이 더 즐거워.
B. 사람들이 무서워. 그곳에 가면 나는 비참한 기분이 들어.

모임에서 구석진 자리에 홀로 앉아있는 나 자신을 발견했다. 그 이유는?
A. 지친 내 자신을 위해 휴식이 필요해.
B. 이야기할 상대를 찾고 있거나 그저 숨어있는 거야.

낯선 사람을 소개받아 그들과 이야기를 나누어야 할 때, 나의 기분은?
A. 약간의 노력이 필요하겠군.
B. 이 사람이 나를 바보라고 생각하면 어떡하지?

대답의 대부분이 A인 경우 : 만약 대답에 'A'가 많다면, 당신은 내향적인 사람이므로 걱정하지 않아도 된다.

대답의 대부분이 B인 경우 : 만약 대답에 'B'가 많다면, 당신은 소심한 사람이다. 아니면 두 성향이 혼합된 경우일 수도 있다.

악화시키기

생각, 감정 그리고 행동은 모두 동시에 작용하며 악순환을 반복하는데, 이 과정에서 소심함은 더 악화된다. 소심함을 고치기 위한 핵심은 시작점을 찾아내어 통제 불가능할 정도로 악순환이 시작되기 전에 멈추는 것이다.

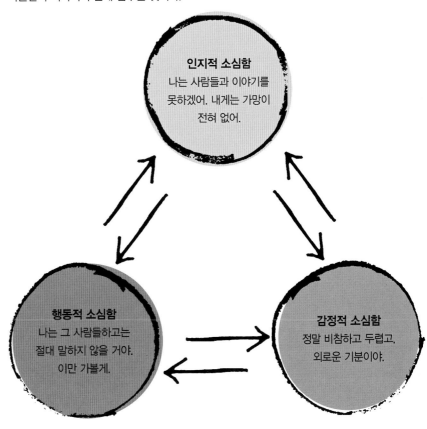

습관을 들이도록 하자.(32-33쪽 참고)

만약 불안한 감정을 느끼는 것에서부터 소심함이 시작된다면, 자기 안정 연습이 해결책이 될 수 있다. 앞서 소개한 명상이나 자기 위로 연습을 해보도록 하자.(56-57쪽, 102-103쪽 참고)

행동적 소심함을 가지고 있는 사람이라면 어렵다고 생각하는 행동을 실행하는 것이 해결책이다. 예를 들어, 사람들과 이야기하는 것이 두렵다면 물건을 산 후 계산대에서 점원과 몇 마디 대화를 나누는 일처럼 사소한 것이라도 연습해보자. 만약 당신이 의사표현에 어려움이 있다면, 집에서 여러 번 연습을 해보자. 그렇게 하면 사람들 앞에서 더 자신 있게 의견을 표명할 수 있게 될 것이다.

사람들이 없는 사적인 공간에서 자기 자신을 위로하고 안심시키면서, 사람들이 많이 모인 곳에서 자기 자신을 계속 시험해보도록 하자. 그러면 곧 사람들 앞에서 편해진 자신을 발견하게 될 것이다.

✓ 할 이야기가 없는가?

많은 사람들이 쑥스러움을 느끼는 이유는 상대방을 재미있게 해주고 흥미를 끌 능력이 자신에게는 없다고 생각하기 때문이다. 그렇게 생각하는 당신에게 반가운 소식이 있다. 대부분의 사람들은 상대가 별로 말이 없더라도 자신이 하는 이야기에 공감하면서 잘 들어주기만 하면 편안하게 느낀다는 것이다. 당신이 이야기를 이끌어가는 재주가 없다면, 경청하는 기술을 익히도록 하자.

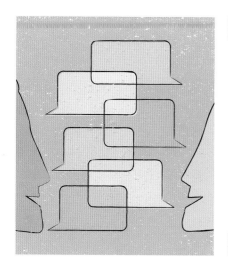

즐겁게 대화하는 법

말 잘하기

처음 몇 번의 데이트는 상대방을 알아가면서 친밀감을 쌓는 과정이므로 서로에 대한 이야기를 나누어야만 한다. 만약 당신이 말을 잘 못하는 사람이라면 대화의 기술을 익힐 필요가 있다.

경청하는 멋진 사람이 되자

대화 중 말이 막힌다고 해서 세상이 끝난 것은 아니다. 세상 대부분의 사람들은 자기 자신에 대해 말하는 것을 매우 좋아하기 때문에, 할 말이 없다면 상대의 이야기에 초점을 맞추고 그저 잘 듣기만 하면 된다. 그러다가 어느 정도 긴장이 풀리고 상대가 말하는 내용에 덧붙일 이야기가 생각나면 자연스럽게 대화를 이어가면 된다. 그래도 할 이야기 없으면, 상대가 계속 이야기할 수 있도록 호응만 잘 해주어도 된다. 상대가 계속 말할 수 있도록 북돋아주는 유용한 표현들을 살펴보자.

- X에 대해서 어떻게 생각하세요?
- X를 한다는 것은 무엇인가요?
- X가 좋다면, 어떤 점이 좋은 건가요?
- X가 싫다면, 어떤 부분을 바꾸고 싶은 건가요?
- X에 대해 어떻게 관심을 가지게 되었나요?
- 흥미로운 이야기네요. 조금 더 자세히 이야기해줄래요?

핵심은 단순히 네, 아니오로 대답할 수 있는 질문은 하지 않는 것이다. 답변의 제약이 없는 질문을 많이 할수록 당신의 데이트는 훨씬 풍요로워질 것이다. 대화 중 미소 지은 얼굴로 고개를 끄덕여주고 공감하고 있다는 몇 마디 표현을 곁들이는 것 또한 잊지 말자. 상대가 인터뷰 받는 것이 아니라 공감 받는다는 느낌이 들도록 하는 것이 중요하다. 이 기술은 당신이 진심으로 관심 있는 호기심들을 따라갈 때 가장 효과가 좋다.

당신은 아주 흥미진진한 사람

때로 당신은 자신이 해보지 못한 굉장한 일들을 해낸 멋진 사람을 만나기도 한다. 그럴 때 당신은 그런 일들이 너무 굉장해 보여서 무슨 말을 해야 할지 생각이 나지 않고, 상대의 말에 공감할 수 있는 것이 없다는 생각으로 대화를 포기해버릴 것이다.

하지만 실제로 많은 사람들이 자신이 한 일을 그에 대해 알지 못하는 사람들에게 들려주는 것을 행복해한다. 이는 그들도 어떤 일에 초심자였던 시기가 분명 있었기 때문이다. 그들은 오히려 상대가 자신이 알지 못하는 부분을 더 잘 아는 척한다면 짜증이 날 수 있으며, 솔직하게 자신의 무지를 털어놓는 사람에게는 관대해질 것이다. 더 나아가, 그들은 신선한 느낌을 받을 수도 있

> 굉장하네요.
> 저는 이런 이야기를
> 듣는 것을 정말 좋아해요.

> 와, 전혀 모르는 이야기네요.
> 조금 더 자세하게
> 말해줄 수 있어요?

더 자세하게 말해주세요

전문적으로 말하고 있는 상대방에게 끼어들기 어려울 정도로 심한 위화감을 느끼는 대신 다음의 표현을 따라 해보자.

는데, 일과 관련해서 자기주장만 펴는 사람들에게 질렸을지도 모르기 때문이다. 따라서 자신의 전문성을 인정해주는 사람과의 대화는 그들에게 유쾌한 경험이 될 수 있다.

이런 식으로 생각해보자. 그들의 지식과 멋진 경험이 당신을 초라하게 만드는 것이 아니다. 그러므로 당신은 이야기를 즐기면 된다. 진심으로 경청하는 모습을 보이는 것은 오히려 영리하며 호감 가는 열린 마음의 소유자로 상대에게 인상을 남길 수 있다.

자, 이제 당신 차례다

어느 정도 대화가 무르익으면, 이제는 당신 자신에 대해 이야기해야만 하는 시간이 온다. 이때 당신은 자신감 있게 보이는 것과 거만하게 보이는 것, 그리고 겸손한 것과 무기력한 것 사이에서 균형을 잘 맞춰야 한다. 다음의 몇 가지 팁을 살펴보자.

- 당신에게 중요한 이야기를 할 때는 열정적으로 말하자. 당신과 만나고 있는 상대가 현명하다면, 연인으로 좋아하는 일을 즐길 줄 아는 사람을 찾고 있을 것이다. 이는 사랑하는 사람에게도 열정적으로 대할 수 있다는 것을 뜻하기 때문이다.
- 당신이 앞으로 하고 싶은 일을 이야기하자. 상대에게 긍정적이며 할 수 있다는 마음가짐을 보여주면, 훨씬 매력적으로 보일 것이다. 이는 꼭 다른 사람이 아니라 자기 자신에게 말하는 것만으로도 효과가 좋은 방법이다.

해서는 안 되는 표현

첫 데이트에서는 다음과 같은 표현을 절대로 사용해서는 안 된다.

- 당신의 전 애인은 정말 최악이었군요.
- 당신의 가족은 정말 짜증 나는군요.
- 정말 외로웠겠어요.
- 자신의 가치에 대해 의심하고 있군요.

첫 데이트는 양측 모두에게 미래에 대한 희망적인 느낌을 주어야 한다. 따라서 긍정적인 태도를 유지하고 불만은 다음 기회를 위해 남겨두도록 하자.

- 당신의 삶에서 마음에 들지 않는 부분이 있는가? 연애가 모든 것을 치유해주리라 기대하지 않는 사람이라면 아마도 대부분 그렇다고 대답할 것이다. 그렇다면 상대적 균형감을 찾도록 하자. 만약 당신의 직업이 단조롭게 느껴진다면 사회생활을 통해 즐거움을 얻으면 된다. 사실, 당신의 직장은 틀에 박힌 단조로운 곳일 수 있지만, 적어도 그곳이 있기에 당신의 사회생활이 가능하다고 긍정적으로 생각할 수 있다. 당신에게 있는 몇 가지 단점들이 정체성을 구성하는 핵심 요소가 아닌 부수적인 것이라고 여기자. 세상을 정직하고 균형 있게 바라본다면, 자신의 삶을 더 행복하게 느끼게 될 것이다.

다음 중 당신과 비슷한 것은?

상대의 이야기 중 과거의 멋진 일화를 떠올리게 하는 부분이 있는가? 그렇다면 그 순간 바로 이야기하자! 자신의 경험을 재미있게 말할 줄 아는 사람은 훌륭한 대화 상대이기 때문이다. 이를 잘 활용하기 위해서 다음을 참고하자.

1 짧고 간결하게 이야기하자. 1분 정도가 적당한데, 대화가 당신의 일화로만 채워지는 것을 방지하기 위해서이다. 만약 당신의 일화가 긴 이야기라면, 상대도 몇 마디를 할 수 있을 정도의 간격을 두면서 이야기를 하도록 하자.

2 상대방의 보디랭귀지와 표정을 자주 체크하도록 하자. 만약 상대가 당신과 멀찌감치 떨어져 등을 기대어 앉아있거나 멍하게 보인다면, 이야기를 짧게 마무리해야 한다. 반대로 당신 쪽으로 몸을 숙이거나 열심히 듣는 것처럼 보인다면, 당신이 이야기를 잘 하고 있다는 뜻이다.

3 만약 웃긴 이야기라면 상대방의 웃음은 그 이야기에 공감하는지 여부를 알 수 있는 큰 단서가 된다.(50–51쪽 참고)

4 자신의 일화를 선보이는 것에 대해 두려워하지 말자. 당신 자신부터 그 이야기가 말할 가치가 있다고 여겨야 그것이 정당화된다.

5 사적으로 간직해야 하는 이야기는 아닌지 생각해보자. 말하려는 이야기에 '교훈'은 무엇이며, 자신의 세계관 중 어떤 부분에 관한 이야기인지 생각해야 한다. 상대방이 예민하게 받아들일 만한 부분은 없는지, 당신 자신에게만 재미있는 이야기는 아닌지, 너무 관념적인 이야기는 아닌지 생각하자.

> 제가 완전히 모르는 분야라서 더 알고 싶은데, 괜찮다면 설명해줄 수 있나요?

> 정말 인상적이네요. 한 번도 들어본 적 없는 이야기인데, 더 자세하게 듣고 싶어요.

말하지 않아도 알아!

보디랭귀지 팁

성공적인 로맨스를 위해 상대방의 보디랭귀지를 이해하는 것이 중요하지만, 많은 사람들이 이에 대한 자신의 능력을 신뢰하지 않는다. 당신 역시 보디랭귀지를 읽는 데 확신이 없다면, 어떻게 해야 할까?

대이트가 다정한 분위기인지 공격적인 분위기인지, 혹은 흥미로운지 아니면 지루한지, 단지 긴장한 것인지를 어떻게 알 수 있을까? 생각을 읽는 기계가 발명되지 않는 한, 우리는 사람들의 몸짓에서 읽어내야 한다.

당신의 기술은 어느 정도인가?

우리는 생각하는 것 이상으로 보디랭귀지에 대하여 이미 많이 알고 있을 수 있다. 그리고 어떤 사람들은 이런 기술들이 남들보다 더 잘 발달되어 있기도 하다. 그런 운 좋은 사람들은 보디랭귀지로부터 분위기를 자연스럽게 읽어내어, 상대가 자신의 행위를 인지하기도 전에 표정과 몸짓으로 보내는 미묘한 메시지를 읽어낸다. 반대로 보디랭귀지를 이해하는 것을 극도로 어려워하는 사람들도 있다.

하지만 당신이 보디랭귀지의 타고난 전문가가 아닐지라도, 걱정하지 말자. 이를 향상시킬 좋은 방법들이 존재하며, 다 같이 사용하면 큰 효과를 볼 수 있다.

연습, 연습, 연습

보디랭귀지를 읽어내는 기술을 기르는 첫번째 방법은, 데이트를 할 때까지 기다리지 말고 당신 주변을 관찰하는 것이다. 당연히 그냥 바라보기만 하는 것이 아니라, 행복,

55%

연구에 따르면, 남성이 말하기 전 취하는 자세는 여성이 느끼는 첫인상의 55%를 좌우한다고 한다.

거짓말쟁이를 어떻게 알 수 있을까?

미국의 심리학자이자 보디랭귀지 전문가 폴 에크만은 '미세표정'을 관찰하는 것이 핵심이라고 주장한다. 하지만 미세표정은 0.2초 만에 나타났다가 사라지기 때문에 관찰하기가 어렵다. 1만 5,000명을 대상으로 테스트한 결과, 대부분의 사람들이 미세표정을 이해하기까지는 대략 32시간의 수업이 필요했다. 하지만 우리가 미세표정을 읽을 수 있게 되었다고 하더라도, 어떤 이유로 무엇을 숨기는지까지는 알 수 없다. 자신이 독신이라고 주장하면서 어색해 보이는 남자는 거짓말을 하는 것일 수도 있고, 그저 수줍음을 타는 것일 수도 있기 때문이다.

분노, 불안 혹은 흥분의 감정을 발견하고 마음속으로 그들의 표현과 몸짓을 기억해야 한다. 우리는 관찰을 통해 배우며, 더 많이 볼수록 더 많은 것을 배우게 될 것이다.

일단 가까운 친구들부터 시작하자. "오늘 특히 기분 좋아 보이는데, 무슨 일 있어?" 혹은 "무슨 일 있어? 오늘 좀 우울해 보이네."와 같이 물어보는 것이 자연스럽다. 만약 당신이 정말 그들이 어떤 기분인지 전혀 알 수 없다면, "제이미가 한 일에 대해서 어떻게 생각해?"와 같이 직접 물어보는 것도 좋다. 위 질문들은 모두 활용하기 좋은 표현들이며 보디랭귀지를 읽어내는 기술도 좋아질 것이다.

인정하라
아무도 무감각한 사람으로 보이고 싶지 않겠지만, 무감각하다는 것이 사람들의 신호를 읽어내는 데 있어 전혀 희망이 없다는 것을 의미하는 것은 아니다. 또한 사람들의 신호가 가리키는 감정을 무시하겠다는 것도 아니다. 만약 보디랭귀지가 당신에게 실제로 장애가 된다고 생각한다면, 데이트

? 관심 끌기

1 관심 단계. 행동연구센터에서 설명하는 '사랑의 신호'에 대한 다섯 단계 중 첫 번째 단계로써 다음을 살펴보자.

■ 우리의 성별. '남성적' 혹은 '여성적'으로 행동하는가.

■ 우리의 풍모. 특별한 몸짓이나 걷는 모습과 같이 시선을 이끄는 미묘한 움직임.

■ 우리의 선의. 미소, 으쓱임, 혹은 주먹을 피고 있는 모습 등은 악의가 없다는 것을 의미한다.

2 반응 살피기 단계. 누군가의 관심을 끈 이후에는, 그것이 성공적인지 알아보자. 다음을 확인하면 된다.

■ 미소.

■ 시선.

■ 우리 쪽을 향한 자세나 우리를 따라 하는 몸짓.

■ 긴장된 자기 접촉.(우리가 접촉해주기를 원하는가?)

■ 친근한 으쓱임.

3 대화 단계. 만약 서로 통했다는 생각이 든다면, 우리만의 공간을 만들고 탐험하자.

■ 얼굴을 마주하고 서로에게 집중한다. 다른 요인들이 그 사이를 끼어들 수 없도록 한다.

■ 함께 식사를 한다. 이는 유대감과 안정감을 위한 보편적인 의식이다.

■ 세심한 질문들을 하기 시작한다.

■ 웃고 농담을 한다.

4 스킨십 단계. 사려 깊게 시작하고, 다음과 같이 시도하자.

■ '우연히' 스치게 하여 움찔하는지 움츠러드는지 반응을 살핀다.

■ 의도적인 신호. 양팔을 벌려 환영하는 몸짓은 서로 스킨십을 긍정적으로 받아들이는 것을 뜻한다.

■ 포옹과 키스. 더 높은 친밀감을 보여주는 기준.

5 사랑 행위 단계. 이는 섹스뿐만 아니라, 보살핌, 키스, 포옹까지 포함하며, 우리가 진정 몸으로 대화를 하는 순간이다.

때 직접 말하는 것이 최선일 수 있다. "저는 보디랭귀지를 읽는 데 서툽니다. 그러니 만약 당신에게 거슬리는 것이 있으면 제가 그만할 수 있도록 바로 말씀해주세요."라고 긍정적인 의도를 가지고 말한다면, 데이트 상대뿐 아니라 많은 사람들에게 진실되고 매력적으로 보일 것이다. 그렇게 하는 것은 당신의 선한 의도를 보여주는 데 도움이 된다. 다음 쪽에서 보디랭귀지에 대한 보다 현실적인 팁들을 참고하도록 하자.

Q 보편적인 언어인가?

미소와 충격적인 표정이 비언어적인 의사표현의 기본이긴 하지만, 문화적 다양성을 인식하고 있어야 한다.(43쪽 참고) 즉, 모든 나라는 각기 자신들만의 몸짓이 있다. 미국의 경우만 하더라도, 약 80가지의 몸짓을 가지고 있다고 한다. 대부분의 미국인들이 이것들을 모두 명명할 수는 없지만, 그들은 그런 몸짓들을 사용하고 있고 의미를 이해한다.

당신의 보디랭귀지를 바로 잡아라

대화라는 것은 복잡한 일이며, 전문가들에 따르면 비언어적인 부분이 대화에서 차지 하는 비율이 60%에서 93%에 이른다고 한 다. 만약 당신이 데이트에서 보여주는 인상 에 대해 걱정스럽다면, 그러한 걱정들이 당 신의 보디랭귀지에 드러나지 않도록 여기 서 제안하는 팁들이 도움이 될 것이다.

당신의 감정과 함께하라

보디랭귀지를 책으로 공부하기에는 너무 복잡하다. 하지만 좋은 소식은 당신이 이미 자신이 생각하는 것보다 더 많이 알고 있다 는 것이다. 우리는 종종 무의식적으로 정확 하게 신호를 알아차린다. 매사추세츠 캠브 리지에 있는 MIT 미디어랩의 2014년 연구 에 따르면, 사람들은 구체적인 이유는 말 하지 못했지만 손을 가로막고 얼굴을 만지 는 것과 같이 '불신'의 신호를 보내는 로봇 을 불신했다.

외국어를 배우듯이 보디랭귀지를 배울 필요는 없다. 당신의 감정들은 거의 확실 하게 당신의 보디랭귀지로 자동적으로 전 달될 것이고, 데이트 상대는 거의 확실하게 그것들을 알아챌 것이다. 행복과 자신감을 느끼는 데 열중하는 것만으로도 당신은 훨 씬 좋아 보일 것이다.

훌륭한 자세

서 있는 자세는 자신감의 표시이다. 꼿꼿한 자세 로 서 있는 것은 자신감 있고 적극적으로 보이 는 반면, 축 늘어진 자세는 풀 죽어 보인다. 하 지만 쇠꼬챙이처럼 등을 너무 꼿꼿하게 세운 자 세는 긴장되어 보인다. 반대로, 심하게 축 처진 자세는 낙담한 상태이거나 병들어 보이게 한다. 자세를 개선하는 기술로 알렉산더 요법은 머리 에 풍선을 달고 있다고 상상하는 방법을 추천한 다. 이는 자연스럽게 올곧은 자세를 할 수 있도 록 도와준다.

✔ 크고 자신 있게 자세를 취하되 뻣뻣하지 않 게 서 있도록 하자. 당신이 전달하고자 하 는 메시지는 '나는 내 몸이 편안하다.'라는 것을 잊지 않도록 하자.

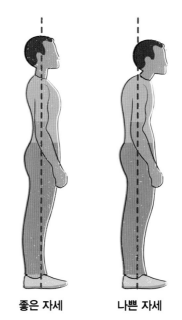

좋은 자세   **나쁜 자세**

편히 쉬어 자세

자연스럽고 좋은 자세는 목은 꺾지 않은 상태 로 얼굴을 살짝 내리고, 어깨는 펴고, 배는 집 어넣은 채 등은 편안히 하는 것이다.

불안감 전문가로부터 배워라

손가락을 이리저리 교차하기, 휴지 가지고 장난 하기, 혹은 손가락 두들기기 등 손장난은 데이트 에서 보여주기에 좋은 행동이 아니라는 것을 모 두 알고 있지만 이런 행동을 자제하기란 어렵다. 그 이유는 우리의 몸이 긴장감의 신호를 보내 면 감각적 자극으로 움직임을 느끼거나 손장난 을 함으로써 긴장감을 극복하려 하기 때문이다.

102쪽과 103쪽에 나와 있는 자기 안정 연습 이 도움이 될 수 있지만, 그래도 정말 안정을 찾 는 것이 어려운 경우에는 전문가의 조언을 구하 도록 하자. 주의력결핍 과잉행동장애인 ADHD 나 자폐증 환자와 같이 감각 과정에 문제가 있는 사람들은 기본적인 긴장감 수준이 높아서, 종종 그 해결 방법으로 물컹하거나 구불구불한 것, 혹 은 질감이 있는 물체를 주머니에 가지고 다닌다. 당신도 그들처럼 이런 물건들을 눈에 띄지 않는 곳에 지니고 다니면서 안절부절못해질 때 보이 지 않는 자극을 주어라.

✔ '손 장난감' 혹은 '감각 장난감'을 온라인에 서 검색해보자. 장난감 상점에서도 별로 비 싸지 않은 작은 장신구를 팔고 있으며, 그 것들도 효과가 좋다.

✔ 만약 주머니가 없는 옷을 입어야 한다면, 질감이 있는 반지를 고려해보자. 엄지손가 락으로 반지를 만지는 것은 그다지 주의를 끌지 않을 것이다.

다리가 떨리는가?

많은 사람들이 긴장을 하면 발로 바닥을 두드리 거나 다리를 떠는데, 이는 종종 우리 주변을 산 만하게 만들고 거슬리게 한다. 만약 당신이 그렇 게 하고 있다면, 발목을 서로 교차하여 꼬는 것 이 평정심을 되찾는 좋은 방법이 될 것이다. 또 는 산책과 같은 활동적인 데이트 코스를 만들어 긴장감을 풀 수 있도록 하자.

친근하게 보이기

누군가를 만나는 것이 행복한가? 이는 당신의 자세에 드러날 것이다. '환영'의 보디랭귀지는 모든 문화, 심지어 시각장애인들에게도 존재한다. 만약 당신이 상대방을 만나는 것이 기쁘다면, 아마 자연스럽게 다음의 행동을 할 것이다.

- 눈꼬리가 올라간다. 눈을 위쪽으로 가볍게 올리는 것은 '환영'의 표현이다.
- 안면근육이 편안해진다. 걱정이 없으면, 찡그리지도 않는다.
- 몸을 활짝 펼친다. 팔을 느슨히 하고 벌리거나, 그냥 편안하고 자유롭게 한다.

상대방을 만났을 때, 당신이 어떤 표현과 몸짓을 하는지 확인하자. 만약 당신의 얼굴이 긴장하거나 팔이 안으로 움츠러든다는 것을 느낀다면, 이는 당신이 긴장하고 있다는 표시이다. 깊게 심호흡을 하면서 긴장을 풀고 자세를 바르게 펴자.

 ## 듀센 미소

미소는 사회관계에서 아주 중요한데, 이는 눈 맞춤 이후에 뇌가 인식하는 최상위의 몸짓이다. 진정한 미소와 가짜 미소의 차이는 무엇일까? 진정한 미소는 당신 눈가에 주름을 만들어낸다. 따라서 눈가의 잔주름에 대해 걱정하지 말도록 하자. 이는 당신을 진실되게 보이도록 만든다. 19세기 프랑스의 신경학자 길리엄 듀센(Guillaume Duchenne)이 처음으로 이러한 차이를 발견하여 이름 붙여진 '듀센 미소'란, 따뜻하게 번지는 진실된 미소를 말한다. 이와는 달리 가짜 미소를 짓는 사람들은 이유를 알 수 없는 불편함을 준다.

- ✔ 양쪽의 입가를 사용하여 미소 짓도록 하자. 입가를 한쪽만 올린 채 짓는 미소는 상대를 무시한다는 오해를 살 수 있다.
- ✔ 당신만의 듀센 미소를 만들기 위해 행복한 생각을 하자. 데이트 상대에 대하여 알고 싶다면 그들이 눈으로 웃는지 살펴보면 된다.

 ## 손을 들어라

손짓은 대화의 큰 부분을 차지한다. 행동연구가 바네사 반 에드워드(Vanessa Van Edwards)는 그것을 진정한 '영혼의 창문'이라고 부른다. 손을 감추는 것은 자신 없어 보이게 하므로 손을 움직이도록 하자.

 ## 당신의 개인적인 공간을 주의하라

인류학자인 에드워드 T. 홀(Edward T. Hall)은 네 가지의 육체적인 안정 영역을 발견하였다. 오직 연인 혹은 가까운 친구들만이 친밀한 거리에 불편함 없이 있을 수 있다는 것인데, 그 외에 개인적인 거리는 좋은 친구들과 가족들이 차지하며, 사회적 거리는 우리가 그냥 잘 아는 사람들이 머무는 공간이다. 마지막으로 일반적 거리는 한 반의 선생님과 학생들 간의 거리 정도로 볼 수 있다. 데이트 중에는 보통 일반적 거리부터 시작하는 것이 좋으며, 친밀해지면 더 가까이 다가가면 된다.

공간의 넓이는?
사람들의 성향은 문화마다, 개인마다 차이를 보이므로, 옆의 기준표는 참고로만 활용하자.

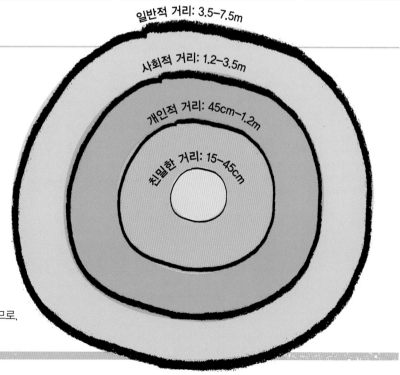

너무 당황스러워!

평정심을 유지하는 법

당신의 데이트 상대는 매력적이며, 함께하는 저녁식사 분위기도 좋다. 그때, 당신이 바보 같은 농담을 하거나 당신의 치마가 속옷 속으로 말려 들어간 것을 알아차렸다고 생각해보자. 이 같은 실수들이 다음 데이트 기회를 빼앗아 가지 못하도록 하려면 어떻게 해야 할까?

이 세상에서 망신당하는 일 없이 살아가는 사람은 아무도 없으니, 섬실한 수준의 자존감을 지닌 사람이라면 이런 일은 의연히 대처할 수 있다. 하지만 이런 실수가 당신이 정말로 좋은 인상을 주고 싶은 사람과 한창 데이트를 즐기는 중에 일어난다면 어떻게 해야 할까?

제 모습이 그렇게 우스꽝스럽나요?

현실에서 우리가 난처한 행동을 했을 때, 사람들이 우리를 평가하는 데 그 모습이 얼마나 영향을 미칠까? 이는 물론 관찰자에 따라 다르며 얼마나 바보같이 행동했느냐에 따라 다를 수 있다. 한 가지 흥미로운 것은 보는 사람과 우스꽝스러운 행동을 하는 사람 사이에 유사성이 존재하느냐에 따른 차이이다. 학술지 『유럽사회심리학 저널』에 따르면 사람들은 자신과 비슷한 국적과 신분을 가진 사람이 느끼는 당혹감을 더 잘 알아챈다고 한다. 다시 말해, 사람들은 누군가를 자신보다 아래에 있는 사람이라고 느

🔍 당혹감이란 무엇인가?

당혹감이란 자신의 명백한 결점이 타인 앞에 드러났을 때 자동반사적으로 나오는 반응이다. 이 감정은 뇌의 '전대상피질'이라고 불리는 영역에서 감지된다. 이에 대해 캘리포니아 대학교 버클리 캠퍼스에서 진행된 테스트에서, 참가자들에게 자신들이 노래한 '마이걸'의 무반주 동영상을 시청하게 하고 관찰했다. 그러자 참가자들은 심장박동이 빨라지고 손바닥에는 땀이 촉촉하게 배어났으며, 뇌의 전대상피질 영역이 활성화되었다. 그들은 자신들의 형편없는 노래 솜씨에 당혹스러워 했는데, 여기에 우리가 당혹스러움을 피할 수 있는 작은 단서가 있다. 즉, 당혹감은 스트레스에 대한 감정적 반응일 뿐 아니라, 우리의 의지와는 상관없이 뇌가 주관하는 신체적인 반응으로 나타난다는 점이다.

끼면, 그 사람이 바보 같은 일을 하더라도 별 관심을 보이지 않는다. 이는 아마도 처음부터 그들에게 기대감을 가지지 않았기 때문이다. 같은 의미로 데이트 상대가 당신을 어떻게 생각하는지를 당혹감을 통해 시험해볼 수 있다. 당신이 당혹감을 느끼고 있다는 사실을 상대가 알아채다면, 이는 그들이 당신을 동등하게 보고 있다는 신호이다. 하지만 반대로, 상대방이 당신이 당혹스러워 하고 있다는 사실을 알아채지 못한다면 이는 경계해야 할 신호가 된다. 이럴 때 당신은 상대방이 동등한 입장에서 대우해주고 있는지를 살펴보아야 한다. 모든 사람은 때때로 바보 같은 일을 저지른다. 그러므로 당신은 이에 대해 공감해주고 이해해주는 사람과 데이트를 해야 할 것이다.

당혹감과 수치심

어색한 순간을 감당하려면 당혹감과 수치심을 명확하게 구분하는 것이 중요하다. 당혹감은 다른 사람이 당신의 결점을 보았을 때 얼굴이 붉어지거나 몸이 움츠러드는 즉각적인 반응이며, 수치심은 떨쳐낼 수 없는 자기 자신에 대한 부정적인 평가이다. 당혹감을 느낄 때, 보다 폭넓은 관점에서 자기 자신에 대한 더 긍정적인 이미지를 떠올린다면 '결점'을 보완할 수 있다. 하지만 만약 당신이 수치심으로 어려움을 겪고 있다면, 이 책의 54쪽에서 57쪽에 걸쳐 설명된 자기 수용과 자기 연민을 가질 수 있도록 훈련하는 것이 중요하다.

우리는 살아가면서 형편없는 일을 때때로 저지르며, 현명하지 못한 결정을 할 때도 있다. 하지만 한 번의 실수로 평소 자기 자신에 대한 생각이 뒤집혀지지 않는다면, 자신의 정체성을 의심하게 될 일도 없다. 그러니 평소 자기 수용과 자기 연민 연습을 통해 때때로 이상한 실수를 하기도 하지만 그래도 자기 자신이 가치 있는 사람이라고 바라볼 수 있도록 하자. 그렇게 되면 우리는 바보 같은 실수에 더 의연하게 대처할 수 있게 될 것이다.

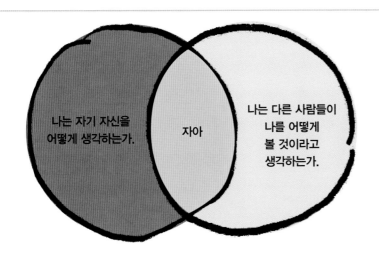

나는 자기 자신을 어떻게 생각하는가.

자아

나는 다른 사람들이 나를 어떻게 볼 것이라고 생각하는가.

주목을 받을 때

당신의 실수인 것이 명백한가? 아닐 가능성이 더 높다. 우리는 심리학 교수 토마스 길로비치(Thomas Gilovich)가 '조명효과'라고 명명한 상황을 겪기 쉽다. 2000년 코넬대학교에서 진행한 그의 연구에서 참가자들은 자신들의 티셔츠에 새겨진 '당혹스러운' 문양을 다른 학생들이 알아차릴 확률을 지나치게 높게 평가했다. 다시 말해, 우리의 실수는 다른 사람들이 자신을 이상하게 생각할 것이라고 여기는 우리 마음속에서만 지나치게 밝게 빛나는 것이다.

✅ 평정심을 유지하고 나아가는 법

✔ 얼굴이 붉어지는 것은 좋지 않은가? 전혀 그렇지 않다. "붉어진 얼굴은 사죄의 마음을 전하는 데 매우 유용하다."고 영국의 심리학자 레이 크로지어(Ray Crozier)는 말한다. 그러니 당신의 얼굴이 홍당무처럼 빨갛게 된다고 해도 걱정하지 말자. 이는 상대에게 당신이 나쁜 의도가 없다는 뜻을 보여주는 것이기 때문에 상황을 진정시켜줄 것이다.

✔ 웃어넘기자. 실수를 했다면 농담으로 웃어넘기자. 우리 대다수는 다른 사람의 당혹감을 웃음거리로 만드는 것에 능숙하다. 그렇다면 만약 당신이 선수를 쳐서 자신의 실수를 농담으로 만든다면, 그 상황에서 주목의 대상이 되지 않고 당신 자신을 관객의 입장으로 만들 수 있다. 다시 말해, 당신과 데이트 상대 모두 실수를 보고 함께 웃을 수 있으며, 실수 때문에 어색해지지 않고 오히려 서로 공감하며 가까워질 수 있다는 것을 뜻한다.

✔ 자백하자. 당신이 무릎에 커피를 모두 쏟았다고 생각해보자. 이는 숨길 수 없는 일이기 때문에 "정말 당황스럽네요."라고 솔직하게 말해야 한다. 이때, 한 가지 중요한 점이 있는데, 이와 같은 말은 단 한 번만 해야 한다는 것이다. 우리는 사람들이 스스로를 어떻게 생각하는지에 따라 반응하는 경향이 있기 때문에, 당신이 무언가 잘못된 것처럼 행동할수록 상대방은 정말 잘못된 일처럼 느끼게 될 것이다. 당혹감을 느끼고 있다고 인정하는 것은 당신이 솔직하다는 점을 보여주는 것이며, 당혹감을 이겨내고 자연스럽게 행동하는 것은 당신이 사소한 방해물을 다룰 수 있는 사람이라는 것도 보여준다.

새로운 데이트 상대를 파악하는 방법

다섯 가지의 척도

 전화하겠다고 말하고 난 후에 정말 전화를 하는가?

만약 누군가가 오늘 밤에 전화하겠다고 약속을 했지만 일주일째 연락이 없다면, 이 책의 16쪽에서 19쪽까지 참고하여 그들의 애착유형을 확인해보자. 한두 번 늦게 연락하는 것은 별 뜻이 없을 수 있다. 누구나 부끄럽거나 바쁠 수 있기 때문이다. 하지만 습관적으로 그렇다면, 당신의 상대는 먼저 거리를 두는 회피형 사람이거나 자신감이 없어 누군가를 귀찮게 하게 될까 봐 두려워하는 불안형 사람일 수 있다.

만약 당신이 늦게 연락하는 문제에 대하여 지적했을 때, 그들이 긴장하고 미안해한다면 당신은 아마 불안형 사람을 보고 있는 것이다. 만약 당신이 지속적으로 확신을 주어 편안해진다면, 그들은 사랑 충만한 상대가 될 수도 있다. 하지만 그들은 계속해서 지나칠 정도로 그러한 확신을 필요로 할지도 모른다. 이와 달리, 만약 그들이 당신의 지적을 대수롭지 않게 여기고 방어적으로 행동하거나 독선적으로 행동한다면, 당신의 상대는 회피형 사람일 것이다. 그들과의 관계는 재밌을지는 모르지만, 친밀감을 찾지 못할 수 있다. 어떤 경우든 괜찮을 수 있지만, 이런 행동은 장기적으로 나타나는 패턴이라는 점을 기억하자. 그리고 그들의 행위가 당신을 기분 나쁘게 하거나 괴롭힌다면, 어떤 이유든지 간에 받아들일 수 없는 행위라는 것을 명심하자.

반대로, 당신의 새로운 상대가 자신이 말한 것은 꼭 실행하는 경향이 있다면 관계를 지속할 가치가 있는 확실한 사람을 만날 좋은 기회이다. 작은 약속도 잘 지키는 사람이라면, 나중에 큰 약속도 잘 지킬 가능성이 높다.

가끔은 사소한 것들이 우리에게 많은 것을 말해주기도 한다. 여기 몇 가지 고려해볼 만한 상황들이 있는데, 이것들은 데이트 상대의 사랑과 헌신에 관한 태도를 확인할 수 있는 좋은 지표이다. 그들의 반응을 관찰하고 당신이 무엇을 알게 되었는지 살펴보도록 하자.

다섯 단계 테스트

복잡한 거리에서 데이트를 하던 중에 당신이 다섯 걸음 정도 뒤처지게 되었다면, 상대가 뒤돌아서 당신을 찾기까지 시간이 얼마나 걸리는지 기다려보자.

만약 상대가 상당한 시간 동안 돌아보지 않는다면, 당신이 바라보고 있는 상대의 뒷모습은 '정지 전략'을 사용 중인 것으로 이해하면 된다. 이는 당신과 감정적으로 너무 엮이지 않기 위해 친밀의 감정을 그들 자신으로부터 떼어내는 것을 말한다. 물론 누구나 가끔은 산만해지기도 하지만, 만약 그 횟수가 잦다면 단지 걸을 때만 자신만의 공간이 필요한 사람은 아닐 것이다.

반대로 당신이 없다는 것을 알아채고 뒤를 돌아본다면, 그때 상대가 어떻게 반응하는지 살펴보자. 따라오지 않는다고 짜증을 내는가? 말하는 상대 없이 이야기하고 있었다는 사실에 신경 쓰여 하는가? 당신이 혹시 자신을 피하는 것은 아닌지 걱정하는가? 아니면 당신이 자연스럽게 다시 자신의 옆에서 걸을 수 있도록 배려해주는가? 이처럼 소중한 동반자로서 당신을 자신만의 공간에 들어올 수 있게 해주는 사람을 찾을 수 있도록 눈을 크게 뜨고 관찰하도록 하자.

 ## 당신이 싫어하는 것을 말해주자

상대가 좋아하는 책이나 영화, 혹은 스포츠 같은 취미 활동이 당신의 취향이 아니라면, 무례하지 않은 방식으로 상대에게 그 사실을 알려주도록 하자.

이렇게 하는 것은 지루한 인생을 구할 수 있다. 당신이 싫어하는 스포츠나 영화를 보면서 앉아있는 것은 상당한 시간 낭비이기 때문이다. 하지만 진짜 탐색을 하고 싶다면 상대가 어떻게 반응하는지를 관찰하는 것이 좋다. 만약 상대가 당신이 싫어하는 공게임이나 로맨틱코미디 영화가 둘의 관계를 망치고 있다는 걸 의식하기 시작했다면, 이는 만나도 좋은 상대이다. 더 중요한 것은 당신이 싫어한다는 사실을 개인적으로 해석하지 않는 사람을 찾는 것인데, 이런 사람이 만나기에 가장 좋은 상대이다.

이렇게 생각하는 사람을 찾자. '이 사람은 나랑 다르게 생각하는군. 무엇을 다르게 생각하는지 한번 비교해보자. 이 흥미로운 사람을 더 깊게 알아갈 좋은 기회야.' 비록 당신이 그들이 좋아하는 벌꿀 키우기나 라인댄스의 즐거움을 알게 되지는 못더라도, 그들의 열정을 즐기게 될 수는 있으며 상대의 특이한 취향과 흥미에 대한 상호이해는 행복감을 느끼게 해줄 것이다.

 ## 개인적인 견해를 말해주자

너무 과하지 않은 선에서 이야기하도록 하자. "그거 알아요? 당신은 정말 큰 코를 가졌어요."와 같은 말은 좋은 표현이 아니다. 하지만 만약 상대가 항상 특정한 메뉴만 고른다거나 옷에 보헤미안 풍의 장식이 있다면, 그에 대해 알아봐주거나 적절한 질문을 하는 것은 좋다. 그리고 그들의 반응을 살피면 되는데, 그것을 알아봐주는 당신에게 자신이 선택한 것들이 최고라는 자신감을 보이거나 오만한 태도로 반응하는가? 아니면 당신이 그들의 선택을 지적하고 있다고 생각하며 불안해하는가? 또는 자신만의 취향이 있다는 사실에 만족감을 보이는가?

이때 당신의 견해를 밝히면서 상대방을 불쾌하게 만들지 않도록 주의하자. 이는 당신의 말하는 방법이 문제일 수 있으며 그들의 태도의 문제가 아닐 수 있다.

 ## 당신이 걱정하는 바를 모두 고백하자

상대가 당신의 감정을 상하게 하는 말을 했거나 불안하게 만드는 일을 했는가? 아니면 상대를 집에 초대하고 싶기는 아니지만, 집이 창피할 정도로 지저분한가?

만약 이 사람과 계속해서 관계를 이어나갈 생각이라면, 상대방은 당신이 완벽하지 않다는 사실을 알아야만 한다. 당신의 상처받은 감정과 당혹감을 다루는 방식은 앞으로 그 사람이 어떤 부류의 연인이 되어줄 것인지에 관해 많은 부분을 알 수 있게 해준다. 다정하고 이해심 깊은 사람은 시작부터 다정하고 이해심 깊으며, 당신이 초반 몇 번의 데이트에서 그런 결점들을 인정하는 것은 상대가 앞으로 얼마나 좋은 연인이 되어줄지를 보여주는 기회가 될 것이다.

사랑이란 언제나
두 눈에 공손해야 하며,
두 귀에 정중해야 하고,
말에 있어서 예의 바르며,
행동에 조심성이 있어야 한다.
— 고대 중국 철학자, 공자

감정을 지능과
반대되는 성질의 것으로
분류하는 것은 옳지 않다.
감정은 그 자체로
지능과 같은 고차원의
체계를 지니고 있다.

미국의 심리학자, 오르발 호바트 모우러 Orval Hobart Mowrer

정서지능은 무엇이며, 왜 중요한가?

정서지능과 사랑의 상관관계

감성이 무딘 사람과 연인이 되고 싶어 하는 사람은 아무도 없기에, 연인을 찾아 좋은 관계를 유지하는 데 정서지능은 아주 가치 있는 자산이다. 정서지능을 높여서 인연을 만날 기회를 향상시키려면 어떻게 해야 할까?

지능은 마음에서 단독으로 작용하는 자질이 아니며, 다양한 능력들이 정도의 차이는 있지만 모두 관련되어 겹쳐지면서 나타난다. 연구자들에 따라 약간의 차이는 있지만, 정서지능에 대한 기본 전제는 일관적이다. 정서지능이란 감정을 그 자체로 이해하고 대처하는 지능의 한 형태이다. 실제로 '지능적인' 사람은 정보를 특히 잘 인지하고 처리할 수 있는 진보된 뇌를 가진 것처럼 '정서적으로 지능적인' 사람은 자신의 감정과 타인의 감정을 모두 인지하고 조절할 수 있는 진보된 재능이 있다.

정서적으로 지능적인 데이트하기

우리는 모두 정서적으로 바보 같은 사람보다는 지능적인 사람과 데이트하기를 원할 것이다. 그런데 정서지능은 로맨틱한 행복을 만들어가는 데 얼마나 중요한 요소일까?

2014년 『미국 가족치료』 학회지에 실린 연구를 보면, 정서적으로 지능적인 사람들이 보다 행복한 연인 관계를 가지는 것으로 나타났다. 그리고 2011년에 발간된 『유럽사람들의 성격』이라는 학술지에 실린 한 연구에 따르면, 가장 행복한 관계는 연인이 양측 모두 정서적 지능을 소유하고 있을 때 가능하다고 한다. 만약 당신의 정서적 지능이 좋지 않다는 의심이 든다면, 이를 향상시키기 위해 할 수 있는 일은 무엇일까?

감정적으로 똑똑해지기

글로벌 EQ네트워크 단체인 식스세컨즈의 연구는 나이를 먹어감에 따라 사람들의 정서지능이 자연스럽게 성장한다는 사실을 밝혀냈다. 하지만 시간이 지나기를 기다리기보다 지금 바로 정서지능을 향상시키고 싶다면, 해야 할 일은 무엇일까?

정서지능의 여러 측면들은 어떤 것은 배우기 쉽고 어떤 것은 어렵다. 텍사스에서 2003년에 시행된 한 연구는 교육 프로그램이 노동자들의 대인관계 기술을 50% 이상 향상시키는 것을 발견했다. 이 결과는 직업 스트레스 관리 프로그램을 통한 대략 35%의 향상 보고서와 견주어볼 수 있으며, 2008년에 보고된 한 연구에서 인지 행동 프로그램이 좋은 향상 결과를 보였던 것과도 비교해볼 수 있다. 이 모든 결과들은 로맨틱 환경과 관련없는 작업 환경에 관한 것이지만, 여기서 나온 데이터는 행동에 대한 솔직한 피드백과 결합된 연습이야말로 성과를 거둬들인다는 생각을 뒷받침해준다.

심리학이 제안하는 당신이 할 수 있는 최선의 방책은 두 가지인데, 당신 자신의 정서적 지능을 연습하는 한편 정서적으로 똑똑해 보이는 사람을 연인으로 두는 것이다. 새로운 사람을 만날 때 상대가 갖춰야 할 자질을 계속 염두에 둔다면, 당신은 좋은 사람을 찾아낼 준비를 잘 마쳤다고 할 수 있다. (옆쪽의 예시를 참고하자.)

50%

교육 프로그램은 노동자들의 대인관계 기술을 50% 이상 향상시켰다.

다양한 다중이론

여러 심리학자와 작가들이 끊임없이 다양한 종류의 다중지능 이론을 채택하고 있다.
다음은 그중 가장 잘 알려진 세 가지 이론이다.

하워드 가드너	다중지능	기술
하버드대학교의 심리학자 하워드 가드너(Howard Gardner)가 1983년에 최초로 발표한 목록에는 일곱 가지 유형의 지능이 제시되어 있다. 로맨스 측면에서 보면, 마지막 두 가지 유형이 가장 중요하며, 이외에 신체운동지능은 성적인 부분에 있어 도움이 될 수 있다.	언어지능	언어에 민감하며 이를 배우고 사용하는 능력
	논리수학지능	과학적이며 숫자적인 분석 능력
	음악지능	음악패턴을 인지하고 감상하며 만들어내는 능력
	신체운동지능	위치와 거리를 판단하는 능력
	시공간지능	예술가나 운동선수로서 '손을 사용하는' 능력
	대인관계지능	사회적 기술로 타인과 관계를 맺는 능력
	자기이해지능	자신의 감정과 동기에 대한 통찰력으로 자기 인지를 하는 능력

메이어와 살로베이	네 가지 영역	기술
미국의 심리학자 존 메이어(John Mayer)와 피터 살로베이(Peter Salovey)는 정서지능을 만들어내는 네 가지 기본 영역 혹은 역량을 추가함으로써 가드너의 이론을 정교화했다. 여기서 네 가지 영역은 모두 로맨틱 관계에 도움을 준다.	정서의 인식	자신과 타인, 그리고 예술에 나타나는 감정을 인식하는 것
	사고의 촉진	사고와 의사소통을 위해 감정을 사용하는 것
	감정의 이해	어떻게 감정이 융합되고 바뀌는지를 이해하고, 그것이 인간관계에서 어떤 의미인지를 이해하는 것
	정서의 조절	이해와 성장을 촉진하기 위해 감정을 조절하고 활용하는 것

다니엘 골먼	주요 다섯 가지	기술
다니엘 골먼(Daniel Goleman)의 베스트셀러인 『감성지능』은 이를 다섯 가지로 분류하며, 모든 영역을 로맨스에 적용할 수 있다.	자기 인지	자신의 감정을 이해하는 것
	자기 조절	자신의 감정을 효과적으로 조절하는 것
	자기 동기 부여	자신의 가정이 생산적인 결과를 이끌 수 있도록 지시하는 것
	공감	타인의 감정을 이해하고 공유하는 것
	사회적 기술	타인과 의사소통하고 잘 지내는 것

바람둥이는 어떤 사람이며, 왜 그런 행동을 하는가?

바람둥이 구별법

딩신이 서로에게 충실한 관계를 꿈꾸고 있다면, 피해야 할 부류의 사람이 있다. 바로 쉽게 뜨거워지고 쉽게 식는 사람이다. 그들은 당신을 계속 한 발자국 뒤로 밀어내면서 한 사람에게 정착할 준비가 아직 되어 있지 않다. 이는 회피형 애착 유형에 해당하는데, 회피형들은 사랑을 필요로 하긴 하지만 버림받는 것에 대한 두려움이 있어서 상처받기 전에 미리 자신의 감정을 차단한다.

아래 표를 통해 알 수 있듯이, 미국 인구의 절반은 안정형에 속한다. 하지만 4분의 1가량이 회피형이므로, 당신 주위에도 이와 같은 사람들이 있을 수밖에 없다. 만약 당신이 자신의 감정적 거리를 소중하게 여기는 사람과도 즐겁게 지낼 수 있다면 상관없겠지만, 만약 당신이 상대방과 가까워지기를 원하지만 상대방은 그렇지 않다면, 당신이 상처받을 가능성이 높다. 그렇다면 상대에게 너무 빠지기 전에 그 사람이 회피형이라는 사실을 어떻게 알 수 있을까?

그들은 멋진 외모의 소유자이며 매력적이고 함께 있으면 즐겁다. 그리고 진심으로 당신을 좋아하는 것처럼 보이기까지 한다. 하지만 안타깝게도 당신이 경험해 보았듯 그들의 다음 행동은 당신에게 관심을 끊고 다른 사람을 찾아 나서는 것이다. 무슨 일이 벌어진 걸까?

50% 안정형

20% 불안형

25% 회피형

ⓘ 신호를 잡아라

회피형 애착유형은 자유분방한 파티광부터 상처 입은 은둔자까지 누구나 될 수 있지만, 몇 가지 공통점을 가지고 있다.

- 친밀감을 경시한다. 그들은 함께 시간을 보내고 싶어 하는 당신에게 '애정에 굶주려 하지' 말라고 말한다. 회피형은 당신에게 친밀감을 기대하지 말라고 경고하면서 당신이 '소란을 피우는 것'을 막을 수 있도록 교묘하게 행동한다.

- 연락을 주도권 다툼 수단으로 여긴다. '내가 언제 전화해야 할까?'는 모든 사람들이 궁금해하는 물음이지만 회피형들은 이를 애정에 굶주린 사람이 하는 것이라고 생각하며, 그런 모습을 보이는 것은 자신을 애정관계에서 약자로 만든다고 생각한다.

- 친밀감 주위를 맴돈다. 서로 친해졌다고 느끼는 순간이 있기는 하지만, 이런 순간들이 절대로 더 깊은 유대감으로 바뀌지는 않는다. 회피형들도 친밀감을 원하기는 하지만 그런 감정에 위기감을 느끼기 때문이다.

- 아주 약간 자신을 드러내었다가 이내 곧 마음을 닫아버린다. 안정형과 불안형 사람에게는 연인의 감정과 과거를 공유하는 일이 자연스러운 일이지만, 회피형은 자신을 너무 많이 드러내는 것을 좋아하지 않는다.

- 안 좋았던 과거의 일을 이야기할 때, 화난 것처럼 보이지 않는다. 대부분의 회피형 애착유형은 어린 시절 욕구가 충족되지 않았을 것을 전제로 한다. 물론 많은 사람들이 나쁜 경험을 극복했다고 하더라도, 그런 이야기를 할 때 비회피형들은 그 경험들이 좋지 않다는 것을 인지하며 적절하게 반응한다. 만약 당신이 감정적으로 힘들었던 이야기를 들려줄 때, 상대가 적절한 감정을 느끼지 않는 것처럼 보인다면, 그 사람은 당신에게 공감하고 싶은 생각이 없는 회피형으로 볼 수 있다.

- 연인이 되고 나니 그전처럼 잘 대해주지 않는다. 회피형은 사랑에 빠졌을 때 친밀감이 형성되기 전인 '추구' 단계에서는 괜찮아 보인다. 하지만 일단 관계가 진전되면 당신은 그들에게 더 이상 관심 대상이 아니며 위협으로만 보이게 된다.

- 당신이 주제넘게 행동하고 있다는 경고를 보낸다. 당신이 침범하기도 전에 자신에게는 '자유'나 '공간'이 필요하다고 말하는 상대는 당신과 가까워지는 것을 멈추려고 하는 것이다. 이런 말을 상대가 너무 빨리 한다면, 그들은 예전 자신을 옭아맸던 관계들처럼 당신 또 시작한다고 생각하는 것이다.

- 다툴 때 자신이 우세한 것처럼 행동한다. 당신은 너무 감정적이고 자신은 그렇지 않기 때문에 자신이 당신보다 위에 있는 것처럼 행동하는 사람을 주의하자. 당신의 의견에 동의하지 않는 것과 당신을 감정적으로 경시하는 것은 별개의 문제이다.

- 그들의 관심을 받는 것은 마치 당신이 경연대회에서 부상을 받는 것과 같은 느낌을 들게 한다. 더구나 당신은 어떤 규칙이 있는지도 알지 못하며, 그들은 방향을 계속해서 바꾸기까지 한다. 회피형은 사랑에 대해 '내 방식대로 하고, 싫으면 떠나라'와 같은 태도로 일관한다. 이런 태도를 통해 그들은 사랑에 대해 흥정을 잘할 수 있게 되는데, 이는 당신이 원하는 방식의 관계는 아닐 것이다.

- 당신이 부응할 수 없는 로맨틱한 이상형을 가지고 있다. 그들은 전 연인이나 배우자를 '절대로 잊지 못하거나' 당신이 채워줄 수 없는 '완벽한' 사랑을 계속 꿈꾼다. 불가능한 이상형을 계속 고집하는 것은 현실 세계의 누군가에게 자신의 감정이 가는 것을 차단하기에 좋은 방법이다.

당신과 상대방, 모두 회피형이라면?

회피형이라고 해서 괴물은 아니다. 그들도 사랑을 필요로 하며 상처받을까 봐 두려워하는 평범한 사람일 뿐이며 그저 자기 자신에게 의존할 때 안락함을 느끼는 것뿐이다.

하지만 회피형이 괴로움을 주려고 의도한 것은 아니더라도 종종 그들의 내적 갈등이 상대방에게 혼란을 남기고는 한다. 만약 당신이 회피형이라면 연인으로 신뢰할 수 있는 사람을 찾는 것을 목표로 삼고, 마음을 열도록 노력하자. 일단 당신에게 기회가 오면, 이는 최고의 관계가 될 수 있다. 그러나 불안형처럼 보이는 사람은 경계해야 한다. 불안형과 회피형이 연인이 되는 것은 끔찍한 조합이 될 수 있기 때문이다.

이렇게까지 되지는 않았을 거야, 만약에…

회피형들이 진지한 관계를 억제하기 위해 흔히 사용하는 방법은 '로맨틱한 이상형'을 고집하는 것이다. 만약 데이트 상대가 이런 식으로 행동하면서 당신이 조금 더 나아진다면 관계가 달라질 것이라는 속내를 비춘다고 하더라도 진지하게 받아들이지 말자. 그들은 그저 자신의 감정을 조절하려는 것뿐이다.

반대로 당신이 회피형이라서 이런 식으로 행동하면서 상대가 좋은 사람이라면 자신도 이러지는 않을 것이라는 생각이 든다면, 자기 자신이 불안을 느끼고 있다는 사실을 상기하고 의사소통과 자기 안정에 집중하도록 하자. 문제는 당신이 부적절한 사람과 함께 있다는 사실이 아니기 때문에 노력하기만 한다면 그 관계를 끝내지 않고서도 문제를 해결할 수 있다.

당신과 비슷한 사람?

비슷한 성격이 도움 될 때와
그렇지 않을 때

연인을 선택할 때, 유유상종이라는 말과 자신과 다른 사람에게 끌린다는 말 중에 어떤 것이 더 진실에 가깝다고 생각하는가? 다양성이 인생에 재미를 더할까, 아니면 양립성이 중요할까?

빅 파이브

여러 연구들은 성격을 형성하는 다섯 가지 주요 요소를 분류했는데, 각각 폭넓은 특성을 지니고 있다. 당신의 성격은 이 성격 요소들이 혼합된 당신만의 고유한 형태이다.

외향성 (사교성과 열정)

친화성 (친밀감과 친절)

신경성 (감정적 안정도)

개방성 (호기심과 상상력)

성실성 (조직력과 근면)

관심 대상과 취향을 공유하는 것이 관계에 도움이 될 수는 있는 한편, 상대에게 새로운 관심사와 취향을 선사하는 것도 도움이 될 수 있다. 여기서 중요한 것은 행복한 관계를 위해서 이에 대한 우리의 태도를 분명히 하는 것이다.

복잡한 마음?

당신은 복잡하게 생각하는 사람인가, 아니면 일을 명확하게 하는 것을 좋아하는 사람인가? 당신은 스스로 지적이라고 생각하는가, 아니면 현실적이고 기본적인 것을 선호하는 경향이 있다고 생각하는가? 당신의 대답이 무엇이든 연애 대상을 찾을 때도 그와 같이 비슷한 사람을 말할 확률이 높다. 학술지『구성주의 심리학』에서는 1997년에 사회적, 과업 지향적, 지적 영역이란 세 가지 영역에서 사람들의 '인지복잡성'을 연구했다. 그 결과, 사람들은 자신들과 비슷한 사람을 더 선호하는 것으로 나타났다. 다시 말해, '높은 복잡성'을 가진 실험 참가자들은 자신들과 비슷한 높은 복잡성 유형에게 더 끌리는 양상을 보여주었다. 그리고 낮은 복잡성을 가진 참가자들 역시 낮은 복잡성 유형에게 더 후한 점수를 매겼다. 이 실험의 결과는 유유상종이란 말과 잘 들어맞는 것처럼 보인다.

결론은 우리가 연인을 선택할 때, 적어도 자기 자신만큼은 복잡한 사람을 원한다는 것이다. 이는 만약 당신이 자신보다 훨씬 더 복잡한 사람에게 시선을 던지게 되더라도 그 사람과는 그냥 지나칠 가능성이 높으며, 오히려 그것을 계기로 보다 확실하게 당신과 비슷한 사람을 찾아 나서게 될 것이다.

맞는 성질이란?

당신은 자신과 비슷한 성질을 지닌 사람이 좋은가, 아니면 다른 성질을 지닌 사람이 좋은가? 이 질문에 대다수는 자신과 비슷한 사람을 원한다고 대답한다. 학술지『성격연구』에 실린 2014년의 한 연구에서 나타난 연인 관계에서의 만족을 보여주는 중요한 예측변수는 연인을 자기 자신과 같은 성향으로 인지하는 것이었다. 이 실험에서 테스트된 성격 자질은 심리학계에서 상당히 보편적인 '빅 파이브', 즉 외향성, 친화성, 성실성, 신경성, 그리고 개방성이다.

주도성

당신은 얼마나 강압적인 편인가? 패트릭과 샬롯 마르키의 2007년 연구에 따르면 우리는 온정성은 동등하지만 주도성은 반대되는 사람과 함께 할 때 가장 좋은 것으로 나타났다.

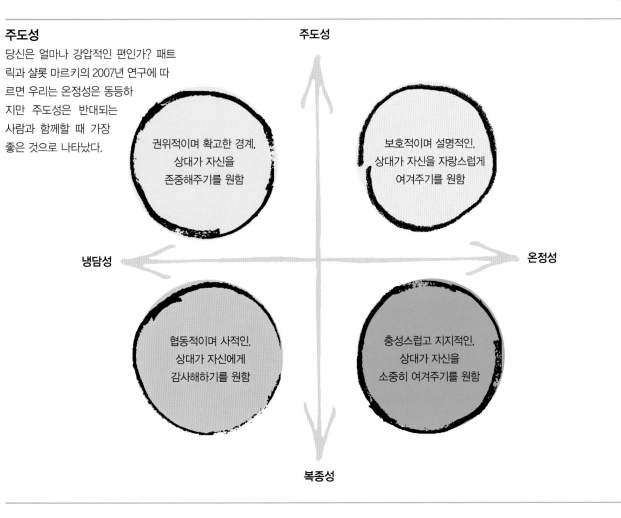

주도성

권위적이며 확고한 경계, 상대가 자신을 존중해주기를 원함

보호적이며 설명적인, 상대가 자신을 자랑스럽게 여겨주기를 원함

냉담성 ← → **온정성**

협동적이며 사적인, 상대가 자신에게 감사해하기를 원함

충성스럽고 지지적인, 상대가 자신을 소중히 여겨주기를 원함

복종성

이 결과를 살펴보면, 우리가 가장 원하는 것은 조화라는 사실을 짐작할 수 있다.

하지만 이 연구에서 테스트하지 않은 자질이 하나 있는데 그것은 바로 '주도성'이다. 이는 강압적인 성격 정도와 원하는 것을 추구하는 과정에서 공격적으로 되는 정도를 말한다. 2007년 심리학자 패트릭(Patrick)과 샬롯 마르키(Charlotte Markey)는 커플을 대상으로 온정성과 주도성 자질을 연구했는데 그 결과, 연인 간의 주도성의 차이는 관계에 도움이 되는 것으로 밝혀졌다. 테스트에서 가장 행복한 커플은 유사한 수준의 온정성을 가지고 있었지만, 주도성에 있어서는 다른 수준을 지니고 있었다. 이는 아마도 연인 중 더 포용적인 쪽에서 불필요한 갈등을 줄이기 때문인 것으로 해석된다.

동의하고 싶은가?

사실 조화의 핵심은 우리가 자신과 닮은 연인을 원하는지, 그렇지 않은지가 아니다. 중요한 것은 우리의 생각을 존중해주는 사람을 만나는 것이다. 2013년 『사회심리학』학술지에 하나의 실험 결과가 실렸다. 이 연구에서 참가자들은 낯선 사람과 만나 자신이 동의하지 않는 사회문제에 대해 토론한 후, 그 사람의 매력도를 평가했다. 이 평가 전, 연구진들은 토론 후 상대방의 태도가 참가자들의 의견 쪽으로 돌아섰는지에 대한 피드백을 읽게 하였다. 사실 실험 참가자들에게 주어진 피드백은 조작된 것으로, 연구진은 태도 조정에 있어 각기 다른 정도를 반영하여 피드백을 만들었다. 그 결과, 사람들은 불일치를 보인 토론 후에 의견을 자신과 비슷한 쪽으로 바꾼 정도가 더 높아 보이는 사람을 더 매력적이라고 평가했다.

사랑을 찾는 과정에서 두 사람이 모든 면에서 똑같을 수는 없어도 서로 비슷한 상호 양립 가능한 성격은 멋진 출발점이 된다. 하지만 두 사람의 성격이 같지 않더라도 모든 사람은 자신의 의견을 진지하게 받아들여주는 사람을 좋아한다는 사실 역시 기억하도록 하자.

나이 차는 정말로 중요할까?

숫자에 불과한 나이

당신보다 훨씬 나이가 많거나 어린 상대와 데이트를 하고 있다면, 피해 갈 수 없는 것이 있다. 주변 사람들이 그에 대해 한 마디씩 하게 되리란 것이다. 심지어 열린 사고의 소유자도 주의하라는 취지의 말을 할 것이다. 그들의 말이 정말 사실일까?

애 완남, 행사 대동용 여자, 도둑놈 등 자신보다 나이가 많거나 어린 사람을 사귀는 사람을 가리켜 낮춰 부르는 말을 많이 들어보았을 것이다. 이런 못마땅해하는 사회 분위기 때문에 당신과 상대방이 서로에게 반했다고 하더라도 데이트하기에 앞서 망설이게 될 것이다. 그러면서 서로에게 공통점이 충분하게 있는지, 상대가 당신을 이용하는 것은 아닌지, 정말로 건전한 관계인지를 생각하게 될 것이다.

경고처럼 들리는 것

나이를 뛰어넘은 로맨스는 왜 이렇게 안 좋게 인식될까? 이는 부분적으로는 우리 뇌의 영향 때문인데, 뇌의 유전적 부분이 관계란 자녀를 생산하는 목적이라고 말하기 때문이다. 소위 '메이 디셈버(May-December)'라고 불리는 커플들의 생식 능력 정점기는 서로 다르다. 따라서 주변 사람들은 본능적으로 그들이 만나서는 안 된다고 느끼게 된다.

물론 이런 생각이 아주 논리적이지는 않다. 남성과 여성 모두 늦은 나이에 출산을 할 수 있으며, 설사 자녀를 가지지 못한다고 하더라도 두 사람이 함께여야 하는 많은

$$\frac{1}{2} + 7?$$

프랑스 연예인 모리스 슈발리에(Maurice Chevalier)는 나이 차에 대한 유명한 명언을 하나 남겼다. 이는 자신의 나이에서 절반을 빼고 다시 7살을 더한 나이보다 어린 상대와는 데이트해서는 안 된다는 것이다. 하지만 정작 이렇게 말한 모리스는 자신이 스물세 살일 때 서른여섯 살의 여성과 데이트했으며, 예순네 살에는 서른두 살의 여성과 데이트했다고 알려져 있다.

이유가 있을 수 있기 때문이다.

나이 차 많은 커플에 대한 이런 생물학적인 우려 외에도 현실적인 우려도 존재한다. 이는 세대가 다르면 사귈 때 공유하는 것들에서 균형이 맞지 않는다는 것이다. 연인 중더 어린 상대가 젊음이라는 가치 있는 성적 자산을 가진 것에 반해 나이 많은 상대는 보다 넓은 경험과 성숙함을 가지며 이는 종종더 많은 돈과 지위를 뜻하기도 한다. 따라서 한쪽이 상대를 이용할지도 모른다는 두려움이 생길 가능성이 높다.

올바르게 이해시키기

하지만 나이 차 나는 커플의 통계를 보면, 전망이 나쁘지만은 않다. 2008년 미국의 이성 커플을 대상으로 한 조사에서 '여성이더 나이가 많은' 커플이 가장 행복한 것으로 나타났으며, 1990년부터 1991년에 걸쳐 조사된 캐나다 이혼율에 관한 연구는 남편의 나이가 훨씬 더 많은 커플이 이혼할 가능성이 가장 적다고 밝혔다. 어느 쪽이든 서로에게 충실한 커플은 나이 차에 상관없이 매우 만족스러운 것으로 밝혀졌다.

성공적인 관계 형성에 비결이 있을까? 이에 대한 가장 현명한 대답은 서로의 차이점을 이용 대상이 아닌 균형 대상으로 인식하라는 것이다. 성생활 칼럼니스트 댄 새비지(Dan Savage)는 나이 어린 상대와의 데이트를 위한 '규칙'을 만들어냈다. 당신은 나이 어린 상대를 '처음 만났을 때보다 더 좋은 상태'가 될 수 있게 해주어야 하는데, '성병에 걸리지 않고 임신해서는 안 되며, 금지 명령과 감정적 트라우마가 생기면 안 되고 다만 성적 기술은 향상되어도 괜찮다.'는 것이다. 상대가 나이가 아닌 당신 자체를 좋아한다는 확신이 있는 한 그 관계를 시작해보지 않을 이유가 없다. 통계적 결과는 사실상 나이 차는 매우 잘 극복될 수 있다는 걸 보여준다.

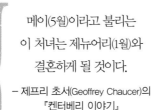

> 메이(5월)이라고 불리는
> 이 처녀는 제뉴어리(1월)와
> 결혼하게 될 것이다.
>
> – 제프리 초서(Geoffrey Chaucer)의
> 『켄터베리 이야기』
> 중 「상인의 서시와 이야기」

✓ 세대 차 줄이기

나이가 많든 어리든 당신에게 잘 맞는 상대를 만났다는 생각이 든다면, 관계를 행복하게 유지하는 데 도움이 될 만한 다음 조언들을 살펴보자.

1 무엇에 끌렸는지를 알자. 만약 상대가 당신과 같은 나이라도 여전히 사랑할 수 있는가?

2 문화적 차이를 받아들이자. 세대를 뛰어넘은 데이트는 국경과 문화를 넘어 데이트하는 것과 같을 수 있다.

3 서로에게 믿고 의지할 수 있는 사람이 되어주자. 분명 당신의 가족과 주변 친구들은 잔소리를 할 것이다. 하지만 만남이 지속되고 당신과 연인이 행복해 보인다면, 아마도 그들은 잔소리를 멈출 것이다. 하지만 그동안은 서로에게 힘이 되어주어야 한다는 것을 잊지 말자.

4 집착하지 말자. 만약 나이 차이를 너무 많이 신경 쓴다면 당신과 연인 모두 남의 눈을 의식하게 될 것이다. 둘이 함께하는 것에 집중하고 다른 일에 시선을 돌리도록 하자.

통계가 말해주는 것

2013년 미국의 조사에 따르면, 인구의 3분의 1이 자신보다 한 살 정도 나이가 많거나 어린 사람과 결혼한다고 한다. 그렇다면 나머지는 어떠한지 살펴보자.

나이 차	남편	부인
2–3살 차이	20.4%의 남편들이 부인보다 두세 살 나이가 많다.	6.5%의 부인들이 남편보다 두세 살 나이가 많다.
4–9살 차이	24.9%	6%
10–19살 차이	6.4%	1.3%
20살 이상 차이	1%	0.3%

두 번 만날 가치가 있는가?

누구를 다시 만나야 할까?

우리는 보통 첫 만남에 매력을 느끼지 못하거나 통하지 않으면, 앞으로도 그럴 것이라고 생각한다. 하지만 우리가 첫눈에 반하는 사랑만 찾으려 한다면, 좋은 기회를 놓칠 수도 있지 않을까?

사람들은 모두 자신만의 이상형을 가지고 있으며, 그 모습은 제각기 다르다. 우리는 대부분 그러한 상상 속의 이상형과 정확하게 일치하는 사람이 존재하지 않는다는 것을 알고 있다. 그래서 대신에 '느낌'이 좋은지 아닌지에 따라 상대방에게 관심을 가지는 경향이 있는데, 우리의 느낌은 얼마나 믿을 만한 기준일까?

만약 누군가가 첫 데이트 때 진정 천박하게 행동했다면, 그들에게 두 번의 기회를 줄 필요는 없다. 하지만 매력적이고 재밌으며 아주 괜찮아 보이지만, 왠지 불꽃이 튀는 느낌이 없는 상대와 데이트를 해본 적이 있는가? 그래서 그 사람과는 다시 만날 이유가 없다고 결정해버리지 않았는가? 문제는 우리가 '불꽃'이 튀는 상대와 만나려는 경향과 관계를 행복하게 만드는 것은 다를 수 있다는 것이다.

좋은 느낌, 아니면 단순한 친근함?

깊은 교감을 나눌 상대를 원하지만, 이전에 만나던 사람들은 그렇지 못했다고 해보자. 그들은 감정을 함께 나눌 수 없는 사람이거나 일과 친구들을 좋아해서 당신에게는 관심을 많이 가져주지 않았다. 당신은 그런 사람들과의 만남을 원하지 않지만, 이런 문제가 계속 일어나는 것 같다면 아마도 당신을 그런 길로만 이끄는 풀지 못한 문제가 있을지도 모른다.(28-29쪽 참고) 어쩌면 그저 운이 없었을 수도 있다. 어느 쪽이든, 당신의 애정 생활이 계속해서

같은 문제들과 부딪혀 왔다면, 당신은 새로운 사람을 만나면 다를 것이라는 막연한 희망을 가지게 되었을 것이다.

여기에 반전이 있다. 다르다는 것은 느낌이 다르다는 것이며, 당신이 관심을 가지고 만나왔던 이전의 사람들과는 다른 느낌이어야 한다. 하지만 당신은 새로운 느낌이 드는 상대에게는 관심이 가지 않는다는 생각이 들어 만남을 피하게 될 것이다.

흥분, 혹은 두려움?

누군가와 사랑에 빠지는 것은 당신을 불안하게 만들 수 있다.(16-19쪽 참고) 우리는 황홀함, 기대감, 두려움, 그리고 불안감을 동시에 느끼는데, 갑자기 밀려드는 감정은 추스르기 힘들며 이런 감정은 가끔 정신을 차릴 수 없을 만큼 강렬하기도 하다. 만약 당신이 다소 불안해하는 애착 유형이라면, 특히 더 그럴 것이다. 이런 경우가 아니더라도, 불확실성은 강한 아드레날린을 분출하게 만든다.

만약 당신이 이러한 아드레날린에 익숙하다면, 뻔한 상대를 만나는 것은 조금 따분할 수 있다. 상대방이 흥미롭게 대화를 하더라도 당신은 상대를 알아보고 싶은 기분이 좀처럼 들지 않을 것이며, 상대에게

🔍 성공할 때까지는 매력적인 척하기

심리학 교수 존 와이즈먼(John Wiseman)은 에든버러에서 열린 스피드 데이트 참가자들에게 매력적인 면을 '가짜로' 지어내라고 요청했다. 아무것도 속이지 않은 집단은 상대의 약 20%만 다시 만나고 싶어 했던 것에 반해, 자신이 매력적인 척했던 집단은 상대의 45%가 다시 만나고 싶어 했다. 이렇게 보면, 매력적인 척하는 것은 당신의 기회를 두 배 이상 높여주는 것 이상의 무언가이다.

경험으로부터 배우기

1 사랑에 대한 우리의 기대치가 좋지 않았던 사람들을 통해 형성되었다고 해보자. 말하자면 상대와 함께 있을 때마다 긴장되었다면, 우리는 만남을 가질 때 안정된 기분에 대해서는 어떻게 대처해야 할지 모를 수도 있다.

2 첫 번째 데이트에서 불꽃 튀는 감정을 느끼지 못했다면, 다음 순서도를 따라 해보고 당신의 새로운 상대에게 두 번째 기회를 줄지 판단해보자.

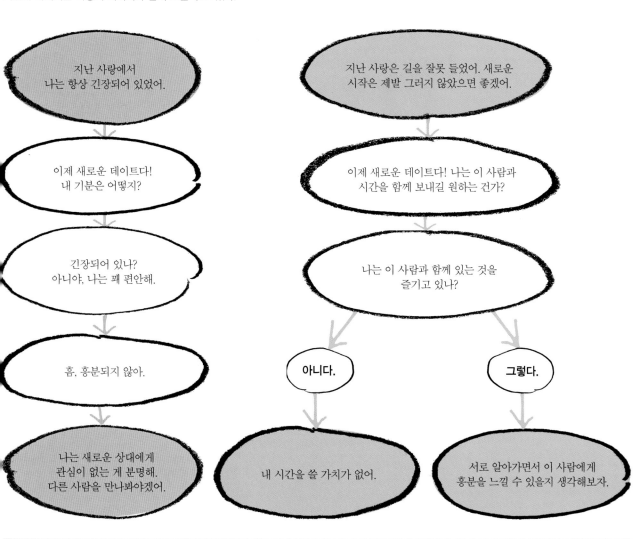

관심이 없다고 판단할 것이다. 하지만 당신이 장기적인 관계를 원한다면, 좋은 상대를 알아보는 기준을 두고 당신을 잘 대해줄 상대를 예측할 수 있어야만 한다. 그 누구도 일주일씩 사라지거나 갑자기 이성을 잃고 화내는 상대를 원하지는 않기 때문이다.

두 번 생각하라

만약 첫 번째 데이트가 나쁘지는 않았지만 크게 재밌지도 않았다면, 두 번째 데이트를 해보는 것이 좋다. 상대가 따분해서 흥미를 느끼지 못하는 것과 당신에게 익숙하던 잠 못 이루는 밤과 고민하는 시간들이 없어서

흥미를 느끼지 못하는 것을 구별하는 것이 중요하다. 첫 번째 경우의 사람이라면 더 이상 만날 필요가 없다. 하지만 두 번째 경우라면 당신에게 일어날 가장 로맨틱한 일이 될 수도 있다.

여러 사람이 시야에 들어왔을 때

애인 후보를 두고 저울질하기

때로는 매력적인 사람들이 여러 명 동시에 시야에 들어올 때가 있다. 특히 당신이 인터넷 데이트를 하고 있다면 이 현상은 더 도드라진다. 모든 사람을 다 만날 것인가, 아니면 선택을 먼저 할 것인가? 윤리적으로 여러 사람을 동시에 만날 수 있는 방법은 없을까?

만약 매력적인 여러 명의 상대가 나타났다면, 당신은 그들 사이에서 어쩔 줄 몰라 할지 모른다. 여러 명을 동시에 만나보는 기간을 가질 수 있겠는가? 이는 문화와 상황에 따라 다르다.

문화적 분위기가 어떠한가?

여러 명을 동시에 만나는 것이 얼마나 허용되는지는 당신이 속한 문화에 따라 상당히 다르다. 당신의 국적과 종교뿐만 아니라 살고 있는 지역의 문화도 영향력을 미친다. 어떤 문화에서 데이트는 명백하게 두 사람만의 문제이지만, 또 다른 문화에서 데이트 초반은 오디션 과정과도 같다. 따라서 당신이 속한 문화가 가진 기본 전제는 무엇인지 생각해보고, 당신이 데이트하고자 하는 사람의 생각이나 문화적 전제는 무엇인지도 고려해보자.

어떻게 만났는가?

상대를 만난 상황 역시 중요하다. 만약 서로의 친구를 통해 가까워졌다면, 당신이 데이트 사이트의 프로필을 보고 누군가를 만난 경우보다 기대되는 책임감이 훨씬 크다고 할 수 있다. 만약 동료 여러 명을 좋아하고 있다면 대단히 조심해야 한다. 사내 연애는 분위기가 아주 순조로운 때에도 조심해야만 하는데, 이에 대해서는 앞에서 이미 설명했다. 게다가 1명 이상과 하는 로맨스에 대한 소문은 배가 될 것이라는 점을 명심하자.

 인터넷에서 만났는가?

상대가 당신을 진지하게 생각하고 있는지 아니면 계속해서 다른 후보들과 비교하고 있는지를 어떻게 알 수 있을까? 데이트 사이트에 로그인해서 상대방의 프로필 상태를 체크하도록 하자. 단, 당신의 프로필은 오프라인 상태로 두고 시도해야 한다는 점을 주의하자.

제1 규칙

정직하자. 첫 데이트에서 당신의 모든 사회적 스케줄을 공개할 필요는 없지만, 일단 관계가 시작되었다면 당신은 공정해야 할 필요가 있다. 다음 몇 가지 유용한 표현들을 참고하자.

- 저는 우리가 서로에게만 집중하는 사이가 되기 전에 서로에 대해 알고 싶어요. 그래도 괜찮을까요?

- 잠시 동안 전적으로 얽매이지 않고 데이트하는 것에 대해서 어떻게 생각하세요? 그런 식으로 서로가 올바른 사람을 선택했다는 확신을 가질 수 있을 것 같아요.

- 저는 서로에게 확신을 가질 때까지는 자유롭게 데이트하면서 천천히 알아가는 것이 더 편하게 느껴져요. 당신은 어떤가요?

핵심은 상대방의 기분도 중요하다는 것을 명확하게 말하는 것이다. 당신이 의도한 대로 시작해서 허심탄회하게 이야기를 나눠보자.

경계선, 프로필

만약 당신이 여러 명을 동시에 만나고 있다면, 데이트할 때 다음의 핵심사항을 기억하자.

- 같은 장소에 다른 사람과 함께 가지 않는다. 그곳의 직원이나 단골손님들이 이야기를 건네는 상황을 원하지 않는다면 말이다.

- 날짜를 달리해서 데이트 스케줄을 잡는다. 한 사람과 만나고 있다가 다른 사람에게로 급히 움직여야 하는 것은 다른 사람과의 데이트를 위해 그 사람과의 시간이 방해받을 수 있다는 뜻이 되며, 이는 공평하지 않다. 각각의 데이트에 충분한 시간을 갖고 만나는 상대에게만 관심을 집중하도록 하자.

- 데이트 약속을 할 때, "금요일은 안 돼요. 그날 다른 데이트가 있거든요."라고 말하지 말자. 데이트 상대가 다른 사람을 만나고 있는 것을 알고 있는 것과 상대가 직접 얼굴에 대고 말해주는 것은 다른 차원의 문제이다.

- 친구와 가족이 모르게 하자. 그렇게 하면 간섭에서 벗어날 수 있으며, 실제보다 관계에 더 전념한 척하지 않아도 된다. 친구와 가족을 만나는 것은 당신의 삶에 모르는 사람이 끼어든다는 뜻이다. 그러므로 친구와 가족을 만나고 싶어지는 확신이 들 때까지 기다리도록 하자.

솔직하게 알리기

단 한 사람에게 집중할 준비가 되었는가? 그렇다면 이제 다른 사람들에게 말할 때이다. 아래의 조언들을 참고하자.

- 만나서 얼굴을 보고 말하자. 이 방식이 보다 상대를 존중하는 것이며 용기를 내기 위해 준비했다는 것을 보여준다.

- 단호하게 말하자. "다른 사람과 진지한 관계를 가지기로 결정했습니다. 하지만 당신과 보낸 시간은 정말 멋졌어요. 진심으로 당신이 잘 되기를 바랍니다." 상대방이 잘못한 것은 없으므로, 친절하게 말하자.

- 상대의 화낼 권리를 존중하자. 상대방은 이를 무심코 받아들일 수도 있지만, 이를 헤어짐으로 받아들일 수도 있다. 그들이 어떤 기분을 느끼든지 존중해주도록 하자.

- 친구로 지내고 싶다 하더라도, 당신의 새로운 연인과 먼저 상의하지 않았다면 그런 제안은 하지 않도록 하자. 또한 상대가 친구로 지내는 것을 원하지 않을 수 있는데, 그것은 그들의 결정이므로 강요해서는 안 된다.

- 깨끗하게 끝내자. 이렇게 하는 것이 관련된 모든 사람에게 공정한 일이며 당신의 진심을 새로운 연인에게 보여주는 방법이다.

변화를 찾고 있는가?

'잘못된' 연애 경험이 있어서 변화를 원한다면 여러 명과 데이트해보는 기간이 도움이 될 것이다. 때로는 사랑이 시작되기 위해서 얼마간의 시간이 필요하다. 그 시간 동안 당신이 두루두루 여러 사람과 데이트를 한다면 허둥지둥하면서 좋은 사람을 만날 기회를 날려버리는 경우가 덜할 것이다.

경험적으로 보면 사랑과는 관계없이 누군가를 만나볼 기회를 많이 가질수록 상대방은 더 많은 헌신을 보여준다. 만약 당신이 사람을 사귀기 위해 데이트에 나가야만 한다면, 여러 사람을 만나는 데이트는 적당할 수 있다. 여러 명을 만나보는 데이트는 복잡할 수 있지만, 다른 사람에 비해 이런 방식의 데이트에 더 특화된 사람들이 있다. 스스로를 지치게 하고 파트너들을 오해하게 하는 것 없이 이런 데이트를 즐길 수 있다면, 이는 자신감을 쌓으면서 마지막에 선택한 상대가 누구든지 간에 최고의 선택을 했다는 확신을 얻을 수 있는 좋은 방법이다.

3:14

어떤 조사에 의하면 평균적으로 남성은 세 번의 데이트 후에 사랑에 빠지며, 여성은 열네 번의 데이트가 필요하다고 한다.

민감한 사안을 이야기하는 법

고백과 비밀

연인 사이에서 몇몇 사안은 말하기 껄끄럽지만 언젠가는 이야기해야 한다는 사실을 알고 있을 것이다. 하지만 거기에는 사안을 숨기고 싶은 유혹도 있을 수 있다. 용기를 모아 어떻게 해야 할지 미리 생각해보자.

비밀을 털어놓을 때 적절한 시기을 잡는 것이 가장 중요하다. 여기 우리가 생각하는 것보다 훨씬 더 흔한 세 가지 비밀 유형이 있다.

자녀

당신에게 전 배우자와의 사이에 자녀가 있다면, 이는 중요한 사안이다. 이 사실을 상대에게 알려야 하는 것은 너무나 당연한데, 문제는 이야기를 꺼내는 시기이다.

이는 빨리 말할수록 좋다. 데이트를 여러 번 하는 동안 자녀 문제에 대해 침묵한 것은 의도적이고 이상하게 보일 수 있다. 여성들은 남성들이 자녀가 있는 여성과는 데이트하지 않을 것이라고 특히 더 걱정한다. 하지만 아래의 통계치를 보면 기우에 불과하다는 것을 알 수 있다.

정신 질환

당신이 신경쇠약으로 고통받고 있다면 이 사실이 사람들을 떠나가게 할까 봐 걱정할

1,200만

미국 통계국은 2013년 한부모 가정이 1,200만에 달하는 것으로 집계했다. 이는 1960년에 조사된 것에 두 배에 해당하는 숫자이다.

77%

2013년 미국 데이트 사이트에서 2,000명의 남성을 대상으로 조사한 결과, 상대 여성에게 자녀가 있다는 이유로 헤어지지는 않을 것이라고 대답한 비율은 77%에 달했다.

지 모른다. 정신 질병은 고통스러운 경험이기 때문에 그 사실을 말하기 힘들 수 있다. 평범한 사람이 정신과 치료를 받고 있을 뿐이라고 생각되는 게 아니라 '미친 사람'으로 오해받을 수 있다는 두려움은 매우 실제적이다. 사실, 정신 질환은 상당히 흔한 질병이다. 영국 정신건강기금은 불안감과 우울증을 호소한 사람의 비율이 2009년 한 해에만 전체 인구의 9.7%에 달한다고 보고했다. 이를 보면, 당신의 데이트 상대 역시 정신 질환을 앓고 있거나 주변에 그런 사람이 있을 수 있는 확률이 존재한다.

그렇기는 하지만, 보통 정신 질환은 데이트 초반에 털어놓을 만한 사안은 아니다. 많은 사람들이 직장을 비롯한 사회생활에서 차별받을까 봐 두려운 마음에 이 사실을 비밀로 하고 있다. 만약 당신이 질환을 앓고 있다는 사실이 널리 알려져 있지 않다면, 데이트 상대에게 이 사실을 털어놓기 전 믿을 만한 사람인지를 확인할 필요가 있다. 서로에게 전념하는 사이가 되었고 진지한 사랑이라면, 어느 정도 시기가 되었을

때 질병에 관한 사실을 밝혀야 한다. 일단 당신이 사실을 말하기로 결정했다면, 너무 거창하게 말하지 않는 편이 좋다. 솔직하고 간단하게 과거에 문제가 있었다고 말하되, 당신이 이 말을 하는 것은 상대방을 신뢰하기 때문이라는 것을 강조하도록 하자. 또한 그 질병을 어떻게 조절할 수 있는지에 관해 자세히 말하는 것을 잊지 말도록 하자. 이런 방식으로 당신은 질환을 삶의 일부로 받아들이고 대처할 수 있는 사람이라는 것을 보여줄 수 있고, 이는 상대방 역시 정신 질환을 한결 편안하게 바라보도록 만들 수 있다.

어리석은 사진들

인터넷에 경솔하게 올린 잘못된 자료는 한 시간이면 전 세계로 퍼질 수 있다. 따라서 만약 과거에 만나던 사람이 당혹스러운 당신의 사진이나 이메일을 가지고 있다면, 당신은 이를 통해 대중의 구경거리가 될까 봐 두려워할지 모른다. 그 사진이나 이메일 등은 당시에는 외설적인 재미를 주었겠지만

이제는 다시 생각하기도 싫은 괴로운 실수로 여겨질 것이며, 특히 당신의 전 애인이 제대로 된 사람이 아니라는 사실이 밝혀졌을 경우에는 그 두려움이 더할 것이다. 이때 현재의 상대에게 그 사실을 말할 수 있다면 두려움은 한결 나아질 것이다.

그렇다면 이런 이야기를 하기에 좋은 순간은 언제일까? 두 사람의 성적 접촉 초기 단계에서 말하는 것이 아마도 가장 좋은 선택일 것이다. 두 사람이 육체적으로 알아가고 있는 순간은 당신의 과거를 털어놓기에도 좋은 순간이다. 그 시점에서 상대는 당신이 장난치는 정도를 알게 될 것이며, 당신의 개인적인 과거를 인터넷에 공개한 것은 저속한 과거 애인의 행동이라는 당신의 말에 동의할 것이다.

만약 당신의 새로운 연인이 문제가 되고 있는 상황과 같은 행동을 하도록 압박하고, 당신은 그 일을 원하지 않는다면 조심하도록 하자. 일반적으로 난처한 일은 그것을 비밀로 하기 때문에 힘을 얻게 된다. 비밀을 깨고 당신에게 유해한 영향력을 줄이도록 하자.

언제 그리고 어디서?

상대에게 해야 할 말이 있다면 때와 장소를 정함에 있어 신중을 기해야 한다.

좋음	나쁨
집. 편안하고 개인적인 공간이다. 당신의 집은 상대방에게 생각할 시간이 필요하다면 좋은 장소가 될 것이다. 상대방은 자신의 집에서 당신을 내보내는 것보다 쉽게 자리를 뜰 수 있을 것이다.	바쁜 레스토랑. '소란을 피우지 않겠다'는 압박감은 불필요한 긴장을 만들 수 있다.
공원 산책 중에. 다른 사람이 듣지 못하게 할 수 있으며, 공원은 차분한 환경이다.	운전 중에. 사고가 나지는 않더라도 '싫지만 듣지 않을 수 없는' 것은 분노를 일으킬 수 있다.
데이트 중간에. 서로 마음을 가라앉히고 이야기를 나눌 수 있는 시간이다.	섹스 후에. 절대로 좋은 순간이 아니다. 상대방은 당신이 이를 일부러 교묘하게 조종하고 있다고 느낄 것이다.

꽃을 들고 말하라

선물하기와 그 의미

우리는 작은 선물에 감동하며, 그것을 아끼는 누군가로부터 받는다면 더욱 더 의미 있게 여길 것이다. 하지만 선물을 한다는 것은 가끔 부담을 주기도 한다. 관계에 있어 선물을 사용하는 가장 좋은 방법은 무엇일까?

표면적으로 꽃다발이나 초콜릿상자는 간단하고 좋은 선물처럼 보인다. 하지만 이것들을 선물하는 순간, 이 선물들은 사교댄스를 추는 것과 같이 복잡해진다. 어떻게 주고받을 것인지가 우리 관계에 중요한 의미를 가지기 때문이다.

교환 주기

누군가 당신에게 선물을 했다면, 어떤 기분인가? 바라던 선물이라면 매우 기쁘겠지만 한편으로는 약간 불편한 마음도 들 것이다. 이제 당신도 상대에게 무언가를 어느 시점에 선물을 해야 할지 고민해야 하기 때문이다. 이런 선물은 가격이나 노력이 얼추 비슷해야 하며, 그렇지 않다면 바로잡아야 할 관계의 불균형으로 느껴지는 경향이 있다.

만약 이 모든 이야기가 약간 계산적으로 들린다면, 다시 생각해보자. 사실 이것은 계산적이지 않은 관계의 가장 중심이 되는 요소이다. 인류학자인 로라 보한난(Laura Bohannan)은 다음과 같은 좋은 예를 들어 설명하고 있다. 나이지리아의 티브족 공동체에 머물렀을 때, 지역 여성들이 자신에게 닭 혹은 토마토와 같은 작고 다양한 선물을 가져다주는 것을 경험하였다. 그녀는 새로 만난 두 명의 친구들이 설명해주기 전까지는 이에 대하여 어떻게 답례를 해야 할지 알 수가 없었다. 친구들의 설명에 따르면, 그녀는 일정한 간격을 두고 답례를 해야 하

> 선물을 주는 방식은
> 선물 그 자체보다 가치 있다.
>
> – 프랑스 극작가, 피에르 코르네유
> (Pierre Corneille)의 「라이어」 중

186억 달러

미국소매협회에 따르면, 2013년 미국인들은 밸런타인데이 선물로 186억 달러를 지출한 것으로 나타났다. 이는 한 사람당 평균 131달러에 해당한다. 어버이날에는 평균 169달러를 지출하는 것으로 집계됐다.

51%

밸런타인데이에 카드 다음으로 인기 있는 선물은 51%를 차지한 과자 종류였다. 그리고 꽃과 식사가 각각 36%로 그다음을 차지했으며, 보석류가 19%로 조사됐다.

2억 3,300만 송이의 장미

2억 3,300만 송이의 장미가 2013년 미국의 밸런타인데이를 위해 재배되었다. 남성은 밸런타인데이 꽃다발의 73%를 구입했으며, 여성의 14%만이 그들 스스로 꽃을 구입하는 것으로 나타났다.

며, 선물은 똑같은 가치를 가지는 것이 아닌 약간 더 좋거나 덜 좋은 것이어야만 했다. 이렇게 하면, 서로의 '빚'은 누가 무엇을 주었든 간에 불균형을 이루게 되고 우호적인 선물 교환은 무한히 계속된다. 여기서 동등한 선물을 주는 것은 더 이상 서로 친구가 되길 원치 않는다는 표시이다.

이는 나이지리아의 티브족 공동체에만 국한된 이야기는 아니다. 심리학자들은 모든 문화권에서 '사회적 규범'과 '시장 규범'의 차이가 있다는 것을 발견했다. 유대감을 보상으로 하는 선물 교환 관계는 가게에서 물건을 구입하는 교류와는 다른 차원인 것이다.

선물을 하는 행위가 경제적인 보상보다는 사회적 유대감을 위한 것이라는 사실을 뒷받침하는 근거가 있다. 제임스 헤이맨(James Heyman)과 댄 애리얼리(Dan Ariely)가 2014년 『심리과학지』에 발표한 내용에서, 실험에 참가한 사람들 중 불가능한 일을 함에 있어 돈을 받고 시도한 사람들이 무료로 봉사한 사람들보다 더 빨리 포기했다고 한다. 공짜로 참가한 사람들은 자신들

이 최선을 다해서 도움을 주었다는 기분을 보상으로 여겼던 것이다. 이처럼 우리는 유대감을 원하도록 진화해왔고, 호의라는 것은 가장 강력한 유대감이다.

사랑이란?

이는 사랑과 어떤 관련이 있을까? 핵심은 다음과 같다. 당신이 동등하지 않은 관계를 찾는 것이 아니라면, 서로에게 주는 선물은 동등한 교환으로 보이는 것이 가장 좋다. 또한 당신이 관계의 균형을 맞추려고 하는 중이라면, 선물은 서로의 가치에 대한 생각을 보여주는 미묘한 언어가 될 수 있다. 이런 이유로 당신의 동의도 없이 엄청난 호의를 보이거나 비싼 선물을 하는 구혼자는 주의하라는 것이다. 그들은 어쩌면 당신이 신세를 졌다는 기분이 들게 하려는 속셈을 숨기고 있을지 모른다.(156-157쪽 참고)

당신이 원하는 것은 서로의 취향을 세심하게 고려하는 관계일 것이다. 사려 깊은 선물은 당신이 얼마나 꼼꼼하게 상대를 관찰하고 진심으로 소중하게 여기는지에 관

해 많은 것을 말해줄 수 있다. 이렇게 서로 선물을 주고받는 것은 절묘하고도 주의 깊으며, 상호의존적인 행위가 된다. 이를 통해 당신은 이 연애에 존중과 감사가 살아있으며 잘 표현되고 있다는 것을 알 수 있다.

🔍 나에게 무엇을 바라는 거지?

우리는 보통 '시장 규범'보다는 '사회적 규범'을 더 자주 행하는데, 이때 조심하도록 하자. 만약 사회적 규범이 마치 시장 규범처럼 받아들여져서, 식사는 섹스로 보답해야 하는 것처럼 생각될 수 있기 때문이다. 만약 식사비를 내는 것이 그 이상의 무엇을 의미한다는 생각이 들면, 당신은 사회적 규범을 시장 규범으로 대하고 있는 것이다. 즉, 더 깊은 사회적 관계를 위한 호의가 아니라 일종의 지불 수단으로 여긴다면 상대는 당신을 용서하지 않을 것이다. 여기서 반대로 당신이 저녁 식사 비용이 뜻하는 바를 상대에게 말한다면, 이는 누군가의 호의는 '구매'할 수 있는 것을 암시하면서 뺨 한 대 얻어맞기 딱 좋은 상황이 될 것이다.

4부

끌림부터 진지한 사이가 되기까지

관계 확고히 하기

당신에게 알맞은 속도 맞추기

빠른 길과 느린 길

만나고 있는 상대에게 좋은 느낌이 들기는 하지만 마음을 정하기까지는 약간의 시간이 필요할 때가 있다. 당신은 천천히 안정되게 진행하는 편인가, 아니면 좋은 것에는 지체할 이유를 찾지 못하는 편인가?

때로 당신은 완전히 사랑에 빠져서 바로 앞으로 나아갈 준비가 되지만, 때로는 확신을 가지기 위해서 약간의 시간이 필요하다. 만약 상대도 당신과 같은 마음이라면 괜찮겠지만, 어떻게 두 사람 모두에게 적절한 속도라는 것을 확신할 수 있을까?

끌리기

진지한 관계의 속도는 우리의 애착유형에 어느 정도 영향을 받는다.(16-19쪽 참고) 불안형 사람들은 거절을 뜻하는 모든 표시를 과민하게 인식하며, 주기적으로 사랑에 대한 확신을 받을 때 가장 편안함을 느낀다. 따라서 거절의 경우가 여전히 존재하는 관계의 초기 단계는 그들에게 떨리고 스트레스를 받는 힘든 시간일 수 있다.

불안형을 안심시키는 말은 "오늘 저녁을 기다려왔어요." 정도면 된다. 만약 당신이 불안형이라면 솔직하게 이런 확신을 주는 말을 요청하도록 하자. 당신에게 어울리는 사람은 이런 솔직함에 감사하는 사람이다. 만약 당신이 불안형과 데이트하고 있다면, 그들에게 좋아한다는 확신을 주는 말을 해주도록 하자.

반대로 당신이 불안형이라면 일부러 더 느린 속도를 선택할지도 모른다. 그동안의 연애 습관, 즉 처음에는 몹시 흥분했다가 이내 행복하지 않은 관계로 끝나버린 오랜 습관을 깨고 싶기 때문이다. 만약 그렇다면, 축하할 일이다. 다만 기억해야 할 점은 당신의 '애정 결핍' 때문에 거절당할지 모른다는 두려움이 이번에는 상대와 거리를 너무 유지해서 거절당하지는 않을까 하는 또 다른 두려움으로 변하지 않도록 하는 것이다. 당신을 좋아하는 사람은 당신이 천천히 다가간다고 해서 사라지지 않는다.

얼마나 느려야 지나치게 느린 것인가?

애착유형에서 회피형에 해당하는 사람들은 데이트에 있어 진지한 관계를 혐오한다. 따라서 친밀해지기까지 천천히 알아가거나 아니면 너무 지나치게 가까워지지 않도록 느린 태도를 유지하려 한다.

만약 당신이 회피형과 데이트하고 있다면, 그들이 가까워지기 망설이는 것이 꼭 당신에 대한 망설임을 의미하는 것은 아니라는 점을 기억하자.

반대로 당신이 회피형에 속한다면, 가능한 공평해지도록 하자. 당신에게는 당신의 영역에 대한 권리가 있지만, 연인과의 관계에서 그것을 요청할 때는 이는 당신의 문제이며 상대방의 잘못이 아니라는 점을 분명히 해야 한다. 밀어내는 것은 안정형 사람조차 불안하게 만들 수 있으므로, 상대방을 정말로 좋아한다면 당신이 할 수 있는 한 최대한 안심시켜주도록 하자.

마음을 열자

관계가 얼마만큼 진전되었는지를 항상 확실히 알 수 있는 것은 아니다. 예를 들어, 상대에 대한 헌신은 대개 분명한 표시이다.

이와는 달리, 고통스러운 비밀을 공유하는 것은 친밀감이 쌓이고 있다는 중요한 표시이기는 하지만 단계가 필요하다. 만약 당신이 불안형이라면 한 번에 모든 비밀을 털어놓고자 열심일 것이다. 하지만 이는 상대방을 연인이 아닌 치료사가 된 것 같은 기분이 들게 할 수 있다. 관계 초반에는 연인보다 친구가 동요된 애착 체계를 안정시키는 데 도움이 될 수 있다는 사실을 기억하자.

한편, 중요한 비밀을 털어놓았을 때 상대가 반응하는 방식은 친밀감을 형성하는 데 있어 대단히 중요하다. 즉, 관심을 가지고 공감하면서 반응하는 것은 관계 진전에 있어 큰 영향을 미친다.

관계에서 편안하게 느껴지는 속도는 서로의 욕구에 대한 상호 존중에 달려있으므로, 이런 욕구들에 대한 열린 대화가 필수적이다. 관계 초반에 상대의 욕구를 이해하고 받아들일 수 있다면, 미래를 위한 훌륭한 기반을 다진 것이다.

✏️ 그래, 이건 중요한 일이야!

전념을 보여주는 주요 신호로써 무엇이 중요한가? 영국에서 1,000명의 여성들을 대상으로 한 조사에 따르면 데이트 '초반 3개월 동안' 해서는 안 될 것을 하지 않은 상위 10%가 표면적으로는 다른 이들보다 더 진지한 관계였다고 한다.

- 함께 주말 여행을 가는 것
- 그의 앞에서 방귀를 뀌는 것
- 그의 부모님을 만나는 것
- 자신의 부모에게 그를 소개하는 것
- 그의 앞에서 트림하는 것
- 그의 주변에서 단정하지 못한 옷을 입는 것
- 큰 속옷을 입는 것
- 그와의 잠자리에서 화장을 지우는 것
- 아래위로 다른 속옷을 입는 것
- 화장을 하지 않는 것

한편, 전체 조사 대상자 중 4분의 1에 해당하는 여성들이 첫 데이트 후에 즐거운 마음으로 장난스러운 문자메시지를 보내거나 섹시한 자신의 사진을 보낸다고 답했다. 우리가 정말로 염려하는 것은 상대가 우리를 품위 없고 불완전한 사람으로 보는 것이다. 따라서 우리의 실제 모습이 때로 그렇더라도 상대방이 달아나지 않을 것이라는 확신이 들기 전까지는 좋은 이미지를 지키는 것이 좋다. 우리는 우리의 본모습을 사랑해줄 사람을 원하지만, 트림하거나 큰 속옷을 입는 것과 같은 진짜 자아를 드러내기에 앞서 다듬은 모습을 보여줄 필요가 있다.

✅ 천천히 가고 싶은가?

만약 관계가 너무 빨리 진전된다면, 다음의 체크리스트를 살펴보자.

1 나는 왜 이런 기분이 드는가? 이 사람과 함께하고 싶다는 생각에 확신이 없는 것인가, 아니면 이 사람을 좋아하기는 하지만 이렇게 빨리 내 삶에 일어나는 변화에 준비가 되지 않은 것인가? 이는 상대방과 이야기를 나누기 전에 스스로 생각해보아야 할 문제이다.

2 주요 문제는 무엇인가? 나는 내 자신에게 시간이 더 필요한 것인가, 아니면 다른 사람들을 만나볼 시간이 필요한 것인가? 나는 내 영역에 대한 경계심을 느끼는가? 만약 무엇이 당신을 신경 쓰이게 하는지를 정확하게 분별할 수 있다면, 당신은 훨씬 발전할 수 있다.

3 상대가 어떤 반응을 보일 것이라고 생각하는가? 사랑에 빠져있을 때, 상대에게서 뒤로 물러서라는 말을 듣는 것을 좋아하는 사람은 아무도 없다. 그럼에도 올바르게 전달한다는 가정에, 상대가 이를 받아들일 거라고 생각하는가? 아니면 거부할 것 같은가?

4 나는 타협하기 위해 무엇을 하겠는가? 예를 들어, 나는 나만의 시간이 필요하지만 함께하는 시간도 소중하게 여긴다는 것을 상대방에게 확신시킬 수 있다. 서로를 천천히 알아가는 대신에 할 수 있는 일을 준비해두었다는 사실을 상대가 아는 것은 관계를 긍정적으로 지켜줄 수 있다. 하지만 만약 당신이 아무것도 하고 싶은 마음이 들지 않거나 상대가 타협에 응하지 않는다면, 관계를 지속할 확신이 드는지 스스로에게 물어봐야 할 것이다.

경계선을 건전하게 유지하는 방법

자신의 경계선을 알자

우리는 관계의 완벽한 균형에 대해 저마다 다른 기준이 있지만, 모두 원하는 바는 결국 친밀성과 독립성의 적절한 조화이다. 그렇다면 친밀성과 부적절함 사이에 선을 어디에 그려야 할까?

'경계선'을 이야기함에 있어, 그것이 의미하는 바가 무엇인지를 정확하게 아는 것이 중요하다. 어떤 경계선은 신체적인 것이다. 즉, 당신이 허락할 때까지 당신을 만지는 것이 허용되지 않는다거나 어떤 종류의 스킨십이 수용 가능한지 아닌지를 정하는 것이다. 어떤 경계선은 심리적이고 정서적인 것이다. 당신이 이야기하고 싶지 않은 주제나 당신이 불리기를 원치 않는 별명 등이 이에 해당한다. 경계선을 두는 것은 우리의 신체적이고 정신적인 완전성을 지키는 방식으로, 접촉과 상호작용에 대한 다양한 정도의 경계선이 존재한다. 어떤 선은 모든 사람들에게 허용하는 선이고, 어떤 선은 친한 친구들과만 공유하는 선이며, 그중 몇몇은 오직 연인에게만 허용한다. 또한 그 누구에게도 허용하지 않는 선도 존재한다. 경계선에 있어 상대와 타협점을 찾는 것은 건강한 관계를 위해 중요한 부분이다.

당신의 경계선은 어디에 있는가?

당신의 경계선을 두 가지 면에서 생각해보자. 첫 번째는 상대가 당신을 존중하는 척도 및 당신과 양립 가능한지를 알아보는 지표로써 보는 것이다. 당신에게는 당신의 경계선을 지켜주고 자신의 경계선도 당신에게 분명히 말해주는 사람이 필요하다. 그리고 그 사람의 경계선은 당신이 지킬 수 있는 정도여야 한다.

경계선으로 인해 갈등이 유발되는 이유는 그 경계선을 제어하고자 하는 문제가 끼어들기 때문이다. 경계선은 다른 사람의 행동에 제한을 두기 때문에, 연애 상대를 고를 때 당신이 만든 경계선을 존중해주는 사람을 선택하는 것이 아주 중요하다. 경계선 개념을 이용하거나 상대의 '경계선'이 당신의 권리를 막는다면, 그 사람을 데이트 상대로 선택해서는 안 된다.

선을 긋는 것은 때로는 복잡할 수 있는데, 가장 간단한 방법은 다음과 같다. 당신에게 행해지는 일은 경계선을 그을 수 있다. 하지만 상대가 당신과는 별개로 무언가를 하는 것은 경계선에 관한 문제가 아니다. 즉, "나를 간지럽히지 마."는 경계선이며, 상대

당신의 자아가 듣도록 하자

의사소통을 할 때는 당신의 말투가 산만해지지 않도록 주의하자. 만약 당신이 건설적이지만 단호한 말투를 유지할 수 있다면, 성공할 좋은 기회를 잡는 것이다.

수동적
자기 자신을 존중하지 않음

단호한 의사소통
상대방과 자신을 모두 존중함

공격적
상대방을 존중하지 않음

건전한 경계선 설정하기

어떤 일에 대해 유쾌하지 않거나 하고 싶은 마음이 들지 않는다면 어떨까? 자기 자신의 감정을 명확히 아는 것은 경계선을 설정하는 가장 좋은 방법이다. 당신의 파트너는 당신이 말하지 않는 한 알 수 없으므로 확실하게 알려주어야 한다.

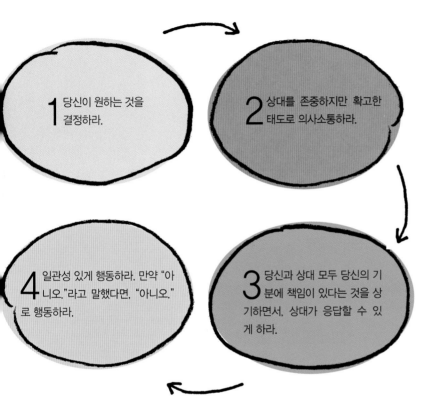

1 당신이 원하는 것을 결정하라.

2 상대를 존중하지만 확고한 태도로 의사소통하라.

4 일관성 있게 행동하라. 만약 "아니오."라고 말했다면, "아니오."로 행동하라.

3 당신과 상대 모두 당신의 기분에 책임이 있다는 것을 상기하면서, 상대가 응답할 수 있게 하라.

> 경계선은 당신이 자신의 삶을 가장 친한 친구처럼 소중하게 여긴다는 사실을 보여준다.
> – 『보다 나은 경계선: 자신의 삶을 진정으로 소유하고 소중히 여기기』의 작가 잔 블랙(Jan Black)

 ### 자아상을 분명하게 유지하기

관계에 깊이 빠졌을 때, 우리는 때때로 무엇이 '나'이며 무엇이 상대방인지 혼란스러워한다. 여기 당신 자신을 잊어버리지 않게 해줄 몇 가지 팁이 있다.

✔ 자각하기. 당신 자신의 생각과 의견을 계속 의식하면서 당신의 파트너와 얼마나 비슷하며 또 다른지를 생각해보자. 당신의 감정을 이해하고 받아들이도록 노력하자. 그것이 불편한 감정이더라도 말이다.

✔ 주관을 가지자. 상대에게 동의하지 않는다거나 다른 것을 원한다면 그대로 말하자.

✔ 당신 자신의 관심사를 존중하자. 당신에게 가치 있는 관심사라면 그 이유만으로 그것들은 가치가 있다.

✔ 제한을 두자. 만약 무언가가 신경 쓰인다면, 그 화제를 꺼내어 변화를 요청하자. 타협해야만 할 부분이 있을지 모르지만 감정을 억누르는 것보다는 말하는 편이 낫다.

✔ 자기 자신을 돌보자. 당신은 잘 자고 잘 먹고, 운동하며 즐길 시간이 필요하다. 어느 누구도 자신을 돌보지 않고는 살아갈 수 없다.

✔ 자기 자신을 연민하자. 모든 사람은 실수를 한다. 자기 자신에게 휴식을 주자. 당신이 완벽한 사람이 아니더라도 감정은 중요하다.

의 동의와 상관없이 받아들여져야 한다. 하지만 "그 이상한 모자는 쓰지 마."는 경계선이 아니며 타협할 대상도 아니다.

나는 여전히 나인가?

경계선에 있어 두 번째로 중요한 것은 관계를 맺는 동안 당신의 자아감을 유지하는 것이다. 사랑스러운 커플조차 자신들의 정체성이 약간 흐려졌다는 것을 발견하는데, 서로를 각각의 두 인간으로 유지하는 것은 관계를 개선하는 데 도움이 될 것이다. 사소한 불일치나 서로 다른 관심사가 반드시 관계에 위협이 되는 것은 아니다. 자신과는 다르게 세상을 바라보는 누군가를 곁에 두는 것은 뛰어난 현실감을 제공해줄 수 있다.

사랑과 관련해서 경계선에 대해 해야 하는 진짜 질문은 다음과 같다. 당신의 경계선 중 타협할 수 없는 것은 무엇이며, 상대가 원한다면 포기할 수 있는 것은 무엇인가? 이는 당신이 상대를 얼마나 편안하게 느끼고 있는지를 판단하게 해줄 좋은 방법이 될 수 있다. 만약 상대가 타협할 수 없는 당신의 경계선을 존중하고 당신도 경계선 일부를 포기하는 모습이 그려진다면, 당신은 놀라운 관계를 만난 것일지 모른다.

작은 문제가 큰 문제로 번지기 전에 막는 방법

갈등의 싹 잘라버리기

새로운 상대가 당신을 화나게 하고 짜증 나게 하는 일을 계속한다. 하지만 당신은 문제를 일으키길 원하지 않아서 상대와 그 사안에 대해 한 번도 이야기하지 않았다. 이렇게 침묵을 지키는 것이 상황을 더 악화시키는 것은 아닐까?

우리는 모두 관계의 초기에는 때때로 일부 감정들을 억제한다. 관계가 새롭고 소중해서 그 마법을 깨뜨리게 될까 봐 두려워하는 것이다. 하지만 관계가 오래 지속되려면 충돌해야만 한다는 사실을 피할 수 없다.

해치워버리자

갈등을 다루는 방식은 미래의 행복을 위해 대단히 중요하며, 의사소통에 달려있다. 문제를 꺼낼 때는 아직 작은 문제일 때 해결하는 것이 가장 좋다. 예를 들어, 오늘 아침에 상대방이 당신의 감정을 상하게 하는 말을 했다면, "있잖아. 나 오늘 살짝 화가 났어."라고 말하는 것은 그렇게 큰일이 아니다. 하지만 만약 이를 쌓아두었다가 나중에 "이봐. 나 지난달에 네가 한 말 때문에 화났었어."라고 말한다면, 상대는 아마도 "그걸 지금까지 계속 곱씹은 거야?"라고 반응할 것이며, 이는 첫 의견 차이를 대하는 순조로운 출발이 아니다.

시운전을 한다는 생각으로, 신경 쓰이는 작은 문제를 두고 너무 심각하지 않은 선에서 반박하는 연습을 해보자. 이런 방법으로 더 큰 문제가 생겼을 때, 그 문제를 어떻게 다뤄야 할지 더 잘 알게 될 것이다.

결코 다툼이 없을 것 같은 관계의 첫 시작 단계에서 벗어나고 싶어 하는 사람은 아

 신경질쟁이 아니면 간식쟁이?

상대에게 짜증이 나는가? 이는 당이 부족해서일 수 있다. 당신이 짜증 난다면, 당신은 '행그리(hangry)' 상태일지 모른다. 행그리란 배고픔(hungry)과 분노(angry)의 합성어로, 이 상태에서는 싸움을 시작하기 전에 간식을 먹어두도록 하자. 혈당치를 올리는 가장 빠른 방법은 탄수화물이나 설탕을 섭취하는 것이므로, 곡물이나 단 음식을 조금 먹어보고 기분이 나아졌는지를 살펴보도록 하자.

대화를 시작하기 좋은 말

어떻게 이야기를 꺼내야 하는지 모르겠는가? 다음의 몇 가지 문장을 시도해보자.

> 우리가 이 문제를 해결할 수 있을지 들어줄래요? 신경 쓰이는 것이 있는데 이것을 해결하고 싶어요.

> 걱정되는 것이 있는데, 당신과 함께 이 문제를 정리하고 싶어요. 괜찮을까요?

> 어제 일 기억나지? 당신이 그럴 의도는 아니었다는 걸 알지만, 나는 화가 났었어.

> 있잖아, 난 약간 화가 나. 우리 이야기 좀 할 수 있을까?

> 마음에 담아둔 일이 있는데, 함께 이야기해서 풀어도 괜찮을까?

무도 없다. 하지만 상대가 당신을 거슬리게 했다면 달콤한 시간은 이미 끝난 것이다. 이제는 '우리가 감당할 수 없는 문제를 만들지 말자.' 단계로 나아가야 할 시간이다.

인정하자

때로 문제는 당신이 상대를 화나게 했다는 것일 수도 있다. 이때, 당신은 상대가 떠날까 봐 두렵거나 혹은 소란을 피하기 위해 당신의 잘못을 지워버리려고 할 것이다. 하지만 이런 상황에서 상대가 건설적인 방향으로 의견을 말하는 것은 당신과 함께 문제를 풀고 싶다는 좋은 신호라는 점을 기억하자.

가장 간단한 해결책이자 최고의 방법은 바로 사과하는 것이다. 2014년 『미국국립과학원 회보』에 실린 한 연구에 따르면, 연인과 심각한 싸움 경험이 있는 337명에게 설문조사를 한 결과, 단순한 사과를 한 경험이 있는 사람이 상대방을 훨씬 높게 평가했으며 그 관계가 오래 지속될 것이라는 자신감도 더 높은 것으로 나왔다.

사과하고 사과받는 것은 관계에서 누구나 때때로 해야만 하는 일이다. 미루지 말자. 더 빨리 사과할수록 더 빨리 문제를 고칠 수 있고 더 나은 기분으로 시작할 수 있다. 하지만 사과하는 것이 걱정이 된다면, 자기 자신에게 질문해야 할 때이다. 당신의 사과를 받아주지 않거나 당신에게 사과하지 않을 것 같은 상대와 정말로 함께하고 싶은 것인지를 자문해야 할 때인 것이다.

1일 5번

포옹을 해보자. 영국에서 2,000쌍의 커플을 조사한 결과, 이상적인 관계는 하루에 다섯 번 서로를 껴안아 준다고 한다.

🔍 완벽한 사과

미국국립과학원 학회의 2014년 연구는 가장 효과적인 사과가 다음의 세 가지 요소로 이루어진다고 밝혔다.

1. 후회를 인정하고 보여주어라. 진심으로 "미안해."라고 말하자.

2. 책임감을 가져라. "그렇게 느꼈다니 유감이야."나 "만약 그렇다면, 미안해."와 같은 말은 안 된다. 이는 "잘 모르겠지만, 내가 화나게 했다면 미안해."라는 말밖에는 안 된다. 만약 당신이 잘못했다면, 피하지 말고 잘못을 모조리 자백하자.

3. 보상이 될 만한 무언가를 해주어라. 당신이 저지른 엉망인 상황을 치우는 것, 멋진 저녁식사를 예약하는 것 등이 있을 수 있다. 핵심은 상대방의 기분을 나아지게 해주고 싶다는 뜻을 증명하는 것이다.

잠자리를 가질 것인가, 말 것인가?

중요한 문턱 넘기

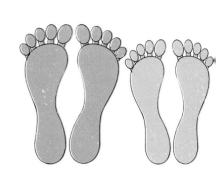

관계에 있어 성적인 친밀감에 생긴 진전만큼이나 획기적인 사건은 없다. 상대와 잠자리를 가지는 것은 당신이 내리는 결정 중 가장 개인적인 결정이다. 적절한 때가 왔다는 것을 어떻게 결정할 수 있을까?

🔍 호르몬 때문은 아닐까?

한 실험에서 옥시토신을 주입한 성관계 경험이 없는 암컷들을 관찰했다. 성관계를 통해 분비되는 유대감을 자극하는 옥시토신을 주입받은 암컷들은 다른 암컷들이 낳은 새끼한테 다가가서 마치 자신의 새끼인 것처럼 돌보았다. 우리가 누군가와 잠자리를 가질 때 분출되는 옥시토신은 성관계 전 그들에게 느꼈던 감정을 모호하게 해버릴지 모른다.

29%

2004년 ABC뉴스 설문조사에 따르면, 미국인들의 29%가 첫 데이트에서 성관계를 가진 경험이 있는 것으로 나타났다.

이에 대한 대답을 얻기 위해서는 많은 질문들을 해보아야 한다. 당신은 어리고 경험이 없는가, 아니면 성숙하고 자신감이 있는가? 당신은 아무 데도 얽매이지 않은 사람인가, 아니면 돌보아야 할 자녀가 있는가? 당신이 속한 문화는 혼전 순결을 지키지 않는 것에 너그러운 편인가, 아니면 성관계를 가지기 전에 진지한 맹세가 필요한가? 이 모든 것은 당신의 입장뿐만 아니라 상대방의 입장에서도 생각해보아야 할 질문들이다.

당신의 호르몬을 주의하자

침대에 뛰어들기 전, 잠깐 생각해볼 시간을 가지자. 성관계는 단순히 쾌감만 관련된 것이 아니며, 이는 유대감을 형성하는 호르몬 분비와도 연관이 있다. 당신이 누군가와 성관계를 가졌다면, 당신의 기분이 예상보다 더 많이 바뀐다는 것을 알 수 있을 것이다. 그리고 그 경험이 좋았다면 특히 더할 것이다. 당신의 신체는 '포옹 호르몬'으로 알려진 옥시토신을 분비하는데, 이는 우리를 사랑에 빠지게 한다. 당신이 올바른 사람과 관계를 가졌다면, 이 호르몬은 아주 좋다. 한편, 이는 매번 잘 맞지 않는 사람과 데이트하게 되어서 한 번쯤은 괜찮아 보이는 다른 유형의 사람과 만나보고 싶다면 유용하게 활용할 수 있는 방법이기도 하다. 옥시토신(남자라면 바소프레신)의 분출은 미적지근하기만 했던 관계에 활력을 주고, 새로운 누군가와 더없이 행복하게 유대감을 쌓도록 해줄지 모른다.

그렇다고 해서 확신도 없는 사람과 잠자리를 가지라는 뜻은 아니다. 그렇게 되면 잠자리를 가진 후에만 그 사람이 매력적으로 보일 테니까 말이다. 그보다는 오히려 당신과 맞지 않는 사람과 데이트하고 있을지 모른다는 사실을 주의하라는 의미이다.

애착 가지기

성관계 측면에서 애착유형 또한 우리를 행복한 몸짓으로 이끌 수 있다. 옆쪽의 표를 보도록 하자. 그러나 당신의 애착유형이 무엇이든지 간에, 성관계를 가지는 장기적 관계의 가장 좋은 종류는 열정뿐만 아니라 확고한 감정적 친밀감을 토대로 이어진 관계이다. 이런 관계 안에서 두 사람은 서로 존중하고 만족하며 애정 어리게 바라본다. 성관계는 감정적으로 단단한 사이에서는 사랑스러운 행위임이 틀림없다.

잠자리와 애착유형

애착유형은 우리의 잠자리에 영향을 미친다.(미국 인구 비례 애착유형 비율이 오른쪽에 나와 있다.) 당신이 안정형이라면 열정뿐만 아니라 감정적 친밀감을 바탕으로 한 성관계로 자연스럽게 이어질 것이다. 하지만 불안형은 상대가 안심시켜주기를 바라고 친밀감을 불편하게 여긴다. 아래의 사항들 중 친숙하게 들리는 것이 있는가?

50% 안정형

20% 불안형

25% 회피형

애착유형	근본적인 두려움	동기	잠재적인 위험
안정형	그다지 깊게 걱정하지는 않지만, 상처받을 경우에 대한 평범한 수준의 두려움에는 여전히 취약하다.	■ 보다 깊은 친밀함과 서로의 기쁨을 추구함. ■ 가장 완전하게 성관계를 즐기고 재미를 추구함.	■ 성적으로 만족스럽지 않은 상대와도 성실함 때문에 관계를 유지할 가능성이 있음.
불안형 	거절에 대해 두려워하며 수용에 굶주려 있다. 불안형 여성은 성적으로 자신이 원하는 바가 아닐 때조차도 보다 더 단호하거나 아니면 아예 문란한 경향이 있다. 불안형 남성은 만약 상대 여성이 이를 선호한다고 생각하면 성적으로 주저하는 경향이 강하다.	■ 수용의 증거로써 성관계를 추구함. 이는 성관계 자체를 위한 것이 아니기 때문에 진정한 친밀감과 기쁨을 저해함. ■ 성관계가 좋지 않았다면 이를 곧 상대가 자신을 거절할 신호라고 생각하고 걱정함. ■ 분위기를 즐기지 않는다면 상대가 자신을 사랑하지 않을 것이라고 걱정하는 경향이 있음.	■ 종종 성적으로 자신감이 없음. ■ 성적 착취와 강압에 특히 취약함. ■ 피임도구 없는 성관계와 같은 위험성 있는 실행을 받아들일 가능성이 가장 높음. ■ 단 한 번의 성적 접촉을 토대로 전체 관계를 좋음 혹은 나쁨으로 성급하게 결론지을 수 있음.
회피형 	친밀감과 애정을 어떤 맥락에서도 두려워하며, 성관계에 있어서도 마찬가지이다.	■ 성관계를 '정복'으로 여길 수 있으며, 사랑하는 사람과 가까워지려는 것보다는 또래 친구들에게 인상을 주기 위한 경향이 있다. 많은 가벼운 상대를 만날 가능성이 가장 높은 유형. ■ 감정적 친밀감에 대한 대체물로 성관계를 시도할 수 있음. ■ 자위나 포르노의 안전함을 더 선호할 수 있음.	■ 성관계를 거부하거나 진지한 상대방에 대한 흥미를 잃을 수 있음. 성관계가 좋았다고 하더라도 관계를 풍부하게 해주지 못할 수 있음. ■ 성관계를 불편하고 당혹스러운 것으로 여기거나 잠자리 기술이 부족할 수 있으며, 재미로 여길 수 있음. ■ 착취적일 수 있음. ■ 성적으로는 활발하나 외로울 수 있음.

당신을 힘들게 하는 것

불확실성

얼마나 데이트 상대를 생각하는지가 상대를 얼마나 사랑하는지를 말해주는 것일까? 꼭 그렇지는 않다. 가끔 생물학적 작용은 당신을 실제 관심사들과는 반대로 작용하게 만들 수 있다.

데이트 상대가 자주 당신을 실망시키지만, 그에 대한 생각을 멈출 수 없었던 경험이 있는가? 혹은 덜 헌신적인 사람에게서는 느꼈던 불꽃 튀는 감정이 수려하고 매력 있으며 친절한 사람에게서는 느껴지지 않았던 적이 있는가? 흥미롭고 멋진 누군가를 찾기를 소망하지만, 둘 다 가질 수는 없다고 의심하지는 않는가? 그렇다면 당신은 지금 '활성화된 애착체계'를 경험하고 있는 것이며, 이는 우리 모두에게 일어난다.

활성화된 애착체계

우리는 소중하게 여기는 인물들이 있고 그들 역시 우리를 소중하게 여겨주기를 원한다. 에단 크로스(Ethan Kross)의 2011년 연구에 따르면, 거절을 당했을 때 반응하는 뇌의 부분은 육체적 고통을 느낄 때 반응하는 뇌의 위치와 같다고 한다. 고통을 느끼게 되면 그것을 감당하기 힘들어서 '활성화'된 우리의 애착체계는 다시 기분이 가라앉고 안정될 방법을 찾도록 만든다. 회피형 사람들은

이런 체계를 '비활성화'시켜서 사람들을 멀리하고 홀로 진정하려고 노력한다. 불안형 사람들은 '과잉활성화'되는데, 안정을 찾기 위해 소중한 사람을 필요로 하며 그들 없이는 진정할 수 없게 된다.

만약 우리가 필요한 안정을 되찾게 되면, 우리의 뇌는 옥시토신과 신경회로를 활성화시키는 도파민을 분비하게 된다. 속상한 일이 생길 때마다, 우리는 필요한 '자극'과 안정을 찾으려고 한다. 만약 당신이 불안형이고 회피형 상대와 데이트를 하게 된다면, 상대방은 당신이 필요한 것을 줄 수 없을 것이다. 회피형의 자기 안정화 메커니즘은 다른 사람을 차단하는 것에 의존하기 때문이다. 만약 회피형 상대가 약간의 안심이라도 준다면, 당신이 느끼는 안정감은 옥

불안형-회피형의 악순환

불안형 사람들은 버려지는 것을 가장 두려워해서 사랑을 확인해주길 강요하는 행동을 한다. 반면 회피형 사람들은 감정에 압도당하게 되는 것을 가장 걱정하고, 자기만의 공간을 가지려고 한다. 결과적으로는 상호 간 오해와 스트레스를 동반하는 무한 반복의 악순환이 될 수 있다.

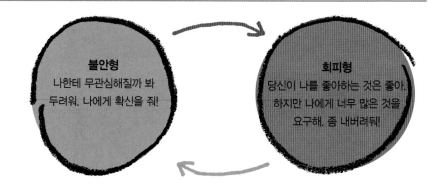

시토신과 도파민을 분비하게 만든다. 따라서 만약 관계가 롤러코스터처럼 기복이 심하다면, 당신의 뇌는 사랑이라고 생각하는 그런 호르몬들이 만드는 상태를 갈망하고 있는 것이다.

황홀함이 필요하다

만약 당신이 불안형이고 회피형과 데이트를 해왔다면, 깨달아야 할 것이 있다. 회피형이 가끔씩 하는 안심되는 행동에서 오는 감정이 황홀하게 받아들여진다는 것이다. 당신의 뇌는 그 감정이 열정적인 사랑이라고 인식하지만, 실은 열정적인 안정감이다.

여기 두 가지 위험이 도사리고 있다. 첫째로, 그러한 황홀함은 너무 강렬하기 때문에 행복하지 않은 관계를 계속 반복하게 만들 수 있다. 둘째로, 만약 당신이 새로운 누군가를 만나 그러한 황홀함을 느끼지 못한다면, 그들에게 관심이 가지 않을 수 있다. 하지만 사실 그들은 단지 불안한 기분을 만들어내지 않을 뿐이다. 안정적인 사람과 있으면, 온화한 감정이 지속적으로 밀려온다. 그 사랑은 지금까지와는 다르지만 더 나은 기분을 느끼게 할 것이다.

🔍 **고통을 없애주는 만남**

만약 거절이 고통이라면, 사랑은 상당히 좋은 진통제이다. 버지니아대학의 의해 진행된 2006년 연구는 자신들이 행복한 결혼 생활을 하고 있다고 말하는 16명의 여성을 대상으로 약한 전기 자극을 주는 실험을 하였다. 전기 자극을 스스로 주었을 때 그들은 상당히 아프다고 반응하였고, 모르는 사람의 손을 잡고 전기 자극을 받았을 때는 약간 아프다고 반응했다. 마지막으로 그들 남편의 손을 잡고 전기 자극을 받았을 때는 약간 불편한 정도라고 말했다. 누군가와의 지속적인 만남을 통해 당신의 고통도 나눌 수 있다.

누가 이길까?

양극의 불안형과 회피형이 충돌하면, 비록 진정 사랑하는 사이라 하더라도 두 사람 모두 불행해진다. 더 정확하게 말하면, 자신의 방식을 고수하는 회피형 사람이 이기는 경향이 있다. 한쪽은 더 원하고 다른 한쪽은 덜 원하는 두 타입은 완전히 상반되는 결론으로 끝날 수 있다.

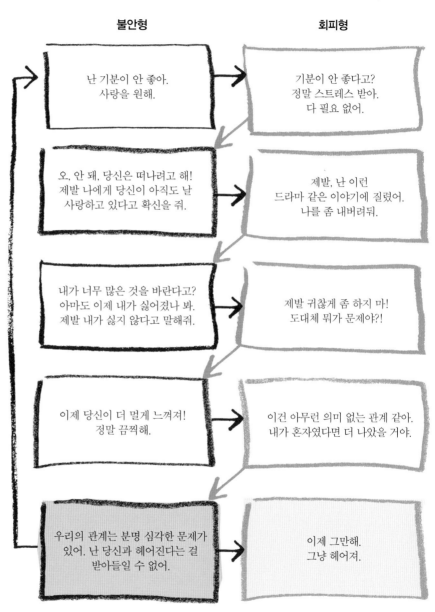

불안형	회피형
난 기분이 안 좋아. 사랑을 원해.	기분이 안 좋다고? 정말 스트레스 받아. 다 필요 없어.
오, 안 돼, 당신은 떠나려고 해! 제발 나에게 당신이 아직도 날 사랑하고 있다고 확신을 줘.	제발, 난 이런 드라마 같은 이야기에 질렸어. 나를 좀 내버려둬.
내가 너무 많은 것을 바란다고? 아마도 이제 내가 싫어졌나 봐. 제발 내가 싫지 않다고 말해줘.	제발 귀찮게 좀 하지 마! 도대체 뭐가 문제야?!
이제 당신이 더 멀게 느껴져! 정말 끔찍해.	이건 아무런 의미 없는 관계 같아. 내가 혼자였다면 더 나았을 거야.
우리의 관계는 분명 심각한 문제가 있어. 난 당신과 헤어진다는 걸 받아들일 수 없어.	이제 그만해. 그냥 헤어져.

갈등이 이 지점까지 오게 되면, 회피형 사람은 "그럼 내가 하자는 대로 해."라고 말하기 더욱 쉬워진다. 그리고 불안형 사람은 그것을 받아들이는 것 외에는 별다른 방법이 없다. 진정으로 친밀해질 기회는 잃어버리게 되고, 양쪽 다 아무런 이득을 보지 못한다.

미약한 관계의 불씨를 지피려면?

흥분의 힘

잘생기고, 흥미롭고, 재밌는 등 모든 면에서 마음에 들지만, 당신을 흥분시키지는 못하는 데이트 상대가 있다고 하자. 당신이 불꽃만 튀게 된다면 완벽하다. 당신 스스로를 사랑에 빠지게 할 수는 없을까?

만약 별다른 노력 없이 누군가가 사랑에 빠졌다면, 그건 분명 자연히 불꽃이 튀었다고 생각할 수 있다. 하지만 잘 맞아 보이지만 우리를 생기가 돌 정도로 만들지 않는 사람을 우리는 꽤 자주 만난다. 하지만 호감 가는 상대는 늘 만날 수 있는 것이 아니기 때문에, 큰 결정을 내려야 한다. '정착'할 것인가, 다른 상대를 찾을 것인가, 혹은 또 다른 어떤 선택을 해야만 한다.

정신을 똑바로 차리자

먼저 당신 자신에게 물어보자. 사랑의 떨림이 부족한 것인지, 정말 서로 궁합이 맞지 않는 것인지, 당신의 과거가 발목을 잡고 있는 것은 아닌지 말이다. 어떤 중요한 결정을 내리기 전에 그것이 당신의 문제가 아니라는 것을 확실히 해두도록 하자.

이와는 달리, 상대가 당신의 타입이 아닐지도 모른다. 만약 육체적으로 그들을 받아들이기 힘들다면, 관계를 중단하는 것이 가장 나은 방법일지도 모른다. 하지만 만약 그렇게 꺼려지는 것은 아니고 단지 매력적이지만 않은 것이라면, 그 사랑이 싹트도록 도움을 주거나 최소한 지켜볼 수는 있다.

라벨을 확인하라

미국의 심리학자 엘라인 하필드(Elaine Hatfield)와 엘렌 버쉐이드(Ellen Berscheid)에 따르면, '사랑의 두 가지 요소 이론'이라는 것이 작동한다고 한다. 여기서 말하는 두 가지 요소란 '각성'과 '표식'이다.

간단하게 말하면, 우리는 사랑을 흥분과 연관 지어 생각한다. 그리고 가끔은 반대로 흥분을 사랑과 연관 지어 생각한다. 만약 우리가 자동차 사고에서 살아남았거나 혹은 어떤 상을 수상한 후에 만나는 사람은 우리를 유혹하기 훨씬 유리한 위치일 수 있다. 심장이 두근대는 것을 우리의 뇌는 바로 이 사람 때문이라고 생각할 수 있기 때문이다. 우리는 우리가 느끼는 감정의 원인을 명확히 알고 싶어 하고 그 답을 찾는 과정에서 가끔 잘못된 각성을 통해 잘못된 답을 얻기

잘못된 각성

우리는 우리가 느끼는 기분에 대하여 알고 있다고 생각하지만, 공포, 흥분 그리고 갈망에 대한 육체적 감각은 거의 동일하다. 가끔 우리는 감각으로 먼저 느끼고, 이것을 주어진 상황에 있을 법한 느낌으로 부여한다.

육체적 각성	인식
■ 상기되다	■ 으르렁거리는 개: 공포
■ 심장이 뛰다	■ 매력적인 데이트 상대: 갈망
■ 숨이 가빠오다	■ 롤러코스터: 전율
■ 손에 땀이 나다	■ 시험지: 불안감

도 한다. 여기에 반전이 있다. 만약 우리가 자신에게 이 사람이 멋있어서 흥분된다고 말하면, 그 이후에 일어나는 흥분은 부분적으로 이 사람으로부터 발생하는 것이다.

불장난?

만약 사랑의 두 가지 요소 이론이 우리에게 잘 작용한다면, 무언가 특별히 흥분되는 데이트를 하면서 서로에 대한 매력이 더 커지는 것을 발견할 수 있다. 중요한 것은 적절한 이유를 가지고 해야 한다는 것이다. 누

군가를 위한 미약한 불씨에 불을 지피는 이유가 단지 그들이 지금 이 순간에 있기 때문이라든가 그냥 적당해 보이기 때문이라면, 이는 문제를 더 키우는 일이다. 아드레날린을 그냥 흘려보내기 전에, 몇 번의 데이트를 더 하고 당신이 진정으로 그와 함께하는 것을 즐기고 있는지 확인하자. 만약 당신이 상대로부터 행복감을 느낀다고 판단된다면, 당신의 아드레날린에게 기회를 주어라. 그러면 상대가 당신이 기대했던 것보다 더 매력적이라는 것을 알게 될 것이다.

> 공중그네 곡예사들은 복잡하고 서로 눈을 떼지 않는 사랑을 해야만 한다.
>
> – 잘못된 각성에 대하여,
> 저널리스트이자 블로거
> 데이비드 맥라니
> (David McRaney)

 흥분이 필요한가?

미약한 불씨에 불을 지피기 위해서, 당신의 데이트 상대에게 아래의 감정을 느끼도록 해보아라.

✔ **공포.** 무서운 영화는 연애 중인 남녀에게 인기가 많다. 만약 당신이 좀 더 육체적으로 저돌적인 스타일이라면, 롤러코스터, 낙하산, 또는 극한 스포츠도 괜찮다. 로맨스가 일어나지 않을 수도 있지만, 최소한 재미있는 데이트가 될 것이다.

✔ **분노.** 당신과 당신의 데이트 상대가 어떠한 사회적 부당함에 대하여 공통적인 분노를 느끼는가? 그렇다면 가두 행진에 참여하거나 일종의 정치 활동에 참여해보아라. 만약 함께 분노할 수 있다면, 서로에 대하여 새로운 시각으로 보게 될 것이다.

✔ **긴박감.** 아주 엄격한 데이트 시간을 만들어라. 데이트 시간이 다 되어 갈수록 매분 소중하게 즐기게 될 것이다.(데이트 상대에게는 이에 대하여 알리지 않는 것이 좋다.)

✔ **극적 분위기.** 로맨틱한 음악이나 영화는 분위기 잡기 아주 좋다. 만약 양쪽 다 오페라나 감성적인 연극을 좋아한다면, 근사한 작품을 하나 골라 즐기고 같이 눈물을 흘릴 수 있는 사람인지 알아보도록 하자.

✔ **성적 흥분.** 데이트 전에 야한 사진을 보거나 소설을 읽어. 약간의 성적 욕구 불만은 당신의 데이트 상대를 더욱 뜨겁게 보이도록 할 것이다.

🔍 **사랑의 고뇌**

당신과 당신의 데이트 상대가 육체적으로 친밀해진 시점이 되었다면, 변화를 주기 위해 약간의 역할극을 시도해볼 만하다. 뉴욕주립대학교 스토니브룩 캠퍼스의 심리학자 아서 아론(Arthur Aron)은 허구의 드라마가 실제로 변화를 가져올 수 있다는 것을 발견하였다. 그의 여성 보조연구원들은 '고문'당하는 역할로 남학생 자원자들을 고용하였고, 그들은 점점 '심문자'에게 매력을 느끼기 시작했다. 당신의 취향에 맞지 않는다면, 이렇게까지 할 필요는 없다. 하지만 만약 당신이 좀 더 성적 만족을 느끼고자 결심했다면, 약간의 환상은 흥분을 고조시킨다. 단, 반드시 데이트 상대의 참여 의사를 확인하도록 하자.

로맨틱한 사랑은
지구상에서
가장 중독적인 물질 중에
하나이다.

러트거스대학교 연구조사 교수 및 인류학자, 헬렌 피셔 Helen Fisher

이것은 사랑일까, 성욕일까?

당신의 호르몬에 귀 기울이기

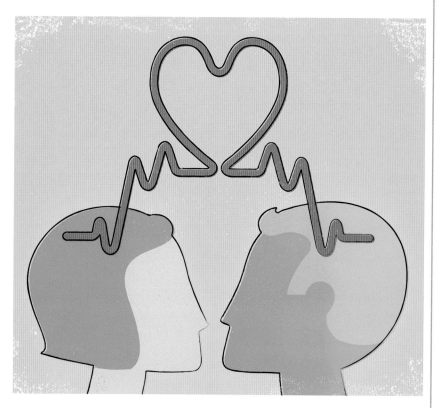

당신의 삶에 들어온 그 사람은 황홀하고 멋지며 무한히 매력적이라, 그 사람 외에는 좀처럼 다른 것을 생각할 수가 없다. 이것은 사랑일까, 아니면 단순히 성욕일까? 당신의 뇌는 어떤 상태인가?

많은 로맨틱한 관계들이 욕정의 눈길과 함께 시작된다. 그 사랑은 진정으로 우리와 화합할 수 있는 사람이며 좋을 때뿐 아니라 안 좋을 때도 함께 보내게 될 사람이다. 또한 결국에는 육체뿐 아니라 마음을 훨씬 더 사랑하게 될 그런 사람이다. 하지만 때로는 단지 지금 당장 그들과의 잠자리를 원하기 때문에 눈길이 갔을 수도 있다. 이 두 가지 경우의 차이점을 분간하는 것은 어려울 수 있다.

화학작용

우리의 몸이 관계의 여러 단계에서 분비하는 호르몬은 한 가지 흥미로운 이야기를 말해준다. 매력적인 사람에 대한 우리의 첫 반응은 몸에 에스트로겐이나 테스토스테론과 같은 '성 호르몬'으로 넘치는 성욕의 반응이다. 우리가 사랑에 빠졌을 때는 '성적 끌림 호르몬들'의 효과가 나타나기 시작한다. 즉, 세로토닌은 우리를 황홀하게 만들고, 아드레날린의 일종인 노르아드레날린은 우리의 심장 박동을 빨라지게 하며, 도파민은 목적지향적인 '반드시 저 사람과 함께하겠다.'는 끌림을 만들어낸다. 그중 아드레날린과 도파민의 혼합은 흥분과 관심을 고조시킨다. 이는 우리의 기분을 들뜨게 하고 식욕은 낮추지만 에너지를 솟아나게 하며 그 사람 생각에 사로잡히게 만든다.

애착단계는 보다 장기적인 유대감에 관한 것이다. 여기서 큰 역할을 하는 화학작용은 옥시토신으로, 이는 연인과 배우자, 자녀와 가족 그리고 친구에게 우리가 애착감을 가지도록 만들어준다. 남성에게 작용하는 또 다른 중요 호르몬은 바소프레신이다.

사랑이 식어간다면?

우리의 사랑은 열정적인 상태로 지속되거나 열정 대신 애착감이 자라나 감정이 차분해질 수 있는데 이는 우리가 상대에 대한 흥미를 잃었기 때문이 아니다. 그것은 옥시토신과 바소프레신이 도파민과 노르아드레날린의 행로를 방해하기 때문이다. 이런 상는 상대에 대한 끌림이 멈췄다는 것을 의미하는 것이 아니라 당신이 다시 예전처럼 잘 자고 잘 먹고 이성적으로 생각할 수 있게 되었다는 것을 뜻한다. 두려움이나 욕망 같은 강렬한 감정들을 처리하는 기관인 당신의 편도체가 과부하 상태에서 벗어나 정보를 더 명확하게 처리할 수 있게 된 것이다. 하지만 로맨스에 약간의 열렬함이 있는 편이 좋다면, 다음 단계까지 힘을 내보자. 장기적 관계에는 엔도르핀이라고 불리는 중독성의 호르몬이 분비되어 당신의 뇌 안에서 마치 아편처럼 작용하기 때문이다. 이 단계에서 당신은 상대방에게 진짜로 '중독되어'진다.

만약 당신의 애착체계를 잘 받아주고 잘 대해주는 사람을 발견할 수 있다면 호르몬들은 당신의 감각을 흥분시킬 뿐 아니라 차분하고 안정감 있게도 해줄 수 있다. 좋은 사람과 함께라면 당신은 이전보다 더 건강하고 분별 있는 감성을 가지게 될 것이다.

🔍 당신에게 빠지다

인류학자 헬렌 피셔는 로맨틱한 사랑은 화학적 중독 중 다음의 세 가지 주요 특성을 공유한다고 주장한다.

1. 참을성 증가. 상대에게 빠져들수록 상대가 더 많이 보고 싶어지는 것을 참아야 한다.

2. 금단. 만약 사랑하는 사람을 볼 수 없다면 기분이 몹시 좋지 않으며, 상대를 향한 열망을 멈출 수가 없다.

3. 재발. 상대와 헤어지게 되면 1년이 지나도 라디오에서 '함께 듣던 노래'가 나오면 눈물을 쏟을 것이다.

당신에게 잘 맞는 사람과 함께라면 피셔의 덧붙인 말처럼 사랑은 '잘 되어갈 때는 완벽하게 멋진 중독'이다.

🔍 사랑의 화학작용

뇌는 호르몬 몇 가지를 성욕과 사랑, 그리고 지속적인 관계를 이끄는 화학적 전달자로 배치한다.

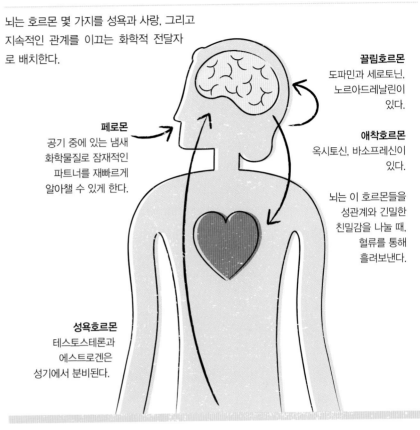

끌림호르몬
도파민과 세로토닌, 노르아드레날린이 있다.

애착호르몬
옥시토신, 바소프레신이 있다.

뇌는 이 호르몬들을 성관계와 긴밀한 친밀감을 나눌 때, 혈류를 통해 흘려보낸다.

페로몬
공기 중에 있는 냄새 화학물질로 잠재적인 파트너를 재빠르게 알아챌 수 있게 한다.

성욕호르몬
테스토스테론과 에스트로겐은 성기에서 분비된다.

🔍 뇌기능 지도

뇌의 '변연계'는 우리의 감정과 기억, 그리고 성적 흥분을 주관하는 일종의 중앙관제소이다.

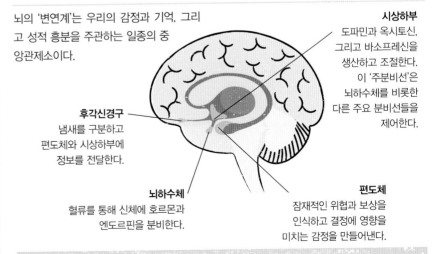

시상하부
도파민과 옥시토신, 그리고 바소프레신을 생산하고 조절한다. 이 '주분비선'은 뇌하수체를 비롯한 다른 주요 분비선들을 제어한다.

후각신경구
냄새를 구분하고 편도체와 시상하부에 정보를 전달한다.

뇌하수체
혈류를 통해 신체에 호르몬과 엔도르핀을 분비한다.

편도체
잠재적인 위협과 보상을 인식하고 결정에 영향을 미치는 감정을 만들어낸다.

실존하는 위험 찾아내기

학대자를 나타내는 경고 신호

'자신이 사랑하는 사람들을 아프게 하는' 사람들이 있다. 하지만 주변 사람들이나 피해자가 이 사실을 알아채기까지는 일반적으로 얼마간의 시간이 필요하다. 이런 상대를 알아보는 것은 빠를수록 좋은데, 학대가 심각해지기 전에 이것이 다가오고 있다는 사실을 어떻게 알 수 있을까?

학대는 종종 눈에 보이지 않는다. 희생자들은 다른 사람들이 자신의 파트너를 훌륭한 사람으로 보고 있다면, 혼란스러움 속에서 판단을 내리지 못하고 허우적거린다. 만약 당신이 이런 상황이라면, 당신의 감정에 주의를 기울이자. 누군가가 위험하다는 것을 더 빨리 깨달을수록 상대가 관계에 덜 집착하도록 할 수 있으며, 당신을 놓아주기도 쉽게 만들 수 있다.

누군가를 학대하는 사람으로 만든 것은 무엇일까? 반드시 그런 것은 아니지만 학대자 일부는 고통스런 유년 시절을 가지고 있으며, 그런 이들 중 상당수가 연민의 감정을 가진 꽤 괜찮은 상대를 만난다. 원인이 무엇이든 간에, 학대자는 상대방에 대해 자신이 권리가 있다고 느끼며, 상대방이 자신의 마음에 들지 않는 일을 했을 때 위협과 괴롭힘, 그리고 교묘한 속임수를 사용하는 것을 정당화한다.

항상 학대적인 사람은 아무도 없다. 사실 좋은 시간은 학대 주기의 일부분이며, 모든 학대자들이 신체적 폭력을 행사하는 것도 아니다. 몇몇은 소리조차 지르지 않지만 끊임없이 상처를 주는 표현들을 쏟아낸다.

새로운 누군가와 함께 있을 때, 다음의 신호들을 주의 깊게 살펴보도록 하자.

- 통제적이다. 통제는 학대의 중심이며, 많은 학대가 통제를 거부한 벌로써 행해진다. 계획대로 행동하도록 하는 발언을 들었는가? 상대에게 당신이 부응해서 살아야 하는 이미지가 있는가?
- 소유욕이 강하다. 당신이 그들의 소유물인 것처럼 행동하는가? 당신이 두 사람의 관계 외에 가지는 관심을 긍정적으로 보는가, 위협적으로 보는가? 당신을 신뢰하는가, 질투하는가?
- 서두른다. 학대자들은 관계 초반에 끊임없이 사랑을 말하고 접근하며 당신을 진정으로 알기도 전에 결혼을 말한다. 그들은 실제 당신의 모습보다는 판타지를 가진 채 사랑에 빠져있을지 모른다. 그리고 당신이 그 판타지에서 벗어난 행동을 할 때, 그들은 끔찍하게 변한다.
- 당신을 고립시키려고 한다. 학대자는 자신의 상대가 자신 외에는 그 무엇도 생각하지 않고 관심을 가지지 않기를 원한다.
- 과한 선물이나 호의를 베푼다. 안전 전문가 가빈 드 베커(Gavin de Becker)는 이를 '고리대금업'이라고 부르는데, 만약 당신

15%

미국의 전국범죄피해조사연구(NCVS)는 2011년, 여성과 남성을 포함해 친밀한 상대로부터 행사된 폭력이 전체 폭력 범죄의 약 15%를 차지한다고 보고했다.

30%

2010년 한 해 동안에만 미국 여성의 4%가 친밀한 상대에게 맞거나 밀쳐진 경험이 있다고 응답했으며, 30%의 여성이 일생 중 상대에게 맞거나 밀쳐진 경험이 있다고 대답했다.

주기 인지하기

학대적인 상대는 한 번의 공격 후에 매우 다정할 수 있다. 그러면서 변화를 약속하고 회한을 보여줄 것이다. 문제는 그 '다정한' 단계가 임상심리학자 레노어 워커(Lenore Walker)가 확인한 '학대 주기'에 속한다는 것이다.

1 긴장 축적 시기
학대자는 분노를 축적하기 시작해 점점 더 화를 키워나간다. 상대가 자신의 통제를 거부하거나 완벽하지 않다는 이유로 발생하는 분노는 불합리하다.

2 폭력 시기
학대자는 더 이상은 참지 못하겠다고 결정하고 제어의 끈을 풀어버린다. 그들은 말로, 그리고 신체적으로 피해자를 맹렬하게 공격해서, 상대에게 끔찍한 아픔과 상처를 남긴다.

3 참회 시기
학대자는 카타르시스를 느끼고 보상할 준비가 되었다고 생각한다. 하지만 사과는 종종 자신의 행동을 정당화하는 내용이며, 너무나 극적인 죄책감을 보여서 오히려 피해자가 그들을 안심시키게 된다.

4 안정 시기
'평범한' 시기가 나타나지만 지속적이지 않은데, 진정으로 변한 것은 아무것도 없기 때문이다. 희생자는 학대자를 향해 또다시 어쩔 수 없이 화가 날 것이며 긴장이 다시 축적되기 시작한다.

이 누군가에게 '빚을 지고' 있다면 간섭받기 쉬워진다.
- 다른 사람 탓을 한다. 안 좋은 행동과 직장에서의 문제 등은 모두 다른 사람의 잘못이다. 그리고 그 탓하는 대상은 점점 당신이 되어갈 것이다.
- 전 애인을 경멸한다. 많은 사람들이 실패한 연애에 대해 화나고 슬퍼한다. 하지만 과거의 애인들을 마치 가치 없는 사람들처럼 말하는 사람이라면 주의하자.
- 기분이 수시로 변한다. 자신의 감정을 다스리려고 노력하지 않는 사람은, 자신에게는 그 감정들을 다른 사람에게 쏟아 부을 자격이 있다고 느낄 것이다.
- 복수심을 보인다. 실망이나 당혹감을 느낄 때, 일반적으로 그런 문제를 일으킨 장본인을 처벌하고자 하는 사람이 있다. 이런 사람은 결국 당신이 그들을 화나게 했을 때도 가혹하게 굴 것이다.

- 성차별주의자이다. 이성에게 부정적인 태도를 보이는 사람이라면, 당신 역시 예외일 수 없을 것이다.
- 당신의 성적 경계선을 존중하지 않는다. 억지로 밀어내야 하거나 죄책감이 느껴지게 만들며, 상대에게 무시를 받거나 나중에 앙갚음을 받는 상황 없이 성적 거부 의사를 말할 수 없다면 이 관계를 진지하게 생각해야 한다.

위에 열거된 행동들이 낯설지 않다면, 어떻게 해야 할까?

무엇보다도 그들의 생각을 받아주지 않도록 하자. 사실 심각하게 자신의 정신이 망가지고 있다는 자각을 상대가 약화시키려고 할수록 당신은 보다 더 자신의 본능을 믿어야 한다. 만약 확신할 수 없다면 지역 상담센터에 조언을 구하자. 나중에 후회하는 것보다 미리 조심하는 편이 나을 것이다.

⚠ 폭력은 단지 때리는 것만이 아니다

당신을 아프게 하고 다치게 하는 것이 있다면 이를 폭력으로 명명하고 안전을 위한 계획을 세우자. 폭력적인 상대는 다음과 같은 행동을 할 것이다.

1. 당신을 밀치고 움켜잡으며, 쿡쿡 찌르고 흔들어댄다.
2. 두려운 상황에서 당신이 벗어나지 못하도록 막는다.
3. 당신을 겁주기 위해 무모하게 운전한다.
4. 당신 앞에서 물건을 깨뜨리거나 던진다.
5. 무기에 관해 말하거나 직접 보여준다.
6. 성적으로 당신을 강압한다. 또는 잠자리에서 고의적으로 지나치게 거칠게 행동한다.

가족으로
시작하는 단어

민감한 자녀 문제

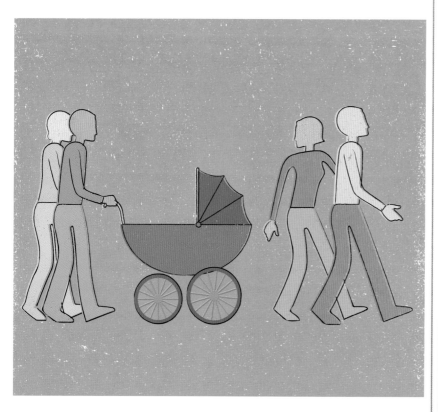

당신이 아이를 가지는 것에 대해 어떤 진지한 생각을 가지고 있든, 이에 대한 생각을 함께 공유할 상대를 찾고 있을 것이다. 그렇다면 당신의 관심을 끄는 새로운 상대가 그런 사람이라는 것을 어떻게 알 수 있을까?

관계는 단지 자녀를 낳기 위한 것만은 아니다. 하지만 관계를 논할 때 자녀 문제가 중요하다는 것은 의심할 나위가 없다.

당신이 아이를 원한다면

자녀가 없는 삶을 상상할 수 없다면, 상대방과 진지한 관계가 되기 전에 이런 뜻을 전달하는 것이 가장 좋다. 아이를 원하지 않는 사람을 사랑하는 것은 고통스러울 수 있다. 이렇게 되면 당신은 지금 눈앞에 있는 어른과 언제나 꿈꿔왔던 미래의 아이 사이에서 갈피를 잡지 못하게 된다. 그리고 이런 상황은 관계에서 좋게 작용할 수가 없다.

이 문제를 꺼내기에 가장 좋은 순간은 언제일까? 확실히 첫 번째 데이트는 적당한 순간이 아니다. 그래도 되도록 빨리 당신의 생각을 밝히는 편이 좋다. "당신은 언젠가 아이를 가져야 한다고 생각하나요?"라는 단순한 말이면 된다. 보통 당신과의 사이에서 아이를 원하는지를 묻는 것보다 추상적으로 아이에 대한 생각을 묻는 것이 더 쉽다. 추상적인 질문에는 "예."라고 대답했던 사람이 당신과의 아이를 묻는 질문에는 "아직 잘 모르겠어."라고 대답할 수 있다. 단

> ### ⚠ 내가 아이를 낳으면 그는 아이를 사랑하게 될 거야
>
> 당신이 이런 교활한 생각으로 임신을 하고 싶은 유혹을 느낀다면, 임신은 안 된다. 부모가 되는 일로 누군가를 속이는 것은 당연히 잘못된 일이라는 사실을 차치해도, 자녀를 홀로 키워야 할 가능성도 상당하기 때문이다. 아이가 이별을 막아주지는 않는다. 영국 법률회사 슬레이터앤고든은 1,000쌍의 이혼 커플 중 48%가 자녀를 위해 문제를 고쳐보려고 했지만, 포기하고 이혼을 선택했다고 보고했다. 또한 미래의 당신 자녀가 자신의 존재만으로 화가 난 아버지를 가진 채 삶을 시작하는 것은 타당하지 않다.

순하게 질문하고 대답을 얻도록 하자.

만약 상대가 "아니, 나는 정말로 아이를 원치 않아."라고 대답한다면, 당신에게는 어려운 결정이 남게 된다. 상대가 아이에 대한 생각이 아직 확실하지 않은 경우에는 마음을 바꿀 가능성이 있지만, 마음이 확고한 경우에는 아마도 그 대답은 영원할 것이다. 이런 경우, 당신은 잠시 자기 탐색을 할 필요가 있다. 그 결과 당신의 결론이 "부모가 될 수 있는 나의 기회를 포기하지 않겠어."라면, 당신은 이별을 생각하면 된다.

당신이 아이를 원하지 않는다면

부모가 되고 싶어 하지 않는다는 사실을 부끄러워할 필요는 없다. 사실 억지로 부모가 되는 것보다는 부모가 되지 않는 편이 더 낫다. 중요한 것은 당신의 이런 생각을 상대방에게 알리는 것이다.

당신이 솔직하게 당신이 아이를 원하지 않는다거나 가질 수 없다고 말하지 않는 한, 대부분의 사람들은 당신이 아이를 원한다고 여길 것이다.

당신의 상대에게 이 문제를 친절하게 설명해주도록 하자. 당신과 같은 생각이라면, 상대는 안도하고 몹시 기뻐할 것이다. 하지만 상대가 실망한다고 해도 그들을 탓하지는 말자. 가능한 사려 깊게 행동하고 자기 자신을 압박하지도 말자.

확신이 없는가?

자녀에 대한 계획이 아직 없을 수도 있다. 이때, "시간이 필요해."는 적절한 대답이 될 것이다. 자녀에 대한 생각은 관계의 성패를 좌우하는 문제가 될 수 있으므로, 솔직해야 한다. 그 문제에 대한 당신의 생각이 어떻든, 아이를 낳고 안 낳는 것에 대한 올바른 생각이 무엇인지 정해진 바가 없다는 사실을 기억하자. 단 한 가지의 '옳은' 대답은 자녀 문제에 대해 당신과 상대가 모두 함께 내린 결정에 행복해하는 관계이다.

? 밑져야 본전

아이 문제에 대한 대답이 만약 '원한다'라면 아이를 가질 것인지 말 것인지에 대한 논의는 시작일 뿐이다. 육아에 대한 의견 충돌은 스트레스일 수 있다. 따라서 서로 지쳐버리기 전에 의견 차이를 정리하는 것이 좋다. 다음은 미리 상의해볼 만한 문제들이다.

- 훈육. 당신은 강인한가, 부드러운가? 어떤 규칙들이 아이에게 적절하며 어떤 것들이 과한가?

- 가치. 당신은 자녀를 어떤 사람으로 키우고 싶은가?(실제 아이는 항상 당신의 신중한 계획을 흩뜨려 놓기는 하지만, 가장 중요한 인생의 가르침이 무엇인지를 협의해두는 것은 도움이 된다.)

- 교육. 자녀가 어떤 종류의 학교 교육을 받아야 하는지에 대한 확고한 의견이 있는가?

- 종교. 상대와 신앙이나 철학을 공유하는가, 아니면 서로 다른가? 자녀가 같은 견해를 가지기를 원하는가?

- 문화. 만약 다문화 커플이라면, 당신의 자녀가 길을 찾을 수 있도록 어떻게 도와주기를 원하는가?

- 가족. 손주를 애지중지 사랑해줄 조부모 혹은 육아에 간섭할 이모나 고모가 있는가? 아니면 가까이 해서는 안 되는 가족 구성원이 있는가? 특히 결혼할 상대의 가족 관계도 알아보자. 당신이 그들의 손주를 낳은 부모가 되면, 그들은 당신이 능숙하게 대처해야만 하는 대상이 될 수 있다.

- 욕구. 아이가 가져야 하는 욕구는 무엇이며, 이를 채워주기 위해 당신은 어떻게 할 것인가? 당신의 아이가 특별한 욕구를 가지고 있다고 가정해보자. 그것을 어떻게 다룰 것인가?

2010년 미국 인구조사는 동성커플의 19.4%가 친자녀 혹은 입양자녀와 함께 생활하고 있다고 보고했다.

우리는 가족

한부모가 될 준비가 되었는가? 미국에서 18세 미만의 청소년 7,500만 명 중 29%가 한부모 가정에서 살고 있는 것으로 조사되었다. 영국은 청소년 300만 명 중 23%가 200만의 편부모 중 92%를 차지하는 모자가족을 구성하고 있는 것으로 나타났다.

🔍 힘든 유년기?

몇몇 사람들은 자녀를 원하지만 자신은 좋은 부모가 될 기술이 부족하다고 걱정한다. 한편, 끔찍한 유년기를 보냈기 때문에 자신도 형편없는 부모가 될까 봐 두려워하는 사람들이 있다. 많은 학대자들이 학대받은 경험이 있는 것은 사실이지만, 학대받은 아이들 중 대다수는 비폭력적인 성인으로 성장한다. 학대당한 아이들 중 약 30%가 다음 세대에 폭력을 행사한다고 추정되는데, 이는 70%는 그렇지 않다는 뜻이다. 만약 당신이 미래의 자녀에게 학대자가 될까 봐 걱정하고 있다면, 이는 벌써 당신이 올바른 길을 걷고 있다는 표시이다. 왜냐하면 당신은 자녀를 다치게 하고 싶지 않다는 생각을 하고 있기 때문이다. 치료를 받으면서 지원을 받아보자. 그러면 자녀에게 당신이 한 번도 경험해보지 못한 안전하고 따뜻한 유년 시절을 선사할 가능성이 더 커질 것이다.

준비된 가족
아이와 함께 데이트하기

나중에 함께 아이를 가지게 될지도 모르는 사람과 데이트하는 것과는 달리, 때로는 한 사람에게 혹은 두 사람 모두에게 이미 자녀가 있는 경우가 있다. 이런 상황에서 모든 이의 욕구를 균형 맞추는 것은 당신이 맡게 될 과제 중 가장 까다로운 일이 될 것이다.

사랑에 빠졌을 때, 당신은 둘만의 황홀한 세계에 숨어 살고 싶어 한다. 하지만 아이 문제가 끼어든다면, 둘만의 세계는 존재할 수 없다. 아이를 가진 쪽은 갈등을 느끼게 될 것인데, 그래도 그 사람은 당신이 데이트하기를 꿈꿔왔던 사람이다. 이 극적인 상황을 어떻게 다루어야 할까?

바르게 소개하자
자녀를 둔 사람과 데이트할 때 지켜야 할 첫 번째 규칙은 상대의 자녀에게 당신을 연인이라고 소개해서는 안 된다는 것이다. 관계가 지속될 거라는 사실이 명확해지기 전까지는 주의해야 한다. 자신들의 부모에게 새로운 연인이 생겼다는 사실은 모든 연령대의 아이들이 받아들이기에 커다란 일이다. 그리고 확실하지 않은 관계라서 아무 일도 일어나지 않을 수 있는 사실을 두고 그들을 고민하도록 만드는 것은 불공평한 일이다. 소개할 시기를 정하는 것은 자녀를 둔 쪽이

어야 하는데, 부모만이 자녀를 이해하고 그들이 어떻게 느낄지를 알기 때문이다.

상대의 자녀를 만나기까지는 점차적인 단계를 밟는 것이 좋다. 일단 아이들은 자신의 부모가 누군가와 데이트를 하고 있다는 이야기를 들은 상태여야 한다. 그리고 그 사람이 부모에게 중요하지만 자신과 부모 사이는 아무것도 변하지 않으리라는 사실을 알고 있어야 한다. 그렇게 했다면 실제로 만나기 전에 그 소식을 아이들이 받아들일 시간을 주어야 한다. 일단 서로가 만난다면, 그 장소로는 공원과 같은 중립적인 영역이 좋을 것이다. 그렇게 하면 아이들은 자신의 집을 침범받았다거나 부모의 새 애인의 공간에 갇힌 듯한 기분이 들지 않을 것이다.

원점에서 솔직하게 말하자
아이들은 양측 친부모의 지원 없이는 부모의 새 연인에게 편안함을 느끼는 것이 거의 불가능하다. 아이들은 부모에게 충실하

기 때문에 한쪽 부모가 새 애인을 반기지 않는다는 사실을 알았을 때, '대리인에 의한 갈등'이라고 알려진 행위를 할 수 있다. 즉 아이들은 새 연인에 대한 엄마나 아빠의 적대감을 대신 드러내는 역할을 하는 것이다.

만약 당신이 자녀를 둔 부모이면서 전 배우자와의 사이에 예의가 남아있다면, 그들에게 새 연인과의 관계를 지지해달라고 요청하자. 아이에게 직접 요청하는 것보다 훨씬 더 유용할 것이다.

사춘기, 서투른 나이
어린 자녀를 둔 사람과 데이트하는 것도 어려운 일이지만, 반항적인 십 대의 자녀를 둔 경우는 훨씬 더 힘들다. 십 대를 자녀로 둔 사람이 새 애인이라면 다음의 두 가지 전략을 시도해보는 것이 좋을 것이다.

- 아이와 관계를 형성하자. 그 관계는 집에서 부모의 중재 없이 만들어져야 한다. 함께 영화를 보러 가든 볼링을 치러 가든 집이라는 장소를 벗어나는 것이 도움이 될 것이다. 아이에게 함께할 활동에 대한 많은 선택권을 주는 것도 좋다. 그러면 아이들은 이것이 또 다른 집안일 중 하나라고 느끼지 않을 것이다.
- 당신의 상대방도 동참하도록 하자. 자녀를 둔 당신의 상대에게 권위를 분할하도

쉽게 마음을 얻을 수는 없다

의붓 엄마 역할은 아슬아슬한 줄타기를 하고 있는 것과 같다. 만약 그녀가 조심한다면, 아이들은 그녀를 차갑고 심술궂다고 생각할 것이다. 2011년 미주리대학교의 레리 가농(Lary Ganong)과 마릴린 콜먼(Marilyn Coleman)은 한 가지 사실을 발견했다. 그들에 따르면, 아이들은 따뜻하고 동정 어린 의붓 엄마를 거부하는 경향이 있다고 한다. 그녀의 친절함은 아이들이 다가오도록 만드는데, 아이들은 이것이 자신들의 친엄마를 배신하는 일이라고 느끼게 된다. 그래서 아이들은 그녀를 밀어내는 것이다. 여기서 노력을 더 기울이기보다 인내심을 가지는 편이 더 나을 것이다.

💙 나누어진 충성심

당신의 충성심이 새로운 파트너와 자녀라는 두 '진영'으로 나누어진다면, 걱정스러운 몇 가지 영역이 있다. 사실 해결책은 자녀의 연령이나 상황에 달려있기는 하지만 이 관계에서 어떤 것이 주요 관심사인지를 명확히 하는 것이 가장 좋은 방법이 될 것이다. 이렇게 하면 당신은 우려스러운 상황들을 초기에 차단할 수 있다.

- 사랑: 당신의 자녀/연인만큼 당신에게 내가 중요한가?
- 관심: 당신은 나보다는 당신의 자녀/연인에게 더 관심이 있는가?
- 공감: 만약 우리 중 한 사람이 못되게 굴었다면, 누가 용서를 빌고 누가 용서를 받는가?
- 재원: 우리/당신은 돈과 시간을 어떻게 할당하고 있는가?

- 역할: 나는 여전히 당신의 사랑스러운 사람인가? 나는 여전히 똑똑하고/귀엽고/성숙한 사람인가?
- 지위: 누가 지금 가장 중요한가? 누가 가장 영향력을 행사하는가? 누가 자신의 방식대로 행동하는가? 당신/당신의 상대/당신의 아이 중 누구인가?
- 충성심: 누가 누구에게 충실해야 하는가, 그리고 나의 충성심을 어떻게 보여줄 수 있는가?

록 하는 것이다. '지휘권 행사'는 좋은 면이 있는데 '잘못을 바로잡는 권위적인' 훈육과 지도를 동시에 가능하게 한다는 것이다. 아이들은 이 두 가지가 모두 필요하다. 만약 당신이 이 두 역할을 나누어야만 한다면, 실제 부모는 잘못을 바로잡는 역할을 그리고 의붓 부모는 지원적인 역할로 만들도록 하자. 그렇게 하면 자신의 부모의 애인이 된 '나쁜 남자'의 지위는 사라질 것이다.

분리된 공간을 유지하자

관계는 전체 가족뿐 아니라 둘 사이의 문제도 된다는 사실을 기억하자. 아이들과 갈등을 겪게 될 때, 혼자 있을 때는 그들과 싸우지 않도록 한다. 그리고 둘만의 커플 입장에서 가족을 걱정하는 것 이상이 그 관계에 존재하는 것을 생각할 시간을 가지자.

'혼합 가족'이 얼마나 잘해나갈지를 정확히 예측하기란 어려우며, 통제하기도 힘들다. 기대치는 낮추고 정중함의 기준은 높이자. 상대의 자녀에게 서로를 소개하는 일을 잘 견딘 커플은 그 무엇도 견뎌낼 수 있다.

44%

2009년 미국의 온라인 데이트 에이전시 매치닷컴은 사이트 이용자들의 44%가 자녀를 두고 있다고 밝혔다.

42%

2011년 퓨리서치센터의 연구는 42%의 미국 성인들이 적어도 하나의 의붓 친족을 가졌으며, 그 수치가 30대 이하에서는 52%까지 증가한다고 보고했다.

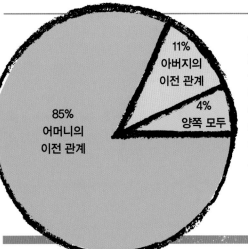

영국 복합 가족

2011년 영국 통계청에 따르면 부양 자녀를 둔 영국 커플들의 11%가 복합 가정을 이룬다고 추정했다. 이 54만 4,000의 복합 가정 중 4%는 부부 양측의 이전 관계에서 데려온 자녀로 구성되어 있으며, 11%는 부계, 나머지 85%는 모계의 자녀로 구성된 것으로 나타났다.

대인관계 포개기

서로의 친구 만나기

상대의 친구가 당신에게 호의적이기를 바라는 것은 당연하다. 당신의 사회관계는 로맨틱 관계에 커다란 차이를 만들 수 있다. 당신의 대인관계뿐 아니라 일반적으로 로맨스를 향한 그들의 태도에서 차이가 생기는 것이다. 2002년 학회지 『북미심리학』에 실린 한 연구는 상대의 친구들과 가족이 관계를 덜 지지할수록 상대의 외도 가능성이 더 높다는 것을 보여준다. 만약 주변의 친한 친구들이 모두 재미있고 어쩔 수 없는 일이라는 듯 바람 피우는 이야기를 한다면 상대는 그 일에 대해 지나치게 민감하게 느끼지 않게 될 것이다.

> 당신의 사회관계는
> 로맨틱 관계에 커다란
> 차이를 만들 수 있다.
> 당신의 대인관계뿐 아니라
> 일반적으로 로맨스를 향한
> 그들의 태도에서
> 차이가 생기는 것이다.

관계를 형성해나가는 중이라면, 당신은 서로의 가장 친한 친구들을 만나게 될 것이다. 이때 당신은 그 사람들이 두 팔 벌려 당신을 반겨주기를 바랄 것이다. 하지만 만약 그렇지 않다면, 당신이 그들과 잘 지내는 것과 아닌 것이 어떤 차이가 있을까?

왜 중요한가?

사회적 지지가 중요한 차이를 만드는 두 가지 주요 이유가 있다. 먼저 심각한 문제는 비협조적인 동료들이 당신의 기반을 약하게 할 수 있다는 점이다. 2010년 미시시피 주립대학교 소속 심리학자들은 비협조적인 친구일수록 관계 문제에 있어 '외부귀인'(실패한 경우, 타인이나 상황 또는 운으로 탓을 돌리는 것-옮긴이)보다 '내부귀인'(성공한 경우, 자신의 재능이나 노력 등 스스로의 공으로 돌리는 것-옮긴이)하는 경향이 있다는 점을 발견했다. 즉, 그들은 친구의 파트너에게 "그는 실패자야."라거나 "너랑 그녀는 잘 안 어울려."라며 무가치한 관계라고 말한다. 그리고 사람들은 주변 사람들의 이런 광범위한 판단에 귀 기울이는 경향이 있으며, 가족보다는 또래 친구

가장 허용할 만한 사람은 누구인가?

관계에 있어, 가족과 친구의 견해를 다루는 방식은 애착유형에 따라 큰 차이가 있다. 미시시피주립대학교에서는 2015년 사회망에 관한 연구를 진행하였으며 다음의 패턴을 찾아냈다.

애착유형	가족의 영향력	친구의 영향력
안정형	영향을 많이 받는 유형	영향을 약간 받는 유형
불안형	거의 영향 받지 않음	영향을 아주 많이 받는 유형
회피형	좀처럼 영향 받지 않음	좀처럼 영향 받지 않음

이는 상대의 애착유형은 일부 지인들의 지지 부족이 당신에게 영향을 미칠지도 모른다는 뜻이다. 예를 들어, 회피형 사람들은 어느 누구의 말도 듣지 않는 경향이 있는 반면 불안형 사람들은 가족보다는 친구의 말에 더 귀 기울인다.

가 하는 말에 더 큰 영향을 받는다.

다음으로 보다 덜 극단적인 문제를 살펴보면, 당신은 새로운 상대의 주변 친구들과 많은 시간을 보내게 될 것이라는 점이다. 이런 시간이 당신에게 문제가 된다면, 그 이유를 생각해보자. 단지 당신이 좋아하는 부류가 아니라서인가, 아니면 그들에게 무시받고 있다는 기분이 들어서인가? 만약 전자라면, 당신의 사회생활과 그 이상하고 지루한 모임 사이에 균형을 찾을 수 있도록 조정하면 된다. 하지만 만약 후자라면, 당신의 상대는 당신이 그렇게 느끼고 있다는 사실을 인지하고 있는가? 중요한 것은 그런 상황에서 상대가 당신을 지지해주는 방식이다.

잘못된다면

만약 당신이 상대의 친구들을 좋아하지 않는다면, 이는 우려스러울 수 있는데 당신이 불안형 사람이라면 특히 그럴 것이다. 하지만 여기에 세 가지 중요한 핵심이 있다.

- 친구들은 당신이 나타나기 전부터 상대와 함께했다. 하지만 그 사실이 당신이 아닌 그들이 선택되었다는 뜻은 아니다.
- 만약 상대에게 당신이 해줄 수 없는 일을 친구들이 해준다고 해서 이것이 당신에게 위협은 아니다.
- 상대가 자신의 친구들과 어울리는 것을 정말 좋아하는 것이 당신에게서 벗어나고 싶다는 뜻은 아니다.

이번에는 반대로, 상대가 당신의 친구들을 좋아하지 않는다고 가정해보자.

- 당신과 친구들은 하나가 아니다. 그러므로 상대가 그들을 좋아하지 않는다는 것이 당신을 향한 비난은 아니다.
- 당신은 친구들의 좋은 점을 이미 알고 있다. 상대가 그 사실을 확인할 필요는 없다.
- 평소에 상대와 함께 있는 것이 행복한가? 그렇다면 괜찮다. 상대가 당신의 친구들과 모든 일을 즐겨야 할 필요는 없다.

 전 애인과 친구?

솔직해지자. 이 사실을 오래 비밀로 할수록 이는 큰일처럼 보일 것이다. 당신은 상대에게 예전 사람과의 사이에는 아무것도 없다는 사실을 확신시켜주는 한편 이것을 새로운 연애가 얼마나 건강한지 체크하는 방법으로 사용할 수 있다. 오래된 열정이 이제 그저 친구가 되었다는 당신의 말이 상대를 전혀 이해시키지 못한다면, 그 사실을 진지하게 받아들여야 한다. 소유욕이 강한 사람은 잘해야 관계를 지치게 하는 정도이며 최악일 때는 위험할 수도 있다. 반면, 약간의 우려를 표현하는 것은 상대가 당신을 많은 사람에게 인기 있는 매력적인 사람이라고 여기고 있다는 표시이다. 이는 칭찬이라고 할 수 있다. 당신이 현재 상대만 바라보고 있다는 것을 명확하게 표현해야만, 그들이 당신을 신뢰할 준비가 될 것이고 당신을 진정한 킹카라고 생각할 것이다.

당신이
너무 보고 싶어요
얼마나 함께 있어야 적당한 걸까?

오래된 커플조차 자신들이 너무 많은 시간을 함께 보내는 건 아닌지, 혹은 너무 적은 시간을 보내는 건 아닌지 의식하게 될 수 있다. 그러므로 만약 관계 초반에 이런 생각이 든다고 해도 큰 문제는 아니다. 타협점을 찾는 가장 좋은 방법은 무엇일까?

> 화요일을 우리만의 시간으로 정하는 게 어때?

얼마만큼의 시간을 함께 보내야 하는가에 대해서는 모두 저마다 다른 행복의 기준이 있다. 이는 관계가 얼마나 진전됐는지, 그리고 연애 외에 당신 삶이 어떠한지에 따라 다를 수 있다. 하지만 만약 당신과 상대의 기준이 다르다면 어떨 것 같은가?

문제의 원인에 대해 몇 가지 다른 설명이 있을 수 있으며, 해결책도 그에 따라 다양할 것이다. 당신의 관계를 움직이는 힘이 무엇이든지 간에, 건강한 의사소통은 서로가 특정한 딜레마를 이해하고 해결책을 찾을 수 있는 길을 제시해줄 것이며 다음의 제시된 상황들은 결코 완벽하지는 않지만 도움이 될 것이다.

> 몇 시간만 혼자 있어도 될까?
> 그러면 다시 돌아왔을 때,
> 당신에게 집중할 수 있을 것 같아.

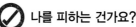 나를 피하는 건가요?

문제 :
회피형 애착유형을 지닌 사람들은 '너무 많은' 시간을 상대와 보내게 되면, 초조하거나 숨 막히는 기분이 들기 시작한다. 통제받거나 좌절할지도 모른다는 의식적인 두려움과 무시받거나 버려질 수 있다는 무의식적인 두려움이 그들 마음속에 생겨나며, 이렇게 되면 상대가 하나의 위협으로 보이기 시작한다.

결과 :
회피형 사람은 말 그대로 상대를 피하기 시작한다. 아직 서로가 함께 사는 상황이 아니라면, 상대를 피하기란 꽤 쉽다. 회피형은 언제나 '너무 바쁘다'라고 말하거나 그들이 가봐야만 하는 사회적 약속이 있다고 할 것이다. 그들이 당신을 초대할 수도 있지만 너무 정신없어 보인다면, 당신은 시간을 함께 보내는 것이 어렵게 느껴질 것이다.

하지 말아야 할 것 :
이런 모습이 심각한 갈등으로 번지고 회피형 사람이 상대를 아주 많이 사랑하는 것이 아니라면, 그들은 결국 관계를 끝내려 할 것이다.

좋은 해결책 :
✔ 당신이 회피형이라면, 정기적으로 '내 시간'을 잡아두자. 이 시간 동안 당신만의 여유를 가지고 휴식을 취할 수 있다.

✔ '우리 시간'을 스케줄에 포함시키자. 이 시간 동안 당신은 상대에게 집중해야 한다.

✔ 반드시 이런 시간들이 매주 공평하게 균형을 이룰 수 있도록 하자. 무엇보다도, 당신이 왜 이렇게 하고 있는지를 상대방에게 말하도록 하자. '내 시간'이 부분적으로는 '우리 시간'을 준비하는 당신의 방식이란 것을 상대방이 안다면, 그들은 당신의 '내 시간'이 덜 우려스러울 것이다.

외향형인가, 내향형인가?

문제 :

때때로 내향형 사람들은 혼자 있는 것을 좋아하는데, 이는 상대가 배제되었다는 느낌을 가지게 만든다. 하지만 이들은 또한 상대방과 보내는 조용한 시간도 사랑한다. 반대로 외향형 사람들은 사교적인 모임을 사랑한다. 즉, 지나치게 조용한 분위기에서는 갇힌 듯한 느낌을 받을 것이다. 물론 같은 외향형 사람일지라도 다른 욕구를 지닐 수 있다.

결과 :

만약 외향형 상대가 파티에 함께 가는 것을 '우리 시간'이라고 여긴다면, 내향형 사람은 종종 상처받을 것이다. 하지만 이런 상황에서 외향형은 관계 진전을 위해 다른 사람들을 이용한다. 외향형은 다른 사람들이 완충제 작용을 하는 것에 대해 기분이 편하지는 않지만, 두 사람이 함께 파티에 왔다는 것에 기뻐한다.

하지 말아야 할 것 :

각 유형은 상대방을 자신의 방식으로 행동하도록 이끌 수 있지만, 충분한 의사소통 없이는 안 된다. 그렇게 되면 외향형은 내향형을 끌고 다니는 것에 내향형은 외향형을 집에 가둬두었다는 생각에 죄책감을 느낄 것이다.

좋은 해결책 :

✔ 자신이 선호하는 활동들이 관계에 어떤 도움이 되는지 분명히 설명해주어야 한다.

✔ 커플은 일주일마다 최소한의 '안(in)'과 '밖(out)' 시간에 동의해야 한다. 인생은 완전히 예측 가능하지 않으므로, 이런 시간은 너무 융통성이 없어서는 안 된다. 하지만 상대의 욕구에 대한 대비책이 만들어져야 한다.

✔ 두 사람은 서로 떨어져 보내는 특별한 시간을 구분하는 것을 좋아할 것이다. 이 시간 동안 각자 에너지를 충전한 후에 함께 제대로 된 저녁시간을 보낼 수 있다.

> 나는 당신과 함께 집에서 영화 보는 밤을 사랑해. 팝콘도 조금 만들어두자.

양보다 질, 질보다 양?

문제 :

'함께 보내는 시간'에 대해 모두 같은 정의를 가지고 있는 것은 아니다. 두 사람이 모두 집에 있지만 자기 할 일만 하고 있다면, 이는 함께 시간을 보내는 것인가? 또는 함께 TV를 보고 있지만, 대화가 없는 상황은 어떠한가?

결과 :

만약 기대치가 다르다면, 두 사람은 서로 상대방이 불공평하다고 느낄 수 있다. 당신이 함께 보내는 시간이라고 생각했던 시간을 둘만의 시간으로 '셈하지' 않은 상대방은 부족한 기분이 들 것이다. 반대로 둘만의 시간이라고 생각했던 당신은 이제 상대를 만족시키는 것은 불가능하다고 생각할 것이다. 두 사람 모두 상대와 함께 보내는 시간을 정말로 원하지만 상대의 태도로 인해 어리둥절하고 반감을 느낄 수 있다.

하지 말아야 할 것 :

실랑이를 벌이고 상대를 비난하며 함께 있는 시간을 험악한 논쟁으로 낭비한다.

좋은 해결책 :

✔ 함께 보내는 시간과 '적극적인 참여' 사이의 의미를 구분하자. 건강한 관계는 두 가지 시간을 모두 가진다. 여기서 적극적인 참여란 서로 이야기를 나누는 것, 서로의 반응에 주의를 기울이는 것, 그리고 두 사람이 모두 즐길 수 있는 일을 하는 것을 의미한다.

✔ 함께 수동적으로 시간으로 보내며 만족감을 느끼는 것이 틀린 것은 아니다. 몇몇 사람들은 연인과 가까이 있는 것만으로 근본적인 만족감을 느낀다.

시간을 낼까, 시간을 만들까?

문제 :

우리 중 어떤 사람들은 아주 바빠서 로맨스를 원하면서도 이를 정당화할 시간이 절대로 없는 듯 보일 수 있다.

> 지금 당장 직장에 급한 일이 생겼어. 하지만 나중에 당신만을 위한 시간을 마련할게, 약속해!

결과 :

우리가 좋아하는 사람을 만났다고 하더라도 일은 계속해서 생겨난다. 따라서 충분한 여유가 없기 때문에 관계가 지속되지 않는다.

하지 말아야 할 것 :

아무도 물을 주는 노력을 하지 않으면 관계는 시들어가다가 결국 죽는다. 아니면 관계가 진정한 친밀감이 아닌 편리한 장치가 되어버리고, 덜 바쁜 상대는 무시받은 기분이 들면서 자책할 것이다.

좋은 해결책 :

✔ 자기 자신에게 솔직해져라. 만약 당신이 일시적인 긴급 상황에 있다면, 이는 괜찮다. 하지만 가만히 앉아 일이 자체적으로 해결되기를 기다리지는 않도록 하자. 그 일정을 해나가며 시간을 만들자. 만남은 구석으로 밀어 넣어지겠지만, 아무것도 안 하는 것보다는 자투리 시간을 이용한 만남이 낫다.

✔ 당신이 그동안 취소한 데이트를 만회하기 위해 근사한 저녁식사를 준비했다고 해보자. 하지만 그날 저녁, 직장 상사가 또다시 야근을 지시해서 상대와 가벼운 식사밖에 할 수 없게 되었다. 이때 당신이 데이트 시간을 내기 위해 노력을 했다는 점은 상대방에게 그 어떤 아름다운 꽃다발이나 한 잔의 와인보다 좋은 보상이 될 것이다.

✔ 결론을 향해 일하자. 만약 일하는 중에 위기가 있다면, 이는 어느 시점에서는 끝이 날 것이다. 그 끝이 언제가 될지 몰라도, 상대에게 일이 끝나면 그동안 잃어버린 시간을 만회하겠다는 입장을 분명히 밝히자.

지금 우리는 커플인가요?

진지한 사이로의 이행

모든 진지한 관계는 초기의 가슴 떨리는 불확실성을 끝내는 시간이다. 불확실성은 관계에서 자신의 위치에 따라 고통스러운 불안이었을지 모른다. 당신은 '데이트' 단계에서 '연애' 단계로 어떻게 발전시켜 나갈 수 있을까?

시랑을 이야기하는 것은 진지한 사이가 되는 데 중요한 부분일 수 있다.(170-171쪽 참고) 하지만 이런 말만이 진지한 사이로의 유일한 이행은 아니다. 사람들은 공식적으로 사귀는 사이가 아니더라도 사랑에 빠질 수 있으며, 사랑을 말하지 않고도 상대에게 충실할 수 있다.

한번 이야기해보자

다음은 당신이 다루어야 할 필요가 있는 세 가지 주제이다.

1 독점성

당신이 여러 명의 상대와 데이트할 수 있는 시기와 가능 여부는 대단히 다양하다. 하지만 관계가 장기적으로 지속되고 있다면, 그것을 언제 중단할지 어림짐작으로 정하는 것은 위험부담이 있다. 만약 두 사람 모두 본질적으로 일부일처제의 사람들이라면, 이는 그렇게 긴 이야기가 되지는 않을 것이다. 하지만 만약 불확실성이 존재한다면, 당신은 지금의 만남에 충실하기 위해 다른 만남들을 그만둘 준비가 되었다는 사실을 분명히 하는 것이 좋다. 이때 상대방도 같은 뜻인지 알아보도록 하자.

6-8번

연애서적 작가인 폴 E. 데이비스(Paul E. Davis)에 따르면 미국 커플들은 전적으로 사귀는 사이가 될 마음을 먹기까지 6-8번의 데이트를 한다고 한다.

2 지위

두 사람은 서로를 어떻게 부르는가? 사소한 언어 변화일지 모르지만, 상대를 남자친구나 여자친구 혹은 애인이라고 부르는 것은 사회적으로 큰 의미가 있다. 이런 단어들은 당신과 상대가 서로를 애인 후보에서 선택된 영원한 동반자, 어쩌면 영원할 수는 없어도 적어도 현재는 그렇게 생각한다는 것을 공표하는 것이다.

이런 사실을 솔직하게 말하는 인기 있는 두 가지 방법이 있다. 이런 호칭을 사용해도 되는지 서로 터놓고 말하는 방법과 시험 삼아 한번 불러보는 방법이다.

두 번째 방법은 상대가 이를 어떻게 받아들일지 모르는 상태에서는 위험부담이 있다. 왜냐하면 상대가 생각보다 편안하게 받아들일 수도 있지만 그런 호칭에 반박하면서 당신을 당혹스럽게 할 수도 있기 때문이다. 상대와 먼저 이에 대해 이야기를 해보는 것은 덜 자연스러워 보이고, 다소 자신감 없어 보일 수도 있다. 하지만 그렇게 하면 상대방이 호칭에 동의하는지 여부를 명확히 알 수 있다. 어떤 방법을 선택하든, 친밀감의 다음 수준으로 넘어가기에 앞서 먼저 당신 자신에게 원하는 호칭이 현실적으로 두 사람에게 잘 들어맞는지를 물어보도록 하자.

> 여자친구? 애인? 동반자? 어떤 표현이 듣기 좋은가?

3 역할

가볍게 만나는 단계에서는 관계에 대한 여러 가지 사안을 이야기하기에는 아직 이르다. 즉, 집안일이나 생활비 문제 그리고 일과 가정 사이의 균형을 논하기에는 이르다. 그럼에도 불구하고 어떤 사람들은 관계 초반에 너무 빨리 역할을 분류하고 빠져들어서 나중에는 그 역할에 갇혀있는 자신을 발견하고는 한다. 게다가 이렇게 정해진 역할을 바꾸는 것은 나중에 더 큰 중압감이 될 것이다. 하지만 누가 식사비를 지불하고, 누가 어른들의 생신 선물을 준비할지를 정하는 것과 같이 사소한 사안은 관계에 대한 서로의 기대치를 알아볼 단서가 될 수 있다. 이런 사안들을 이야기할 때, 당신은 아마도 당신이 가지고 있는 일반적인 기준에서 말할 것이다. 과거에는 어떻게 했는지, 성장하는 동안 보아온 당신의 가족은 어땠는지 그리고 지금 서로가 이에 대해 어떻게 느끼고 있는지에 기반하여 말할 것이다. 이런 기대치를 상대에게 빨리 이야기해주는 편이 나중을 생각해서 더 현명하다.

위 세 가지 이행 단계를 통과하는 것은 약간의 용기가 필요하다. 하지만 바람직한 관계에서 두 사람은 기쁨이나 편안함, 둘 중 하나는 느낄 것이다. 어쩌면 두 가지 기분을 한 번에 느낄 수도 있다.

🔍 한 걸음 한 걸음씩

1966년 심리학자 J. L. 프리드먼(J. L. Freedman)과 S. C. 프레이저(S. C. Fraser)의 고전적인 실험인 '문간에 발 들여놓기' 기법은 연애에서 활용할 수 있는 이점을 보여주었다. 연구자들은 실험 참가자들에게 크거나 작은 부탁을 하였고, 나중에 한 번 더 큰 부탁을 요청하였다. 작은 부탁을 받았던 그룹은 처음부터 큰 부탁을 받았던 그룹보다 두 배 가까이 더 높게 큰 부탁 요청에 응했다. 이는 누군가에게 작은 무언가를 해주는 것이 나중에 그 사람에게 더 큰일을 해줄 수 있는 기분을 들게 하는 것처럼 보인다. 만약 당신이 상대방에게 몹시 정착하고 싶다면, 작은 것부터 시작하자. 상대방의 집에 칫솔을 남겨두고 온다거나 정기적으로 자고 오는 등 더 큰 제안을 하기 전 작은 일부터 시작해보자.

> 우리가 연인이라는 사실을 아빠에게 말하고 싶은데, 괜찮을까요?

🔍 약속의 규칙

연애를 한다는 사실을 주변에 알리기 전에 두 사람이 위의 문제들을 논의해보아야 하는 정당한 이유가 있다. 사실 '약속의 규칙'은 판매원이 많이 이용하는 것 중 하나이다. 즉, 무언가를 공개적으로 말했다면, 당신은 확신이 없더라도 그것을 해야만 한다는 상당한 압박감을 느끼게 된다. 완고한 원칙주의자는 마케팅에서는 효과적이겠지만, 하나의 관계 안에서 당신은 억지로 약속을 지키는 '겉모습'이 벗겨진 후에도 서로를 상대해야만 한다. 그렇기 때문에 무언가를 주변에 발표하기 전에 서로를 체크해보도록 하자.

속박 공포증

이 용어는 자기계발서적 작가인 스티븐 카터(Steven Carter)가 1987년 자신의 베스트셀러 『사랑을 못하는 남자』에서 사용한 것이다. 현대 심리학자들은 종종 회피형 애착유형은 오래된 우리의 친구라고 주장한다. 만약 당신이나 상대방이 관계를 공식화하는 일에 비이성적일 정도의 극심한 공포를 느낀다면, 이 책의 16쪽부터 21쪽까지 설명된 애착유형을 체크해보자.

관계는 단지 단란함과
친밀함의 문제가 아니다.
관계는 분리의 공간에
관한 것이기도 하다.

관계치료사, 린다 Linda · **찰리 블룸** Charlie Bloom

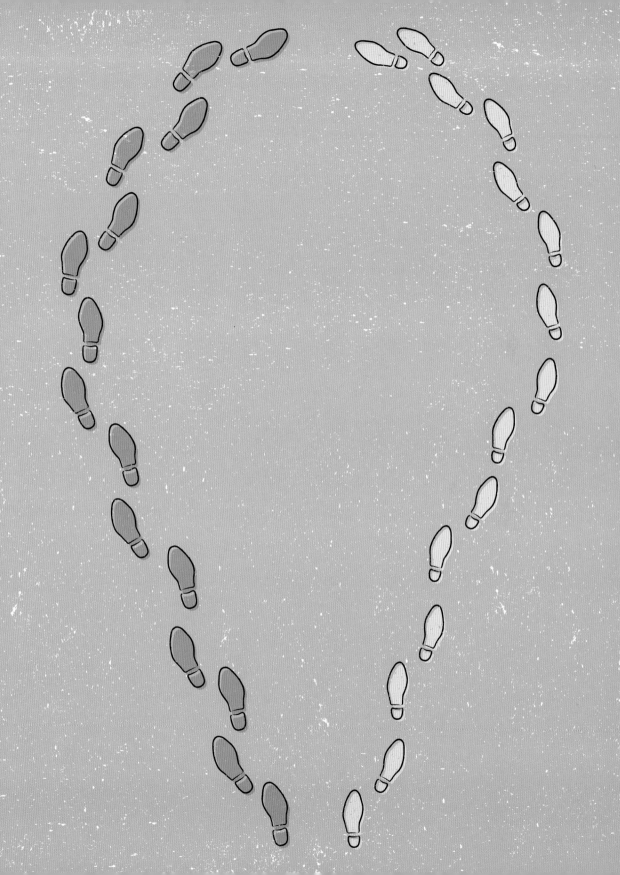

L로 시작하는 단어

사랑에 대한 이야기

"나는 당신을 사랑합니다."라는 세 마디 말이 우리의 인생을 뒤집을 수 있으며, 갑자기 모든 것들이 전보다 진지해질 수 있다. 당신은 이 말을 어떻게 하는가? 그리고 이를 들었을 때 어떤 기분이 드는가?

관계를 이어가는 전체 단계에서, "나는 당신을 사랑합니다."라고 말하는 것은 가장 두려운 순간이다. 누군가에게 데이트를 신청하는 것은 안절부절못할 정도로 긴장되지만, 거절당했을 때 최소한 이전보다 나빠지는 상황은 없다. 누군가에게 청혼하는 것은 극도로 긴장되지만, 당신에게 기회가 없었다면 말하지도 못했을 것이다. "나는 당신을 사랑합니다."라고 말하는 것은 하나의 맹세이다.

상대는 성관계를 원하고 나는 사랑을 원한다?

우리가 모두 알고 있는 고정관념이 있다. 여성들이 "나는 당신을 사랑합니다."라고 말하면, 남자들은 가장 가까운 탈출구를 찾는다는 것이다. 하지만 사회심리학자인 조슈아 애커만(Joshua Ackerman)과 그의 동료들의 2011년 연구에 따르면, 그 반대라고 한다. 이성 관계에 있어, 남자가 "나는 당신을 사랑합니다."라고 먼저 말하는 경우가 두 배 정도 높다고 한다. 왜 그럴까?

애커만과 그의 동료들은 '진화 경제학'의 관점에서 그 이유를 연구했고, 그 차이는 임신의 사회적 '비용'의 차이 때문이라고 말했다. 사랑은 약속을 의미하고, 임신을 해야 하는 여자의 입장에서는 남자에 비하여 선택에 신중을 기해야 하기 때문이다. 해당 연구에 따르면, 대부분의 사람들은 "당신을 사랑합니다."라는 말을 성관계 이후에 들었을 때 더 행복해 한다고 한다. 한편, 가벼운

6주

조슈아 애커만의 조사에서 대학원생 자원자 중, "나는 당신을 사랑합니다."라고 말하는 것에 대해 남학생들은 여학생들보다 그 시기를 42일 정도 빨리 생각하는 것으로 나타났다.

만남을 찾는 남성들은 그 말을 일찍 듣고자 한다. 짐작건대, 그들은 "난 당신과 같이 가고 싶다."라는 의미보다는 "난 당신과 성관계를 하고 싶어요."라는 의미로 그 말을 듣고 싶어 하기 때문이다. 그래서 일반적으로 남자들이 여자들보다 성관계 전에 "나는 당신을 사랑합니다."라는 말을 들었을 때 더 기뻐한다. 하지만 장기적인 만남을 원하는 남자들은 그 말을 성관계 이후에 듣는 것을 더 선호한다.

"나는 당신을 사랑합니다."는 약속의 말이 아닌 유혹의 말이 될 수도 있다.

대답 듣기

용기를 내어 불쑥 그 말을 마침내 내뱉었다면, 응답을 기다리자. 만약 당신의 사랑이 기쁘게 웃으며 "나도 당신을 사랑해요!"라고 말하면 모든 것이 환상적이겠지만, 그렇지 않다면 마음에 상당한 상처를 입을 것이다. 명심해야 할 것은 대답이 돌아오지 않는 것과 "난 당신을 사랑하지 않아요."라고 하는 것은 확실히 다르다는 것이다. 돌아오지 않는 대답은 "난 당신과 사랑에 빠진 것 같아요. 하지만 확실해질 때까지는 말하고 싶지 않아요."라는 뜻일 수도 있다.

회피형 사람들의 사랑

회피형 애착유형의 사람들도 다른 사람들과 마찬가지로 사랑에 빠질 수 있다. 하지만 그들은 사랑의 상태를 대하는 데 문제를 가지고 있다. 이에 대하여 따로 이야기해보자. 스트레스를 줄이는 일반적인 회피형 방법들은 다음과 같다.

회피형 사람들은……	예를 들면……	이유는?
'사랑'은 그들이 말하고 싶은 단어가 아니라는 힌트를 미리 흘린다. 무심코 그 개념 자체를 자주 폄하한다.	"사랑이란 단지 번식을 위한 생물학적 메커니즘일 뿐이야.", "모든 달콤한 것들은 너무 진부한 것 같아, 그렇지 않아?"	사랑을 느끼기는 하지만, 대화는 회피하고자 한다. 혹은 사랑이 없는 관계를 원할지도 모른다.
맹세는 하지만, 장난스러운 방법으로만 한다. 따라서 상대가 진심인지 확신하기 힘들다.	자신들의 평상시 모습이 아니라 코믹한 역할을 통해서 우스운 목소리나 속어를 사용하여 말한다.	유머는 감정적인 거리감을 준다. 만약 그것이 단지 농담이었다면, 진심이 아니었을 것이며 별로 두렵지도 않았을 것이다.
약간 모호하고 혼란스러운 방법으로 말한다.	"당신은 원하는 것을 해줄 수 있는 그런 사람을 사랑해야 해." 이것이 당신을 의미하는 것인지 확인할 수 없으며 포괄적이다.	주제의 주도권을 유지하여 안정감과 덜 '강렬한' 기분을 유지한다.
말하고 도망간다.	통화 끝에 말한다. "사랑해." (뚝) 상대가 응답할 시간이 없다.	이것은 말을 하고 나서 진정할 수 있는 안전한 곳으로 가는 것이다. 상대는 응답할 수 없기 때문에 딱히 약속이라고 볼 수도 없다.

왜 대답이 늦어지는가?

캐나다의 심리학자 로즈마리 카레스트 (Rose-Marie Charest)는 대답이 늦어지는 다른 이유들로 누군가의 기대에 부합하지 못한다거나 늦게 대답하는 것이 정체성을 지키는 방법이라는 생각 때문이라고 한다.

어느 경우든, 당신의 상대가 그러한 경우라면, 너무 강요하지 않는 편이 좋다. 가능한 가장 사랑스럽게 기다리고 어떻게 되는지 지켜보도록 하자. 명확하게 당신이 대답을 강요하지 않는다고 알려주면 당신의 가치는 더 올라갈 수도 있다. 상대방의 경계선을 존중해주는 것만큼 당신을 멋있게 하는 것은 없다.(142-143쪽 참고)

애착유형도 고려해야 할 요소들이다. 만약 상대방이 회피형 성향을 보인다면(위의 표 참고), 당신은 그들의 염려에 대하여 존중해주어야 한다. 그리고 당신이 그들과 감정적으로 더욱 친밀한 관계를 원한다면, 끊임없이 친밀감을 느끼도록 해주어야 한다. 또한 '사랑'이라는 단어가 그들을 긴장하게 만든다는 것을 받아들이도록 하자. 만약 당신이 그러한 사실을 받아들이고 나면, 특별한 말과 행동에서 나타나는 사랑의 표현을 이해할 수 있는 새로운 '언어'를 배울지도 모른다. 타협하자. 이에 아무런 보상이 없는 것은 아니다.

당신을 사랑합니다.

난 아직 확신이 없어요.

사랑이란 단어들을 말할 때, 진지한 관계로 가는 문은 활짝 열린다.

– 임상심리학자, 로즈마리 카레스트

열쇠를 줄게

함께 살기

남는 칫솔 하나를 데이트 상대의 집에 놓아둔다. 그다음에 파트너와 같이 사는 것에 대하여 이야기한다. 이것이 관계의 진전, 결국에는 나아가 결혼까지 약속하는 것일까 아니면 단지 새로운 일상이 되는 것일까?

평상시 자고 가는 것과 당신의 장소를 공유하는 것은 관계에 있어 큰 변화이다. 우리는 모두 이에 대한 걱정들을 가지고 있다. 이것이 책임에 대한 공포심을 불러일으키는 것은 아닐까? 만약 상대가 나의 생활 방식을 마음에 들어 하지 않으면 어떻게 할까? 생각이 바뀌면 어쩌지? 같이 사는 것만이 행복을 영위하는 방법일까?

나는 준비가 되었는가?

같이 사는 것에 대해서 중요하게 고려되어야 하는 것이 성숙함이다. 미국의 현대가족협회는 2014년 연구에서 혼전 동거 후에 결혼을 하게 되면 이혼율이 올라가는지 떨어지는지에 대하여 조사하였다. 결과적으로 중요한 것은 해당 약속의 행위가 이루어진 나이와 그것이 동거냐 결혼이냐에 달려있었다. 젊은 사람들은 적절한 장기적인 상대를 만나기 힘들거나 관계가 시작된 이후로 많은 것이 바뀌는 경향이 있다. 18살에 결혼하거나 동거를 시작한 커플들의 경우 60%의 이혼율을 보인 반면, 23살 이후에 결혼하거나 동거를 시작한 커플의 경우에는 이혼율이 그 절반밖에 되지 않았다.

 변화하는 사회 관습

1970년대 초반부터 2000년대까지, 다수의 주요 연구는 혼전 동거 커플이 데이트를 하고 바로 결혼을 하는 커플들보다 높은 이혼율을 가진다고 하였다. 지금은 상황이 달라졌다. 고맙게도 사회 관습이 변했기 때문이다.

900%

미국 센서스 데이터에 따르면, 지난 50년간 혼전 동거는 거의 900%가 증가해 2012년의 혼전 동거 커플은 7,800만 쌍에 이른다.

60%

2011년 퓨 리서치의 연구에 따르면, 60%의 미국인들이 혼전 동거를 선택 사항이 아닌 결혼 이전의 단계로 본다.

2년

2012년 미국 커플의 3분의 2는 결혼하기 전 최소 2년 이상 동거 경험을 가지고 있다.

나이를 먹을수록 더 현명해진다는 의미처럼 보인다.

결혼을 하고 싶은가?

오늘날 보수적인 문화권을 제외하고는, 동거가 '죄악'시 되지 않으며 일반적인 신뢰의 단계 중 일부라고 여겨진다. 어떤 사람들에게는 동거가 최종의 목적지가 되기도 하는데, 그들에게 결혼이라는 것은 없으며 공동명의로 집을 임대하는 것도 최대한 격식을 차린 것이다. 어떤 이들에게는 같이 사는 것은 효과적인 시험대인데, 말하자면 "만약 이것이 성공적이면 우리는 결혼하겠지만, 그전에 일단 화장실을 공유하는 것이 가능한지 보자."는 식이다.

어떤 것을 선호하는지는 개인적인 생각과 경험에 달려있으며, '올바른' 선택이란 없다. 중요한 것은 당신이 가고자 하는 방향에 대하여 상대도 동의하느냐는 것이다. 미국에서 2012년 『사회와 개인 관계 저널』에 실린 연구에 의하면, 동거를 결혼 전의 예비 단계로 보는 커플이나 동거를 결혼으로 가는 단계라고 보지 않는 사람들, 그리고 같이 살지 않는 사람들 모두 상당히 잘 지내는 경향을 보였고, 비슷한 정도의 관계 만족도를 나타냈다. 문제가 있는 쪽은 명확한 입장을 가지고 있지

❓ 동거를 시작할 준비가 되었다는 신호들

- 여분의 칫솔, 머리빗, 잠옷, 그리고 옷들이 상대방 집에 있고 너무 자주 상대방의 집에 머문다.
- 당신의 집에서 상대의 장소로 가는 것이 흥분되는 여행이라기보다는 일상적으로 느껴진다.
- 당신의 여가시간, 특히 밤사이에 대부분을 가능한 한 같이 보낸다.
- 출근을 상대방 집에서 하는 데 익숙하다.
- 몇 번의 다툼에서 살아남았다.

- 같이 여행을 떠난 적이 있고 좋은 시간을 보냈다.
- 화장을 하지 않은 상태로 서로 본 적이 있거나 집에서 입는 편한 옷을 입고 만난 적이 있다.
- 빨래를 해주는 것처럼 허드렛일을 공유하는 것이 큰 문제가 되지 않는다.
- 상대가 없는 곳이 허전하게 느껴진다.

않은 사람들이었다. 만약 동거 생활이 어떻게 끝날지 확실하지 않다면, 그들은 다른 커플들에 비해 '부정적 관계 결과'를 보인다고 연구 결과는 말하고 있다.

결과에 대하여 이야기해보자

이 연구의 가르침은 같이 산다는 것의 의미를 명확하게 이해해야 한다는 것이다. 이는 당신의 관계에 대하여 점검할 기회이기도 하다. 동거에 대한 주제를 꺼내는 것은 특히 두 사람 모두 거주지를 옮겨야 하는 상

황이라면 미래 계획에 대한 진지한 대화를 할 수 있는 큰 밑거름이 된다.

따라서 "우리가 결혼할 것 같아?" 혹은 "만약 우리가 잘되면, 우리 관계가 어디까지 갈 것 같아?"와 같은 질문을 하기 좋은 순간이다. 이는 이 단계에서 합당한 질문이므로 가급적 대답을 들을 수 있도록 하자. 1970년대에 동거를 하기 위해서는 오늘날보다 더욱 더 관습에 얽매이지 않는 사람이 되어야만 했지만, 자유로운 영혼을 가진 사람들은 그 관습 안에서 행복하지 않다면 그곳에 머무르지 않고 더 발전해서 나아왔다.

매일 밤 전화할게

장거리 관계 관리

가끔은 함께하는 것이 불가능할 때도 있다. 거리와 일정 때문에 잠시 떨어져 있게 되는 경우인데, 그렇다고 해서 연인관계가 끝나는 것은 아니다. 장거리 연애도 성공적일 수 있다는 연구도 있다.

상대방에 대한 그리움은 고통스럽겠지만, 둘 중 하나가 다른 곳에서 공부를 하거나 일을 한다면 견뎌내기 위해 노력해야 한다. 거리는 당신의 로맨스에 부담을 주기는 하지만, 당신이 건설적인 자세를 유지한다면 관계를 깨뜨리지는 못한다.

같이 있으면 더 행복한가?

감정적으로 만족하기 위해서 우리는 대화나 친절한 언어, 좋은 경청의 기술 그리고 관심과 감탄의 몸짓 등에 의존하는 경향이 있는데, 이 모든 것들이 장거리에서도 관리될 수 있다. 몇몇 연구들에 따르면, 오히려 장거리 관계가 일반적인 경우보다 약간 더 높은 신뢰감이 형성된다고 한다. 예를 들어 2013년 『가족 과정』에 실린 연구에 따르면 장거리 커플은 지정학적으로 서로 가까운 커플들에 비해 관계 만족도와 상대방에 대한 신뢰도가 더 높고, 좌절감이나 구속감을 덜 느끼며, 관계가 계속 지속될 것이라는 자신감도 더 높은 것으로 나타난다.

사실 후속 연구에서는 장거리 커플이 헤어지는 비율이 지리학적으로 가까운 커플들과 비슷했지만, 더 많이 헤어지지는 않았다. 이는 장거리 관계가 지리적으로 가까운 관계와 동일한 좋은 기회를 가지고 있으며, 아마도 더 보람이 있을 수도 있다는 것을 보여준다.

이상형의 부재

장거리 관계에 대한 연구들이 다루고 있는

눈 맞춤은 유대감을 형성하는 데 중요한 역할을 한다. 이는 수많은 사람들이 스마트폰에 비디오 채팅 앱을 사용하는 이유이기도 하다.

이슈 중 하나는 이상화에 대한 질문이다. 우리는 모두 상대를 약간 떠받드는 경향이 있지만, 날마다의 습관으로 귀찮게 하던 그들이 주변에 없어도 우리는 더 그렇게 할까? 부분적으로는 애착유형에 따라 다를 수 있지만 일반적으로는 그렇지 않다.

퍼듀대학교의 연구원인 이지연과 캐롤 피스톨(Carole Pistole)의 2012년 연구에 따르면 '자기 개방적'인 사람들 즉, 자기 자신에 대하여 더 털어놓는 경향이 있는 사람들은 가까이 있는 상대로부터 이상화되어지고, 장거리의 관계에 있어서는 덜 이상화되어지는 것을 발견하였다.

이것은 파트너가 안정형 애착 유형일 때만 해당하는 것이다. 불안형과 회피형 사람들은 근거리와 장거리 관계에서 모두 덜 솔직하고 덜 이상화하는 경향이 있다. 안정형의 사람들은 전반적으로 상대와의 유대감을 떠올리며 서로 연결되어 있는 느낌을 유지할 수 있는 반면, 불안형 사람들은 보다 더 직접적인 확신을 필요로 하며, 회피형 사람들은 애초에 연결되어 있는 느낌을 원하는지조차 확실하지 않다. 안정적인 상대들은 주어진 상황에 대하여 좀 더 현실적인 관점에서 바라보았기 때문에 회피형이나 불안형의 상대들보다는 장거리 관

계에 대하여 좀 더 편하게 받아들이게 된다.

난 키스를 원해!

장거리 연애가 한 가지 해결해주지 못하는 것은 육체적 친밀감이다. 하지만 이것이 관계의 끝을 의미하지는 않는다. 카밀 곤잘레스(Camille Gonzalez)의 2012년 연구에서 장거리 관계에서 1년에 서로 만나는 횟수는 서로가 느끼는 신뢰도 혹은 믿음에 아주 작은 차이밖에 영향을 주지 못한다는 것을 발견하였다. 하지만 약간 우울해질 수는 있다. 그래서 우리가 컴퓨터에 접속하면 원격으로 상대를 안아주는 '키스 로봇'을 개발하고 있는 회사들이 있다. 하지만 그래도 아직은 계속 '만남'의 기분을 느끼게 해주는 더 원초적인 방법을 사용해야만 한다.

처음부터 장거리 관계로 시작하는 사람들이 있는데, 자신의 애착 욕구를 알고 주기적인 연락과 대화를 하면 걱정을 날려버리는 데 도움이 될 것이다. 그리고 그렇게 멀리 떨어져 있는 것이 영원한 것은 아니다.

✅ 연락하고 지내기

멀리 있는 상대를 껴안을 수는 없다. 따라서 친근감과 신뢰감을 느끼도록 하는 호르몬인 옥시토신의 수치가 낮아질 수 있다. 포옹을 나눌 수 있는 친구나 가족이 있겠지만, 당신과 당신의 상대는 '포옹 호르몬'을 방출할 다른 방법들을 사용할 수도 있다.

✔ 문자나 이메일 자주 하기. 상대방이 우리 생각을 한다는 것을 확인하는 것은 우리의 뇌를 행복하게 만든다.

✔ 선물하기. 소소한 선물을 하자. 선물을 받으면 우리의 옥시토신 수치는 올라간다.

✔ 같이 웃기. 이것 또한 옥시토신을 흐르게 만든다. 농담을 주고받고, 서로 장난도 치고, 신기한 이야기를 하며 기분 좋은 웃음을 나눠보자.

✔ 같은 영화 보기. 소파에서 함께 볼 수는 없겠지만, 온라인을 통해서 같이 볼 수는 있다. 그리고 감동적인 영화라면, 옥시토신 수치는 거의 50% 이상 올라간다.

✔ "사랑해"라고 말하기. 사랑에 대해 느끼고 생각하는 것은 포옹을 할 때와 같은 뇌작용을 만든다.

✅ 자기 개방

미국의 심리학자 어윈 알트만(Irwin Altman)과 달마스 테일러(Dalmas Taylor)가 제안한 '사회적 침투 이론'에 따르면, 우리는 서로 알아감에 따라 개인적인 생각과 느낌을 더욱 드러낸다고 한다. 이러한 것들을 공유한다고 하는 것은 친근감을 느끼는 데 중요한 역할을 한다. 적당한 비율로 깊은 속내를 나누는 것은 거리와 상관없이 가까운 관계를 유지하는 데 도움이 된다.

초기, 일반적인 개방

깊고, 은밀한 개방

지인과 초기에 나눌 수 있는 자기 이야기는 기본적인 신상 정보인데, "난 채식주의자야." 혹은 "난 어디에서 자랐어." 같은 것들이다. 만약 반응이 좋다면, 좀 더 약점이 되는 주제로 옮겨가고 결국에는 가장 깊고 은밀한 희망과 두려움에 대한 것까지 나눈다.

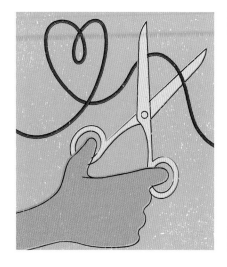

반쪽짜리 해피엔딩
깨끗하게 정리하기

가끔은 최선을 다했음에도 불구하고, 관계가 잘 지속되지 못해서 각자의 길을 가는 것이 낫겠다고 생각되는 때가 있다. 상황에 따라서 어떻게 이별하는 것이 최고의 방법일까?

❓ 긴 연애의 끝

만약 오랜 시간을 함께했다면, 대부분은 헤어짐을 선택하기 전에 문제를 해결해보려고 할 것이다. 미국의 심리학자이자 관계 전문가인 존 가트맨(John Gottman)은 관계가 회복될 수 없는 지경에 이르렀다는 4가지 신호를 제시했다.

1. 관계 문제가 심각하다는 생각이 든다.
2. 문제를 상대에게 말하는 것이 쓸모없는 일처럼 느껴져 문제를 스스로 해결하려고 한다.
3. 당신과 상대방이 각자의 생활을 하기 시작한다.
4. 외로움을 느낀다.

진지한 관계에서는 희망이 없다고 결론을 내기 전에 몇 가지 치료법을 시도해보는 것도 좋다. 하지만 만약 이미 충분히 관계가 끝났다고 느낀다면, 그때가 바로 끝내야 할 시점일 것이다.

연애 기간이 고작 몇 주 정도라면, 관계를 끝내는 방법은 명확하다.(옆쪽 참고) 하지만 만약 깊은 관계가 될 때까지 많은 시간을 보냈다면, 그러한 결정을 내리는 것이 복잡하고 마음 아픈 일이 될 수 있다.

잘 지내고 있는가?
결정을 하는 방법 중 하나는 당신 스스로에게 현재 관계가 다음과 같은 기본적인 애착 기준에 부합하는지 물어보는 것이다.

■ 당신의 상대는 안식처인가? 같이 있으면 편안하고 사랑스러운 기분을 느끼는가? 만약 필요한 것을 말하면, 당신에게 적절히 반응해주는가? 신뢰하는가?

■ 당신의 상대는 안정적인 안식처인가? 상대는 당신이 관심 가지는 것이나 목표를 지지하고 도움을 주는가? 당신 자신이 될 수 있을 것 같은가?

■ 당신의 상대로부터 친근감을 느끼는가? 상대가 당신 주변에 있거나 생각이 나면 기분이 나아지는가?

■ 만약 대답이 '아니오.'라면, 변화하거나 끝내야 할 시점이 된 것일지도 모른다.

잊어버리기
헤어짐이란 괴로운 일이다. 하지만 이를 더 잘 넘어갈 수 있도록 도와주는 몇 가지 방법들이 있다. 먼저, 당신을 지지해줄 사회적 관계를 형성하는 것이다. 당신의 애착체계는 연애 상대뿐만 아니라 가족이나 친구들에 의해 진정될 수 있다.(38-39쪽 참고) 따라서 친구들이나 가족과 대화를 나누면서 당신이 로맨틱한 사랑이 아닌 그들의 사랑이 더 필요하다는 것을 알리도록 하자.

당신의 강인함을 기억하자. 자아를 확인하는 것은 갑작스럽게 잃어버린 희망으로 인한 불안감을 이겨내는 가장 좋은 방법이 될 수 있다. 따라서 자신의 강점을 떠올리고 당신이 잘하는 무언가를 해보도록 하자.(34-35쪽 참고) 의미를 발견할 수 있는 기회를 찾아보자. 관계라는 것은 일생에 걸쳐 계속되며 가치관을 형성한다. 이제 당신만의 시간을 다시 가지고, 당신이 원하는 분야에서 존재감을 느끼게 해주는 무언가를 해보자. 그리고 후회하는 순간이 올 수도 있다는 것을 받아들이도록 하자. 스스로 슬퍼할 수 있도록 놔두면, 그 시간은 지나갈 것이다.

짧은 관계 끝내기

대부분 우리는 사람들을 실망시키고 싶어 하지 않는다. 따라서 누군가와 더 이상 데이트를 하고 싶지 않을 때, 연락을 끊고 상대방이 그 의도를 알아주길 희망한다. 하지만 이는 잘못된 방법이다. 당신의 연락을 기다릴 필요가 없다고 알려주는 것이 더 바람직하다. 그럼에도 불구하고, 어떤 사람들은 끈질기게 매달릴 수도 있다. 그렇다면 어떻게 해야 당신을 성가시게 할 가능성을 최소화할 수 있을까?

방법	이유	잘못된 방법	올바른 방법
정확히 하라	거절이라고 느껴지지 않을 정도로 '부드럽게' 이별을 말하는 것은 혼란을 줄 수 있다. 특히 상대가 잘못된 희망에 매달리는 타입이라면 더 그렇다. 더 이상 만남을 이어가고 싶지 않다는 뜻을 직설적으로 말할 필요가 있다.	"지금 당장은 내가 좋지 않은 것 같아요."	"우리에 대해 생각해보았는데, 당신과 더 이상 만남을 이어가고 싶지 않다는 것을 알려줘야 할 것 같아요."
요점을 벗어나지 마라	당신이 왜 그들과 데이트를 원치 않는지는 요점이 아니다. 요점은 당신이 상대방을 원치 않는다는 것이다. 만약 그들이 설명을 원한다면, 구체적으로 말하지는 마라. 당신이 많은 이유를 댈수록, 그들이 해명하거나 변하겠다고 약속하는 기회만 늘어난다.	"당신의 행동들이 정말 나를 귀찮게 해요."	"난 당신과 함께하고 싶다는 생각이 들지 않아요. 그리고 앞으로도 그럴 것 같아요."
공손하게 하라	공손한 것이 올바르기 때문만이 아니라 이후에 문제가 생기는 것을 방지해주기 때문이다. 어떠한 결정이나 사과를 받기 위해 따라오는 것을 정당화시키는 어떠한 것도 하지 말아야 한다.	"당신은 끔찍한 사람이야. 그런데 내가 왜 당신과 함께해야 하지?"	"당신은 좋은 사람이에요. 하지만 저와는 맞지 않는 것 같아요."
과도하게 칭찬하지 마라	칭찬은 앞으로 해야 할 말에 대한 완충제 역할을 해준다. 하지만 너무 많은 칭찬을 한다면, 상대는 당신이 자신의 감정에 확신이 없으며 설득으로 바뀔 수 있다고 생각할지 모른다.	"당신은 정말로 똑똑하고 멋지고 매력적이에요. 당신이 좋은 사람을 만날 거라고 확신해요."	"당신은 멋진 사람이지만, 저하고는 맞지 않아요."
'아니오'라고 한 번만 말하라	한 번 '아니오'라고 말했다면, 당신이 말해야 하는 모든 것을 말한 것이다. 이후로는 상대방의 이메일이나 전화에 응답하지 마라. 침묵은 가장 명확한 거절이다. 이는 지나치게 밀어붙이는 상대에게 당신의 거절이 확고하며 그 사실을 다시 말해주는 데 시간을 낭비하지 않겠다는 것을 보여준다.	"제발 연락하지 말아주겠어요? 난 이미 아니라고 말했어요."	아무 말도 하지 마라. 그리고 당신의 삶을 살아라.

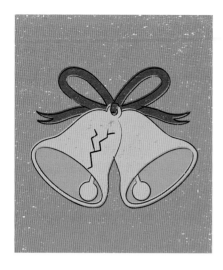

결혼할까, 말까?

결혼을 이야기할 시기

관계가 상당히 믿음직해 보이면 사람들은 결혼의 뜻을 내비치기 시작한다. 둘 중 한쪽은 결혼을 열렬히 바라지만, 다른 한쪽은 결혼을 하고 싶어 하지 않을 수 있다. 만약 이 상황이 익숙하게 들린다면, 이제 진지한 대화를 해야 할 시기이다.

결혼을 하고 싶은가?

혼란스럽고 기분 상하는 모든 상황들 중에, 한쪽만 결혼을 원하는 관계와 비교할 수 있는 상황은 별로 없을 것이다. 이제 물어볼 때가 되었다. 결혼이란 것이 당신에게 어떤 의미이고, 당신 상대가 이해해야 하는 것은 무엇인가?

약속의 증거

- 이유: 결혼은 자연적인 과정의 마지막 단계이고, 이 단계를 거부한다는 것은 당신이 진지하게 생각하지 않는다는 것을 보여준다.

- 만약 결혼이 문제들을 해결해주거나 막아줄 것이라고 예상한다면 문제가 될 수 있다. 어쨌든 결혼은 특효약이 아니다.

- 관계에 어떤 상표를 붙여 부르는 것보다는 그 자체가 중요하다는 것을 알고 있다면 문제가 될 것이 없다. 물론, 당신은 그 상표를 좋아하기도 한다.

로맨틱한 것

- 이유: 당신은 항상 결혼과 결혼 반지에 대하여 꿈꿔왔다. 그리고 그 꿈을 포기하는 것은 너무 슬프다.

- 당신이 꿈꿔온 것이 결혼할 상대가 아닌 그러한 액세서리라면 문제가 될 수 있다.

- 당신이 대부분 신경 쓰는 것이 당신의 상대라면 문제가 되지 않는다. 결혼을 하는 것에 대한 로맨스는 무언가를 그들과 공유하고 싶어 하는 것이다.

? 도덕적인 것

- 이유: 당신은 종교적 혹은 다른 이유로, 결혼은 가족과 사회의 기반이 되는 것이고, 연인이 결혼을 하는 것은 존경받아 마땅하고 믿는다.

- 당신이 이것에 대하여 너무 독단적 혹은 비판적이고, 어느 특정한 사람과 결혼하는 것 자체보다 결혼이라는 개념 자체에 더 흥미가 있다면 문제가 될 수 있다. 또한 이것과 관련하여 당신의 상대와 심각하게 가치관이 충돌한다면 문제가 된다.

- 당신의 상대가 당신의 가치관을 공감하거나 최소한 존중해준다면 문제가 되지 않는다. 그는 당신과 진지한 논의를 할 준비가 되어 있는 것이다.

가장 중요하게
약속해야 하는 것은
서로의 행복이라는 것을
당신 자신에게 상기시켜라.

211만 8,000건

미국에서는 2011년에 210만여 건의 결혼식이 열렸다. 영국에서는 같은 해 24만 8,000건의 결혼식이 열렸다.

54%

2013년 조사기관의 설문에 따르면 미국인의 절반이 결혼했다고 한다. 한편, 영국에서는 전체 인구의 47%가 결혼했다.

미국인의 5분의 1가량이 결혼한 적이 없지만, 언젠가 결혼을 하고 싶어 한다. **21%**

5%

미국인 20명 중 1명은 아직 결혼하지 않았고, 앞으로도 결혼을 원하지 않는다.

나머지 사람들은 결혼의 경험이 있지만 더 이상 지속하지 않고 있거나 자신의 결혼 유무를 밝히지 않았다. **20%**

결혼을 하고 싶지 않은가?

당사자들이 아무렇지 않다면 결혼을 하지 않고도 충분히 행복한 관계를 가질 수 있다. 단 하나의 '잘못된' 결정은 당신의 이유들을 철저히 검토하지 않는 것이다. 따라서 최대한 많은 대화를 나누고, 가장 중요하게 약속해야 하는 것은 서로의 행복이라는 것을 스스로에게 상기시키도록 하자.

(?) 돈 낭비

- 이유: 결혼은 돈이 많이 든다. 만약 당신이 간소한 결혼을 한다면, 당신의 가족들은 상처를 받을 것이고 당신은 하루에 그 많은 돈을 날려야 하는 이유를 알지 못한다.

- 만약 돈이 진짜 이유가 아니라면 문제가 될 수 있다. 제한된 예산으로도 결혼은 할 수 있기 때문이다. 하지만 당신은 단지 지금 상대와 결혼이 하기 싫은 것일 수 있다. 결혼을 원하는 것에 대하여 상대방에게 죄의식 같은 것을 가지고 있다면, 이 또한 문제가 될 수 있다.

- 만약 당신이 상대방에 대한 믿음이 느껴지고 그걸 입증하기 위해 돈을 쓸 필요가 없다고 생각하는 것이라면 문제가 되지 않는다.

(?) 재앙을 만드는 레시피

- 이유: 당신은 부모님이나 다른 아끼는 사람이 비참한 결혼 생활에 갇혀 사는 것을 보았다. 반면에 당신은 당신의 상대를 많이 사랑할 것이고 딱히 나빠질 것 같지도 않다. 다만 결혼은 비상구를 막아버리는 것을 의미할 뿐 안전을 보장할 것처럼 보이지 않는다.

- 만약 당신이 어떠한 형태로든 완벽하게 엮이게 되는 것이 두려운 것이라면 문제가 될 것이다. 결혼하지 않은 연인 사이에서도 문제는 일어나기 마련이고 정말 진지하게 만나는 것이 두렵다면, 아마도 치료 요법 등을 통해서 그 두려움을 먼저 해결해야 한다. 모든 관계가 나쁘게 끝나는 것은 아니다.

- 만약 당신이 깊은 신뢰 관계가 되는 것에 만족하고 장기적인 관계를 원한다는 것을 상대에게 알릴 준비는 되어 있지만, 결혼이라는 단어를 말하는 것 자체가 긴장되는 것이라면 문제가 되지 않는다. 아마 당신은 다른 방법을 통해서 그것을 증명해야만 할 것이다. 하지만 그것이 가능하다면, 문제는 충분히 절충될 수 있다.

(?) 신념의 문제

- 이유: 당신은 결혼은 잘못된 것이라고 생각한다. 당신은 애정 생활에 있어 종교나 어떤 상태가 결부되는 것을 좋아하지 않는다. 당신은 결혼이란 것이 많은 나라들이 그러는 것처럼 이성애자에게만 주어지는 불공평한 특별 자격이라고 생각한다. 당신은 그것이 구시대의 전통이라고 생각한다.

- 당신의 '신념'이 사실은 변명이고, 당신이 단지 어느 특정한 사람과 결혼하고 싶지 않거나 누군가에 '속박'되는 개념이 싫은 것이라면 문제가 될 수 있다. 후자의 경우는 아마 당신이 회피형 애착유형이라는 것을 나타내는 것이다.

- 당신은 사랑과 관계에 관하여 진지하다. 단지 왜 결혼이 필요한 것인지 이유를 알 수 없는 것이라면 문제가 되지 않을 수 있다. 만약 상대가 진정으로 원한다면 어느 정도 타협이 가능한 경우 중 하나이거나, 최소한 당신의 믿음을 증명할 다른 행동을 할 것이다.

청혼하기

프러포즈의 기술

바로 이 느낌이며, 이 사람이 바로 내가 찾던 평생을 같이할 사람이라고 당신은 확신한다. 만약 당신이 결혼을 꿈꾸고 있다면, 프러포즈하는 방식이 청혼을 받아들이거나 거절당하는 데 영향을 줄까?

프러포즈는 쉬운 일이 아니며, 어떤 식으로 하는지는 문화마다 다양하다. 즉, 어떤 사람들은 예의상 상대방에게 묻기 전에 그녀의 부모님한테 먼저 물어보아야만 하는 반면, 어떤 여성들은 가족들보다 프러포즈를 가장 먼저 듣기를 원한다. 또한 어떤 이들은 사랑스러운 공개 프러포즈를 생각하는 반면, 어떤 이들은 그러한 방법에 대해 당혹스러워한다. 이 모든 것을 어떻게 알 수 있을까?

기대

당신 스스로에게 먼저 물어보자. 어떤 프러포즈가 당신의 사회적 분위기에 인기가 많아 보이는가? 당신 상대가 생각하는 훌륭한 프러포즈는 무엇인가? 당신은 아마 할리우드 영화에서 본 듯한 것을 생각할 수도 있겠지만, 그보다는 주변 친구들이 하는 좀 더 현실적인 방법을 찾을 가능성이 더 크다.

이는 당신이 남성이고 여자친구에게 청혼을 해야 하는 경우라면 특히 더 그럴 것이다. 여자들의 경우는 일반적으로 서로 이야기를 많이 나누기 때문에, 특히 사랑스럽거나 혹은 당혹스러운 프러포즈 경험담이 많이 회자된다. 만약 당신이 좀 과하게 프러포즈를 한다면, 친구들은 당신을 약간 원망할지도 모른다. 왜냐하면 당신이 그들이 프러포즈를 해야 할 때 맞추어야 할 수준을 올려놓았다고 생각할 것이기 때문이다.

반면에 당신이 여성이고 남자친구에게 프러포즈해야 하는 입장이라면, 유리한 입장이라는 것을 알게 될 것이다. 여성인 당신이 프러포즈한다는 사실 자체가 이미 대부분의 다른 여성들보다 특별하게 만들기 때문이다. 하지만 상대 남성이 역할이 바뀌는 것에 대하여 강하게 반대한다면, 그때는 재고해보아야 한다. 프러포즈를 생각할 정도로 성정치학의 경계를 허무는 개방적인 여성으로서 이런 문제에 대하여 훨씬 더 보수적인 사람과 정말 결혼이 하고 싶은가?

반지를 준비했는가?

합리적인 사람은 프러포즈를 받아들일지 말지를 프러포즈 자체가 아닌 그들의 장기적인 기대를 기반으로 결정할 것이다. 하지만 놀랍게도 2010년의 한 설문에 따르면, 20%의 미국 여성들은 반지가 마음에 들지 않으면 프러포즈를 거절할 것이라고 답했다. 그리고 흥미롭게도 45%의 미국 남성들은 반지를 사기 전 조사를 하지 않았다고 답했다. 이것이 연인들에게 좋은 소식일 리 없다.

반지가 마음에 들지 않기 때문에 좋은 남자 혹은 여자를 거절하는 것은 바보 같은 짓이다. 당신은 다른 상대를 원하는 것이 아니고 다른 반지를 원한다고 분명하게 터놓고 얘기해야 할 것이다. 이것은 전혀 경솔한 반응이 아니다. 만약 당신이 연인으로서 충분히 대화를 하려고 하지 않는다면, 쉽게 반지가 당신의 생각을 '대변'하는 것처럼 보일 것이다. 당신의 상대는 단지 예산이 부족했거나, 보석을 보는 안목이 없었을 수도 있지만, 무심하게 고른 반지는 좋은 신호가 아니다. 당신은 아마 여생 동안 그 반지를 끼고 살아야 할지 모르는데, 그런 당신의 선호를 조금이라도 고려하는 것은 당신의 기분을 고려한다는 뜻이다.

물론 반지는 부수적인 것이고 검소한 선택을 하는 연인들이 늘어나고 있지만, 가장 중요한 것은 인생에 있어 다른 것들과 마찬가지로 반지 역시 결코 대화를 대체할 수 없다는 것이다.

청혼이라는 것은 당신 일생에 있어 어떻게 보면 도박을 해야 하는 순간이지만, 최소한 정보를 가지고 있는 도박이기도 하다. 상대방의 기대치와 선호에 대하여 주의 깊게 공부하고, 무엇보다도 서로에 대하여 미리 잘 이해하도록 노력하라. 그렇게 하면, 프러포즈는 완전히 무모한 행위가 아닌 낭만적인 표현이 될 것이다.

 ### 재미있는 통계

프러포즈를 기다리는 동안, 아래 몇 가지 재밌는 통계를 살펴보자. 하지만 액면 그대로 받아들이지는 말도록 하자.

1 미국의 신부 중 95%가 약혼 반지를 가지고 있다. 하지만 경제적인 이유와 '블러드 다이아몬드'처럼 윤리적인 이유로 그 수치는 점점 줄어들고 있다.

2 약혼 반지가 있는 여성의 85%는 프러포즈 때 받은 것이다.

3 약혼한 연인의 42%는 반지를 같이 고른다. 그중 85%는 남자가 비용을 지불한다.

4 57%의 남성들은 반지를 사는 것이 스트레스라고 말한다.

5 45%의 남성들은 반지를 사기 전에 조사를 하지 않는다.

6 75%의 약혼 반지는 다이아몬드 반지이다.

7 전 세계 34개국의 소비자들은 매년 다이아몬드를 구입하기 위해 740억 달러를 지불한다.

8 48%의 여성들은 깜짝 프러포즈를 원한다.

9 미국과 영국에서는 약혼까지 이르는 데 평균 13개월에서 14개월이 걸린다.

10 뉴욕 양키즈 경기장에서는 매 경기의 점수판에 최소 한 쌍 이상의 프러포즈가 나온다. 하지만 그들 중 갑자기 예약된 프러포즈를 취소하겠다고 '미친 듯이' 외치는 경우도 최소 1년에 5번 이상 있다고 한다.

 ### 결혼식 준비하기

만약 프러포즈가 받아들여졌다면, 힘든 시간이 오리라는 것에 대해 마음을 단단히 먹도록 하자. 결혼 준비는 부담스러운 일이고 자주 신부들을 아주 힘들게 하기 때문이다. 예를 들어, 캘리포니아의 심리학자 데비 마(Debbie Ma)가 2004년에 연구한 바에 따르면, 약혼한 여자들은 그렇지 않은 여자들에 비하여 훨씬 더 높은 수준의 스트레스를 가지고 있다고 한다. 하지만 훌륭한 사회 지원망이 이를 어느 정도 완화시켜줄 수도 있다. 더군다나 『여성주의 가족요법 저널』에 실린 2009년 연구에 따르면 많은 연인들이 결혼 준비 책자를 참고하는데, 그러한 책들이 '불평등을 조장'한다고 한다. 즉 여자들이 쉴 틈 없이 대부분의 준비를 해야 한다는 의미의 조언을 주는 경향이 있다는 것이다.

 ### 거창한 구호

『에드버타이징 에이지』는 '다이아몬드는 영원하다.'가 20세기 최고의 광고문구라고 밝혔다. 이는 카피라이터인 프란시스 제러티(Frances Gerety)가 다이아몬드 회사인 드 비어스를 위해 1947년에 만든 것이다. 다이아몬드를 사기 위해서는 두 달 치의 급여를 써야만 하게 만들어준 보석 산업에 감사해 하자. 사실, 다이아몬드가 결혼 반지로 사용되는 전통은 남아프리카에서 다이아몬드가 발견된 이후인 19세기 후반에서야 미국에서 인기를 끌기 시작했으며, 그것이 필수적인 것이라고 주장하는 사람들은 다이아몬드 판매상들밖에 없었다. 만약 덜 비싼 반지를 원한다거나 반지조차 필요 없다고 생각한다면, 의무감을 가질 이유가 전혀 없다.

5부

영원한 사랑으로
함께하기

지속적인 관계를 위한 노력

우리의 관계는 지속될까?

대화가 예견하는 것

당신의 관계가 앞으로도 행복하게 유지될지 아니면 나쁘게 끝날지 말할 수 있는가? 몇몇 연구가들에 의하면 서로 어떻게 대화하는지를 통해 놀랍도록 정확하게 알 수 있다고 한다.

1986년, 미국의 심리학자 존 가트맨은 자신의 '사랑 연구소'에서 동료인 로버트 레벤슨(Robert Levenson)과 함께 신혼부부들에게 전기선을 연결하고 그들 관계에 있어 즐거운 면과 힘들었던 면에 대해 물어보는 연구를 진행했다. 6년 후, 가트맨은 그 부부들을 다시 만났는데, 어떤 부부들은 행복한 결혼 생활을 하고 있었고 어떤 이들은 함께 하고 있기는 하지만 불행한 상태이거나 완전히 헤어진 상태였다.

그들 사이에는 무슨 차이점이 있었을까?

여전히 행복한 결혼 생활을 하고 있는 부부들은 1986년의 실험에서 낮은 심박 수와 스트레스 지수를 보였다. 반면에 행복하지 않은 부부들은 차분해 보이긴 했지만, 심장이 뛰고, 땀을 흘리며, 긴장감을 보였다.

명수들과 실패자들

가트맨은 첫 번째 그룹에 '명수들', 두 번째 그룹에 '실패자들'이라는 명칭을 부여하고 무엇이 '명수들'을 그렇게 만들었는지 알아보았다. 예를 들면, 1990년에 그는 '사랑 연구소'를 연구소 분위기가 아닌 휴양지의 느낌으로 디자인하여 130쌍의 신혼부부들을 초대한 후, 평범한 하루를 보내도록 했다. 사실 그는 '현장'에서 부부들을 관찰하고 있었다.

신혼부부들은 함께한 시간 동안 '노력'을 했다. 즉, 긍정적인 반응을 노리고 서로의 관심을 끌고자 했으며, "여기 봐, 새가 있어!" 등 별것 아니지만 친근감을 느끼는 순간을 만들려고 노력했다. 이에 대해 상대방은 "오 그래, 귀엽다!" 혹은 "혼자 있게 해줘. 난 신문을 읽고 있어."와 같은 말들로 반응했는데, 모든 시도에 응한 사람은 아무도 없었다. 모

5:1

행복

0.8:1

이혼 직전

긍정을 유지하라

가트맨의 연구에 따르면, 5 대 1이라는 마법의 비율이 존재한다고 한다. 긍정적인 교류가 부정적인 교류보다 5배 정도 많은 연인들은 안정적일 가능성이 높다. 하지만 나중에 헤어지게 되는 불안정한 연인들은 10번의 부정적인 교류가 있는 동안 8번의 긍정적인 교류가 있다고 한다. 그 비율은 0.8 대 1이다. 당신의 비율은 어떤가?

여기 좋은 소식이 있다!

UCLA의 2006년 연구에 의하면, 좋은 상황에서 긍정적으로 반응하는 것이 좋지 않은 일이 발생했을 때 어떻게 반응하는지 만큼 중요하다고 한다. 어느 한 아내가 남편에게 자신의 승진 사실을 말했다고 해보자. 그는 어떤 반응을 보이는가? 아래 네 가지의 경우를 보면, 능동적 구축만이 진정으로 행복한 관계를 느끼게 한다는 것을 알 수 있다.

반응 유형	행동	예시
능동적 구축	열렬한 지원	"정말 잘됐군! 열심히 일한 것에 대한 보상을 받은 거야. 새로운 일은 어떤 것이지?"
수동적 구축	조용하고 절제된 지원	"그거 잘됐군."
능동적 파괴	방해	"당신이 그걸 할 수 있겠어? 지금까지 하던 일도 힘들어 했잖아."
수동적 파괴	무시	"그러고 보니, 당신 어머니가 전화했었어, 어머니께 전화해볼래?"

든 사람이 가끔은 딴 데 정신이 팔려 있기도 했던 것이다. 하지만 '실패자들' 그룹은 33%의 비율로 응한 반면, '명수들' 그룹은 87%의 비율로 상대방에게 응답했다. 가트맨은 이것을 근거로 연인들이 함께 지낼 가능성에 대하여 최대 94%의 정확도로 예측할 수 있었다.

긍정적인 면 강조하기

가트맨이 생각하기에 '명수들'과 '실패자들'의 태도에서 가장 중요한 차이점은 사람들이 무엇을 주시하고 있는가였다. '명수들'은 자신들의 상대와 같이 기뻐할 기회를 찾고 있었던 반면, '실패자'들은 실수를 살피고 있었다.

여기 자아검증 개념이 다시 나온다.(32-33쪽 참고) 즉, 우리는 기대에 부합하는 것들에 대해서만 신경 쓰며, 그렇지 않은 것들은 신경을 덜 쓰는 경향이 있다. 만약 관계가 나빠질 것 같다고 예상하면, 우리는 그럴 조짐이 보이는 것들에 대해 바짝 경계한다. 그것은 상대방이 잘못하는 모든 것에 신경 쓰게 된다는 의미이다. 만약 우리 자신과 상대방이 기본적으로 좋은 사람이라는 믿음이 있다면, 우리는 서로의 장점들에 신경 쓸 가능성이 훨씬 높아진다. 따라서 그들의 '시도'가 친근감을 원하는 신호라는 것을 알아채고 긍정적인 순환을 만들어내는 것이다.

가트맨은 '명수들'이 "이러한 존경과 감사의 문화를 큰 목적의식을 가지고 구축한다."라고 말했다. 명수가 되기 위해서는 감사, 칭찬, 그리고 동조의 기반을 구축할 수 있도록 조화를 이루어야 한다. 상대방의 시도를 긍정적으로 받아들이는 것, 그리고 그들이 당신의 주의를 끌 정도로 감명을 주는 순간을 주시하는 것은 지속 가능성이 상당히 높은 관계를 만들어준다. 이렇게 하면 두 사람 모두에게 차분하고, 따뜻하며, 다정한 관계가 될 것이다.

80%

가트맨의 보고서에 따르면, 친밀감이 깨지는 것이 이혼에 이르는 주요 원인의 80%를 차지한다고 한다.

권태기?

결혼 생활의 종지부를 찍는 가장 흔한 시기는 빈번한 다툼이 있는 5-7년 사이이거나 감정적 연결이 부족해지는 15-16년 사이라고 한다.

지속적인 교감

행복을 위한 가벼운 연습

우리가 서로에게 익숙해지면 교감을 쉽고 당연시 여길 수 있다. 하지만 실제로 당신의 시간을 함께하는 의식적인 노력을 기울인다면 서로의 관계를 더욱 즐길 수 있을 것이다.

사랑은 말이 필요 없는 것인가? 전혀 그렇지 않다. 말을 하지 않으면, 우리는 종종 느끼고 생각하는 것을 잊어버린다. 로맨틱한 교류를 연습한다는 것이 처음에는 약간 이상하게 느껴질 수 있다. 하지만 선물이나 서로 공유하는 놀이라는 생각으로 접근해보자. 서로 만난 지 얼마 되지 않은 연인이든 오래된 연인이든, 아마 놀라운 경험을 하게 될 것이다.

 다정함의 주간

관계가 가치 있도록 만드는 데 감탄만 한 것이 없다.

1. 각각 자신의 개인 노트북이나 메모장을 준비하고 당분간은 상대방에게 보여주지 말자.

2. 한 주간 매일, 상대방이 당신을 감탄하게 한 것, 존중한 것, 소중하게 혹은 특별하게 대해준 모든 것들을 기록하자. "차를 끓였는데 한 잔 할래요?"와 같이 사소한 것까지도 적도록 하자. 그것이 무엇이든 당신에게 의미가 있었느냐를 기준으로 삼으면 된다.

3. 한 주의 마지막 날, 조용한 곳에 앉아 서로의 목록을 교환하자. 물론 빚이 아닌 선물의 의미로 말이다.

4. 이것을 몇 주간 반복해보고, 뚜렷하게 나타나는 특징들을 기록하자. 당신은 아마 긍정적인 보상을 받는 패턴을 쉽게 찾을 수 있을 것이다.

✏️ 당신을 만나기 전

가끔 서로의 만남이 당신의 삶을 개선해주었는 지를 상기해보는 것이 좋다. 다음을 따라서 목록을 만들어보자.

1. 이 연습을 하기 위해 같이 앉아라. 둘 다 서로의 내용을 쉽게 볼 수 있도록, 당신이 목록을 쓰고 읽어준다.

2. '당신을 만나기 전'이라고 제목을 쓴다. '나의 모습' 그리고 '내가 염려하던 것들'이라는 두 가지 부제목을 추가한다.

3. 남들이 당신을 바라보는 느낌과 당신이 걱정하던 것들이 상대방을 만나 변하게 된 모든 것들을 채워 넣어라. 이를 위해 당신의 어린 시절로 돌아가 살펴볼 수도 있다.

행복한 결혼 생활은
깊은 우정을 기반으로 한다.
이것의 의미는
상호존중하는 것, 그리고
함께하는 것을 즐기는 것이다.
– 미국의 심리학자이자 심리학 교수,
존 가트맨

🪷 말할 것이 없다?

가끔 우리는 너무 피곤해서 대화를 할 여력이 없을 때가 있다. 그래서 우리가 어느 정도 친근감이나 관심을 원함에도 불구하고 아무도 떠오르지 않을 때가 있다. 만약 당신이 대화는 하고 싶지만 주제를 잡기 힘들다면, 다음의 연습을 시도해보자.

1. 편안한 자세로 서로 마주 보고 앉아라. 눈을 감고, 집중해서 호흡하거나 사랑스럽고 다정한 명상을 하라. 어느 것이든 그 순간에 더 필요하다고 생각되는 것을 하자.

2. 합의된 신호에 따라 눈을 떠라. 얼마나 지속해야 할지 걱정하지 않도록 알람을 설정해놓아도 좋다. 아무 말 없이 서로의 얼굴을 살펴라.

3. 대화를 시작할 준비가 되었다고 느끼면, 상대방의 눈을 응시하고 미소를 지어라. 만약 상대방이 먼저 준비가 되어서 미소를 짓지만 당신은 좀 더 시간이 필요하다면, 부드럽게 고개를 가로저어라. 이것은 거절의 표시가 아니고 시간이 더 필요하다는 의사표현이다. 서로에게 여유로움을 선사하고 반드시 둘 다 모두 준비가 되었을 때 시작하라.

4. 둘 중 한 명이 먼저 이야기를 하자. 이를 위해 시작하기 전에 누가 먼저 할지 정해두도록 하자. 오직 한 문장을 가지고 대화를 시작하는데, "어제는 비가 내렸어."와 같은 짧고 진솔하고 자연스럽고 편안한 문장이어야 한다.

5. 한쪽이 말을 하고 나면, 다른 상대방은 "맞아."라고 대답한다.

6. 처음에 시작했던 사람이 계속해서 그 문장을 말하고 다른 한쪽은 "맞아."라고 계속 대답한다. 계속 진행할수록, 당신의 감정이 이리저리 단어를 통해 굴절되어 나오는 것을 발견할 것이다. 서로의 어조로 대화하라. '아무런 이야깃거리'가 없을 때라도 부드러운 대화를 나눌 수 있다는 것을 발견할 것이다.

🪷 육체적 친밀감

친밀감이 그립지만 성관계를 할 분위기가 잡히지 않는가? 그렇다면 호흡을 같이하는 명상을 시도해보자.

1. 튼튼한 방석을 바닥에 깔고 그 위에 15분간 편안하게 앉아 있다.

2. 당신과 상대방 모두 그 방석에 앉도록 하자. 다리를 꼬아도 좋고 어떤 자세라도 상관없다. 서로 등을 맞대고 앉아라.

3. 살짝 힘을 빼고 서로에게 기대어 상대방이 짓눌린다는 느낌이 들지 않을 정도로만 편안하게 심호흡 명상을 하라.(56쪽 참고) 명상에 들어가면, 감각의 관심을 당신의 호흡뿐 아니라 상대방의 몸이 팽창하고 수축하면서 느껴지는 호흡 리듬에도 집중하자.

🔍 명상의 과학

명상은 동양의 종교에서 오랫동안 수련되어 온 것이지만, 서양 과학은 점점 그것의 치료적 가치를 확신해가고 있다. 예를 들어, 하버드 의학대학원의 연구는 명상이 혈압과 스트레스를 조절하는 뇌의 부분을 활성화시키는 것을 자기공명영상 촬영을 통해 증명했다. 2013년 『심리과학지』에 실린 연구에서는 8주간의 명상을 통해 피실험자의 연민 반응이 어느 정도 증가하는 것으로 나타났다. 이것으로 볼 때, 명상은 정말로 당신을 차분하고 좀 더 사려 깊은 사람으로 만들어줄 수 있을 것이다.

약점의 힘

진정한 이해를 위한 모험

지속적인 사랑을 추구함에 있어, 우리는 정말 사랑할 가치가 있는 사람인지 걱정할지도 모른다. 사실 그러한 생각보다는 우리 스스로를 본질적으로 가치 있게 여기는 것이 당신이 할 수 있는 가장 사랑스러운 일 중에 하나일 것이다.

한 번 믿게가 형성되면, 사랑받을 자격이 있는 사람만 사랑받는다거나 불완전한 모습을 보이면 결국 사랑받지 못한다는 생각을 쉽게 떨쳐내기 힘들다. 하지만 완벽한 사람은 없다. 그러니 결점이 있음에도 불구하고 사랑받을 수 있도록 하려면 어떻게 해야 할까?

가치 느끼기

미국의 치료 전문가이자 연구원인 브레네 브라운(Brene Brown)에 따르면, 약점을 드러낼 수 있는 능력이 가장 중요하다고 한다. 그녀가 말하는 이 능력은 '진심 어린' 사람이 되는 능력이다. 즉, 부족함이 드러나거나 퇴짜를 맞을 때 수치심을 극복할 수 있는 사람은 완벽하지 않은 자신의 정체성을 받아들이는 사람이다. 진실한 사람은 용감하게 자신의 결점을 비롯한 모든 것을 숨기지 않으며, 타인뿐만 아니라 자기 자신에 대해서도 연민의 마음을 가진다. 그리고 타인과 관계를 형성할 때는 상대가 원하는 모습이 아닌 진짜 자신의 모습일 때만 가능하다는 것을 기꺼이 받아들인다.

브라운은 친밀감을 가로막는 가장 큰 방해물은 수치심과 불안감이라고 보았다. 그래서 그 감정들이 느껴지지 않도록 무감각한 것이 좋은데, 감정들을 선택적으로 수용하는 것은 불가능하다. 자기 자신을 결점이 있는 하나의 인간으로서 받아들이고, 인생에는 두려운 순간이 있을 수 있다는 사실을 받아들인다면 현실과 사랑에 열린 자세를 유지하는 최고의 방법이 될 것이다.

누구를 믿어야 하는가?

마음을 여는 것에 있어서 위험은 상당히 호의적이지 않은 사람에게까지 우리를 노출시킬 수 있다는 점이다. 만약 우리가 그들에게 공감을 얻지 못한다면 결국 더 기분이 안 좋게 끝나버릴 수 있다. 따라서 자신의 약점을 인정하는 우리의 모습을 신뢰의 표시로 받아들여주는 상대가 필요하다. 또한 그들 역시 그들의 약점을 우리에게 털어놓을 수 있는 준비가 된 사람이어야 한다. 공감이 관계를 만족스럽게 만드는 데 도움이 된다는 것은 상식적으로 쉽게 이해가 되는 사항이며, 이를 뒷받침하는 연구 조사도 있다.

예를 들어, 2010년 영국의 한 연구는 자신들의 상대가 공감할 줄 안다고 생각하는 149쌍의 커플들은 관계 안에서 행복할 뿐만 아니라 우울을 덜 느끼는 경향이 있다고 밝혔다. 상대에게 당신이 자신의 약점을 의식한다고 털어놓았을 때, 상대가 그 이야기를 받아들이는 양상은 행복이나 그 반대되는 상황을 예측할 수 있는 큰 지표이다.

서로의 약점을 상호존중을 보여줄 기회로 삼는 것도 좋은 접근 방법이다. 자신의 나약함을 보여주는 것은 용기가 필요하다. 그리고 자신이 결점 있는 사람이며 사랑이 필요하다고 인정하는 상대야말로 인생의 어려움을 공유할 수 있다. 그러니 용기를 낸 상대를 지지해주고, 당신이 항상 완벽하지 않다는 사실을 인정하는 것이 당신을 더 강하게 만들어주리라는 것을 믿도록 하자.

🔍 나를 이해할 수 있나요?

우리에게 공감이 필요할 때, 무엇이 가장 도움이 될까? 2012년 학술지 『가족심리학』에 실린 한 연구에 따르면, 이는 성별에 따라 다르다고 한다.(이는 이성커플에 한한다.) 남성과 여성 모두, 로맨틱에서 느끼는 만족은 자신의 부정적인 감정을 정확하게 읽을 줄 아는 상대를 만나는 것에서 도움을 받는다. 하지만 남성의 경우는 특이하게 자신들이 부인의 긍정적인 감정을 정확하게 읽을 수 있을 때, 가장 행복한 것으로 나타났다. 우리는 모두 이해와 공감을 원한다. 남성을 향한 고정관념에도 불구하고, 남성 역시 사랑하는 사람에게서 인정받기를 원한다.

공감

우리는 종종 공감해달라는 재촉을 받는다. 하지만 공감이란 정확하게 무엇을 뜻하는 걸까? 이는 특별한 주의 없이도 타인이 어떻게 느끼는가를 이해할 수 있는 것이다. 공감과 함께 우리는 다른 사람의 감정을 이해하고, 공유하며, 배려한다. 다음의 세 가지 기술은 우리를 타인과 더 잘 연결되도록 해주며, 그들처럼 느낄 수 있게 해주어 결국 '나'와 '너'라는 개념이 '우리'가 되도록 해준다. 여기서 제시하는 것은 샤리 영 쿠첸베커(Shari Young Kuchenbecker) 박사의 모형이다.

1. 식별과 낙인
타인의 감정을 정확하게 확인하는 것

2. 입장을 바꿔보는 시각
자기 자신을 상대방 입장에 두고 상상할 수 있는 것

3. 정서적 수용력
타인의 감정과 느낌, 그리고 경험을 공유하고 배려하는 것

❌ 상대가 나약함을 느끼고 있을 때

상대가 나약함을 느끼고 있다고 인정했을 때, 하지 말아야 하는 것들은 다음과 같다.

✖ 경쟁하는 것. 당연히 당신도 자신만의 나약함을 가질 수 있다. 하지만 상대가 그들의 나약함을 이야기하는 것이 당신의 몫을 낮추는 것은 아니다. 한 사람을 이겨먹는 것은 여기서 필요한 것이 아니다. 상대를 지지하는 선에서 당신의 나약함을 공유하거나 당신의 차례가 오기를 기다려야 한다. 당신의 나약함을 지원해달라고 요청할 다른 순간이 있을 것이다.

✖ 득점을 하는 것. 만약 당신의 상대가 그들이 느끼는 나약함 때문에 비이성적으로 행동한다고 인정한다면, 성급하게 끼어들어서 "거봐. 내가 당신은 비이성적이라고 했잖아."라고 말하지 말자. 이는 앞으로 상대가 당신에게 나약함을 털어놓는 것을 꺼리게 만들 것이다.

✖ 고도로 이성적인 것. 그들이 걱정하는 것은 이성적으로 볼 때 그다지 큰 사항이 아닐지 모른다. 하지만 상대에게 그런 당신의 생각을 강요하지 말자. 그렇게 하면 상대는 자신이 틀렸다고 느끼게 될 것이다. 그저 당신이 들어주고 신경 쓰고 있다는 점을 확인시켜주는 것이 그들에게는 더 안심이 될 것이다.

✖ 그들을 '고치려고' 하는 것. 당신은 인간을 고칠 수 없다. 돕고자 하는 마음은 좋지만, 태도나 성격을 바꾸도록 상대를 설득하는 것은 거절당했다는 기분이 들게 만들 뿐이다.

✖ 신뢰를 저버리는 것. 관계에서 발생하는 문제를 친구와 상의하는 것은 때로는 도움이 된다. 하지만 개인적인 내용은 상대의 허락 없이는 말해서는 안 된다.

친밀감이 생기기 위해서,
자기 자신을 진정으로,
정말 잘 드러내야 한다.

휴스턴대학교 사회복지 연구교수, 브레네 브라운

당신은 나를 더 나은 사람이 되게 한다

미켈란젤로 효과

사랑은 과학일까, 예술일까? 과학은 사랑스러운 연인이 되는 것은 예술의 고유한 형태와 맞닿아 있다고 말한다. 창의적인 천재 예술가처럼 우리는 상대방을 최고의 모습으로 '조각'할 수 있으며, 상대 역시 우리를 그렇게 할 수 있다.

르네상스 시대의 예술가 미켈란젤로에 관한 이야기가 하나 있다. 누군가 그에게 어떻게 그렇게 위대한 조각상을 만들었는지 묻자, 미켈란젤로가 대답했다고 한다. "나는 대리석에서 천사를 보았고 그 안에 갇힌 그를 풀어줄 수 있을 때까지 조각했다." 우리는 모두 그처럼 해주는 연인을 사랑할 것이다. 우리의 영혼 깊은 곳을 들여다보고, 최고의 모습을 찾아내어 그것이 자유로워질 수 있도록 도와줄 사람 말이다. 최근 연구들은 이것이 우리가 생각하는 것보다 현실적이라고 주장한다.

서로를 조각하기
심리학자들이 일명 '미켈란젤로 효과'라고 부르는 것은 자기 이행적 행동의 구체적인 형태 중 하나이다. 간단히 말해, 우리는 자기 자신을 생각해오던 관점과 일치하는 방식으로 행동하는 경향이 있다. 그리고 우리에 대한 상대방의 기대치도 우리의 자아상에 영향을 미친다는 것이다.

이런 자기 이행적 행동이 작용하는 원리는 무엇일까? 우리에 대한 어떤 기대치를 가진 상대방은 우리에게 어떤 기회를 만들어주거나 차단함으로써 그들의 기대치를 뒷받침할 상황을 만드는 경향이 있다. 예를 들어, 상대방이 당신을 예술적인 사람으로 본다면, 그들은 당신의 생일에 그림책을 사주거나 가족과 친구들에게 당신의 작품을 자랑할 가능성이 훨씬 높다. 이렇게 당신의

> 우리가 이상적인 자아를 성취할 수 있도록 우리를 조각하고 갈고닦아주는 연인이 있다면, 이는 굉장히 멋진 일이다.
> – 노스웨스턴대학교 사회심리학 교수, 엘리 핀켈

예술적인 면을 탐구해볼 기회를 가진다면, 실력이 향상될 것이고 결국 당신 역시 자기 자신을 예술적인 사람으로 보게 될 것이다.

하지만 이 같은 상대는 당신을 공상적이고 비실용적이라고 여길 수도 있다. 그래서 당신의 세금 계산을 도와주며, 당신이 고장난 수도꼭지를 고치겠다고 하면 약간 회의적인 태도를 보인다. 심리학자들은 이런 현상을 '선택적 부추김'이라고 부른다. 만약 이런 가정들이 당신이 실용적인 일을 해볼 기회를 계속해서 막는다면, 당신은 상대방에게 더 의존하게 될 것이며 특정한 기술이 필요한 일은 피하게 될 것이다.

더 미묘한 것은, 우리는 상대로부터 감정적 단서를 선택적으로 골라드는 경향도 있다는 것이다. 예를 들어, 당신은 격렬하게 분노를 표현하는 반면 상대는 소리치는 것을 싫어한다거나 당신은 정리정돈을 염려하는데 상대는 느긋한 편이라면, 우리가 서로에게 주는 반응은 '선택적 강화'를 통해 상대에게 새로운 방향을 강요할 것이다. 우리 대부분은 끊임없이 상대가 우리를 어떻게 느끼는가를 인지하고 있다. 그래서 우리는 상대의 느낌을 긍정적으로 유지하기 위해 적응해나가게 된다. 말 그대로 우리는 서로를 '조각'하고 있는 것이다.

선택적 강화

보상이나 처벌을 통해 상대방을 만든다는 개념은 성인 한 사람으로서가 아닌 마치 파블로프의 실험용 개가 된 듯한 기분을 준다. 하지만 우리의 인지를 다음 과정을 통해 연습할 수 있다.

```
            나의 어떤 행동에 상대는
              어떻게 반응하는가?
```

상대는 내게 웃어주며 기뻐 보인다.	상대는 관심이 없는 것처럼 보인다.	상대는 내 행동을 좋아하지 않는다.
상대의 동의를 얻은 것에 기뻐하며, 나는 이 행동을 더 많이 한다.	그 행동을 할 이유가 별로 없다.	추측건대, 내 행동이 갈등을 일으킨다면 그만할 것이다.
이봐, 나는 이 일을 많이 하는 것처럼 보여. 이건 내 본질의 일부인 것이 틀림없어.	그 행동은 의식하지 못한 채 사라질 것이다.	그 행동은 노력을 통해 멈춰지거나 나의 독립성을 강조하려고 한다면 불쑥 다시 튀어나올 것이다.
나는 계속 그 행동을 한다. 왜냐하면 나는 그런 사람이기 때문이다.	나는 내가 '그런 사람'이라고 생각하는 것을 멈춘다.	나는 나 자신의 이런 면에 대해 갈등을 느낀다.

이상형 깨닫기

연인에게 '조각되는' 것에 약간 불안을 느낄 수 있다. 하지만 올바른 상대와 함께라면 우리는 미켈란젤로 효과를 보다 깊이 경험할 수 있다. 우리 대부분은 스스로가 되고 싶은 이상형을 가지고 있다. 그리고 그런 이상형처럼 보이지 않는다는 사실에 후회를 느낀다. 만약 우리 안에 있는 진정으로 되고 싶은 '자아'를 볼 수 있는 현명한 연인을 만나게 된다면, 단지 함께 있는 것만으로도 우리가 그런 사람이 되는 데 도움이 될 것이다. 연인을 찾을 때, 가장 중요한 것은 아마도 상대가 당신을 자신이 되고 싶은 사람으로 보는 자질일 것이다. 그런 식으로 우리를 바라봐주는 것만으로도, 그렇게 될 수 있도록 도와주는 것이기 때문이다.

두 개의 반쪽 혹은
두 개의 완전체?

고정관념에 갇히지 않는 법

익숙함에는 편안함이 있다. 모든 커플은 자신들만의 일상과 역할을 만들어나간다. 하지만 너무 많은 가정을 만들어두는 것은 실제 관계를 약화시킬 수 있다. 따라서 당신과 상대가 여전히 그대로인지를 확인해보는 것은 가치 있는 일이 될 것이다.

처음 사랑하는 사람을 만났을 때, 당신은 마치 새로운 발견이 끝없을 것 같은 항해를 시작하는 듯한 기분이었을 것이다. 하지만 몇 년을 함께 보내고 난 후, 당신과 상대방은 꽤 익숙해지게 된다. 서로의 인생 이야기와 즐겨 하는 농담을 들으면서, 당신은 '정착한' 기분이 들 것이다. 만약 관계가 온기 있고 애정 어리다면, 이는 매우 안락할 수 있다. 하지만 때로 우리는 이렇게 익숙한 일상에 지나칠 정도로 안주하고 만다.

나는 빨간색,
당신은 초록색

다음의 상황 중 친숙한 것이 있는가?

■ 함께 운전이나 하이킹을 하는 중에 길을 잃었다. 그러자 당신은 지도를 꺼내고 자동적으로 상대방은 지도를 보기 시작한다. 두 사람 사이에 누가 '지도를 볼 줄 아는 사람'인지 물어보는 일은 없다.

■ 새 이웃이 이사 왔고, 당신 집으로 그들의 소포가 잘못 배달되었다. 이는 이웃집에 당신을 커플로 소개할 기회이다. 이때, 둘 중 한 사람이 소개를 하는 사람으로 확실히 정해져 있다. 앞장선 사람은 소포를 건네주고 이웃집에 첫인사를 한다.

■ 당신의 자동차 지붕이 비올 때 열리면서 고장이 났다. 두 사람이 함께 문제를 고치고 있을 때, 지나가던 친절한 사람이 도와주려고 다가왔다. 둘 중 한 사람은 자동적으로 일하던 것을 멈추고 그 사람과 이야기하기 시작한다. 나머지 한 사람은 계속해서 자동차를 고치고 있다. 이 관계에는 '기술적인 사람'과 '사교적인 사람'이 있으며, 두 사람 모두 서로가 어느 쪽인지를 알고 있다.

위의 상황 중에 씁쓸한 웃음이 지어지는 것이 있다면, 당신과 상대방은 확실하게 특정한 역할을 획득하고 있는 것이다. 사실, 두 사람 중 어느 누구도 지도를 읽거나 자동차 수리에 특별히 능숙하지 않을지 모른다. 한 관계에서 항해사나 기술자 혹은 사교계 명사가 되기 위한 단 하나의 필요조건은 상대보다 약간 더 그 일을 잘하면 된다. 또는 상대보다 약간 더 하고 싶은 마음이 있으면 되는 것이다. 그러면 다른 한 사람은 나머지 역할을 자동적으로 따르게 된다. 당신은 상대가 잘하는 일을 그 사람 몫으로 주고 이러한 관행은 곧 자연스러운 법칙이 된다. 한 사람이 X를 잘하면 나머지 한 사람은 Y를 잘한다고 가정하는 식이다.

약간 과한 익숙함

선호하는 것 위주로 일상의 임무를 정하는 것에 잘못된 점은 아무것도 없다. 하지만 고정된 역할로 인한 두 가지 불리한 점이 있다. 첫 번째는 하나의 개인인 당신에게 미치는 영향이다. 당신은 결국 자기 자신이 연습 부족으로 기술을 잃어버리고 있다는 사실을 알게 될 것이며, 만약 당신이 자기 자신의 능력에 대해 불신이 있다면 관계 안에서 정해진 당신의 역할은 의도치 않게 그런 불신을 강화할 수 있다.(192-193쪽 참고)

　두 번째는 서로를 놀라게 해줄 기회를 제한한다는 것인데, 이렇게 되면 로맨스도 제한하게 된다. 오른쪽에서 제시하는 몇 가지 훈련을 따라 해보고 서로에게 '새로운 발견'이 되어줄 수 있는지를 알아보도록 하자. 끝없는 발견의 항해를 처음 시작했던 그때처럼 말이다.

두 개의 반쪽은
하나의 완전체를 만들 수 없다.
두 개의 완전체가
하나를 만든다.
– 제이슨 므라즈(Jason Mraz)

오래된 새로움

두 사람이 처음 함께했을 때, 상대방이 관심 있기 때문에 새롭게 알게 된 것이 있는가? 그렇게 하는 것을 멈출 필요는 없다. 다음의 연습을 몇 가지 따라 해보자.

■ 서로 만나기 전에, 정기적으로 했던 일이나 가곤 했던 장소 중 근래에 많이 경험하지 못한 것이 있는가? 이를 다시 시작하면서 이번에는 상대방과 함께 해보자.

■ 늘 하고 싶었지만 시간을 내지 못했던 일이 있는가? 상대와 앉아서 각자 원하는 일의 목록을 만들도록 하자. 그런 다음 목록을 합쳐두자.

■ 목록에 있는 모든 일을 할 필요는 없다. 정말로 관심 있는 몇 가지만 골라내어, 구체적인 계획을 세우도록 하자.

오, 난 결코 못 할 거야!

당신은 하고 싶지만 상대방이 원하지 않기 때문에 할 수 없는 일이 있는가? 당신은 단지 커플의 한쪽이 아니라 하나의 인간이라는 사실을 상기하자.

1. 각자 목록을 만들도록 하자. 당신이 적은 것에 상대가 예상보다 더 흥미를 가질 수도 있지만, 만약 상대가 정말 맞지 않는다고 한다면 이는 잠시 동안 '내 시간'을 가질 때이다.

2. 상대를 떠나 자신만의 시간을 가질 하루를 정해보자. 당신에게 돌보아야 할 자녀가 있다면, 주말을 선택해서 상대와 하루씩 나눠 쓰면 된다.

3. 하루를 보내고 난 후, 그날이 어땠는지 공유할 수 있도록 레스토랑 같은 근사한 곳에서 만나도록 하자. 이를 마치 새로운 누군가를 만나는 데이트처럼 생각하도록 하자. 어쨌거나 새로운 경험을 하고 온 새로운 사람을 만나는 것이니 말이다.

🔍 누가 '맞서는 사람'인가?

두 사람 중 어느 쪽이 감정적이며, 어느 쪽이 중재하는 역할을 하는가? 장기적인 관계에서는 두 사람이 모두 적절한 대응 방법을 갖출 필요가 있다. 독일의 심리학자 브리타 부쉬(Brita Busch)는 나이 든 커플이 은퇴 후 변화한 일상에 어떻게 대응하는지를 조사한 결과, 세 가지 유형을 발견했다. 긍정적, 부정적, 그리고 무관심 유형이었는데, 한쪽이 긍정적으로 대응하면 다른 한쪽은 그렇지 않았다. 주요 특성은 다음과 같다.

긍정적
✔ 분명한 스트레스 표현
✔ 관계 만족감
✔ 인생 만족감
✔ 상대방과의 조화

부정적
✘ 간접적인 의사소통
✘ 공격적인 의사소통
✘ 높은 수준의 불안감
✘ 빈번한 화

부쉬는 은퇴를 받아들이는 것에 높은 자신감을 느끼는 커플은 긍정적인 유형이란 사실을 발견했다. 만약 상대가 당신보다 스트레스 관리를 잘하는 것 같다면 은퇴 후 상대와 항상 함께하는 시간이 오기 전에 당신의 스트레스 관리 기술을 되살려야 할 것이다.

가장 최악의 생각
당신이 반드시 피해야 하는 것

모든 커플이 때때로 갈등에 부딪힌다. 보통 의견 차이 정도인데, 이는 어떤 때는 파괴적인 결과를 가져오기도 하고 어떤 때는 화해로 나아가기도 한다. 화해의 결과를 얻기 위해서 가장 좋은 방법은 무엇일까?

우리는 때때로 상대에게 화나는 일이 생기고 다툼으로 이어진다. 하지만 다투고 난 후 화해하는 커플과 다툼을 멈출 수 없고 계속 최악으로 향하는 커플 사이에는 어떤 차이점이 있을까?

네 명의 기수
존 가트맨은 네 가지의 파괴적인 행동 유형을 분류하고 '묵시록의 네 명의 기사'로 명명했다. 가트맨에 따르면, 이 중 한 가지만 나타나도 이혼을 80%의 정확성으로 예측할 수 있다고 한다. 네 명의 기수는 다음과 같다.

1 비판
우리는 상대방의 행동에 대해 날카로운 몇 마디를 할 수 있다. 하지만 누군가의 행동을 비판하는 것과 그 사람 자체를 비판하는 것 사이에는 명확한 차이가 있다. "당신이 늘 설거지거리를 남겨놔서 짜증 나."와 같은 말은 불만의 표현이기는 하지만 정당한 지적인 반면, "당신은 늘 설거지거리를

남겨놔. 정말 게으르고 이기적이야."는 인신공격이다. 심리학자들은 두 번째 화법이 남성보다는 여성에게 더 일반적이라는 사실을 발견했다. 어느 쪽이든, 이는 노움이 되지 않는다.

2 경멸
비판은 상대방을 완전 묵살하는 수준까지 확대될 수 있다. 세상에는 눈을 내리까는 것부터 비열한 '농담'을 하거나 비웃는 것, 그리고 공격적인 말로 모욕하는 것까지 상대에 대한 경시를 표현하는 많은 방법이 있다. 하지만 이 같은 방법들이 표현되면, 경멸은 심오하게 상대를 상처 입히고 관계에 심각한 문제를 일으킨다. 당신을 가치 없다고 생각하는 것이 분명한 사람과 어떻게 해결책을 찾아갈 수 있겠는가?

3 방어
자신의 결점을 지적받는 것을 좋아하는 사람은 아무도 없다. 하지만 결점에 대해 당신이 더 방어적일수록 당신은 관계의

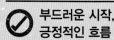
문을 쾅 닫아버리는 격이다. 그리고 방어적인 당신은 상대방이 실제로 말하는 바를 이해하는 데 어려움을 겪을 것인데, 당신 자신의 결점을 강화하기에만 정신이 팔려있을 것이기 때문이다. 변명하거나 책임을 부인하는 것, 그리고 맞고소를 하는 것 등이 모두 방어의 예시이다.

❓ 당신의 갈등 유형은 무엇인가?

1 가트맨은 말다툼에 있어 인간을 세 가지 유형으로 구분했다. 당신이나 상대방의 경향이 이에 포함되어 있는지 살펴보자. 여기에는 애착유형과 겹쳐지는 부분도 존재하는데, 달래는 사람은 안정형, 공격하는 사람은 불안형 그리고 회피하는 사람은 회피형과 유사하다. 하지만 완벽하게 일치하는 것은 아니므로, 개개인의 면에서 살펴보도록 하자.

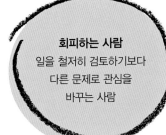

달래는 사람
가능한 한 많은 안심되는
말들로 원만하게 일을
해결하고 싶은 사람

회피하는 사람
일을 철저히 검토하기보다
다른 문제로 관심을
바꾸는 사람

공격하는 사람
공격성을 띠고 일을
대하는 사람

2 어떤 것이 가장 좋은 유형일까? 사실, 서로 같은 유형에 속하는 커플들이 더 잘 지낸다. 다음은 두 유형이 만났을 때, 오해를 만들 수 있는 좋지 않은 조합이다.

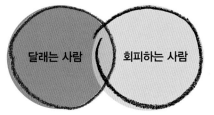

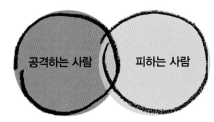

달래는 사람/회피하는 사람
회피하는 사람은 달래는 사람을 너무 부담스럽다고 느낄 수 있으며, 한발 물러서려 한다. 이때 커플은 쫓고 쫓기는 끝없는 상황에 갇히고 만다.

달래는 사람/공격하는 사람
두 유형 모두 상당히 감정적이다. 만약 자신이 상대방에게 영향을 미칠 수 없다면, 두 사람 모두 끝내 좌절하게 될 것이다.

공격하는 사람/피하는 사람
최악의 조합이다. 달래는 사람과 회피하는 사람의 조합처럼 여기에도 쫓고 쫓기는 관계가 형성된다. 하지만 이 커플은 상당히 공격적이며, 서로에게 고통을 준다.

---

4 장벽 쌓기
이는 응답을 거부하는 방법으로 남성에게 보다 인기 있다. 당신은 마치 상대가 그곳에 없다는 듯이 허공을 응시하는 것이 장벽 쌓기인데, 이로 인해 상대는 점점 더 화가 날 것이다. 사실, 당신은 이 행동을 통해 "내 방식대로 되지 않으면 이 관계를 저버릴 거야."라고 상대에게 말하고 있는 것이다.

기수를 피할 수 있을까?
회복할 수 있는 수준을 넘어 확대되는 갈등을 피하기 위해, 가트맨 연구소는 '부드러운 시작' 기법을 사용할 것을 충고한다. 다음과 같이 적당한 선에서 불만을 표출하자.
- 불만을 표현하되, 인신공격은 안 된다.
- '나'라는 단어를 사용해 말하자. "당신은 나를 화나게 해."보다는 "나는 화가 났어."라고 말하는 것이다.

- 판단적 표현이 아닌 서술적 표현을 하자. "나는 오늘 모든 집안일을 해야만 해."라고 말하는 것이 "당신은 언제나 나에게 집안일을 떠밀어."보다 좋다.
- 예의 바르게 행동하고 감사를 표현하자.
- 만약 부드럽게 반대되는 의견을 표현하기 시작하여 가능한 긍정적으로 대화를 이어나간다면, 문제를 해결하고 서로의 만족을 훨씬 더 높일 수 있을 것이다.

어른처럼 논쟁하기
조종이 아닌 의사소통하는 방법

당신이 아무것도 제대로 하는 게 없다고 말하는 다툼을 해본 적이 있는가? 두 사람 모두 분별 있게 대화를 하는 것이 아닌 대본을 읽는 것처럼 판에 박힌 다툼을 반복한다는 느낌을 받은 적은 없는가? 그렇다면 이는 당신의 역할을 확인해볼 시간이 된 것이다.

1964년, 후기 프로이트 이론서 중 한 권인 『심리적 게임』이 발간되었다. 정신의학자 에릭 번(Eric Berne)이 쓴 이 책은 인간관계의 '교류 분석'을 발전시켰는데, 인간에게는 세 가지 정신 단계가 있다고 주장한다.

첫 번째는 외부의 규율과 관련된 '부모' 상태로 "오븐에 손대지 마."나 "'감사합니다'라고 말해." 등이 그 예이다. 두 번째는 '아이' 상태인데, 이는 자기 인식을 이해하기 시작하여 우리의 감정과 관계 있는 단계이다. 마지막은 '성인' 상태인데, 이 상태에서 우리는 자신이 관찰한 세계를 토대로 결정을 만든다. 우리는 처리해야 하는 모든 일에 있어 항상 일관성 있는 심리 연령을 보이지는 않는다. 우리는 때때로 연령대를 넘나들며 역할의 경계도 옮겨 다닌다.

상대와의 갈등 상황에서, 우리는 두 성인으로서 이야기를 나누기를 원한다. 하지만 다투고 있을 때, 우리는 부모의 역할이나 아이의 역할에 빠지기 쉽다. 그렇게 되면 동등한 존재로서 문제를 해결하는 것이 어려워진다. 만약 한쪽이 아이나 부모 역할을 하게 되면, 다른 한쪽은 그에 대응할 수 있는 역할로 자연스럽게 빠져들기 쉽다. 이때 양측이 모두 부당한 취급을 받는다는 느낌이 든다면, 말다툼은 곧 싸움으로 번질 것이다. 상대방을 어른스럽게 행동하도록 만들고 싶은 바람을 자제하면서 어른인 척하지 않기 위해서는 노력이 필요하다.

🔍 같은 자리를 빙빙 돌고 있다면?

당신과 상대는 세 가지 역할을 번갈아 하면서, 카프만의 드라마 삼각형에 갇혀 있을지 모른다.

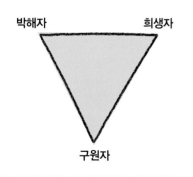

현실에서 희생자는 완전히 무고하지 않다. 박해자도 극도로 강한 힘을 가지지 않았으며, 구원자 역시 전적으로 도움이 되지는 않는다. 이런 역할은 단지 상대방의 잘못된 위치를 입증하기 위한 것일 뿐이다. 물론 경우에 따라, 어떤 이들은 순수한 희생자이거나 악랄한 악당, 영웅 같은 구원자일 수 있다. 하지만 대부분은 그저 실수를 할 수 있는 하나의 인간일 가능성이 더 높다. 여기서 실수란 건설적으로 대화하는 것이 아니라 이런 드라마적인 역할 놀이에 빠진 것을 뜻한다.

드라마 삼각형

여기에 한 가지 더 추가된 복잡한 개념은 희생자 역할이다. 번 박사의 동료인 스테판 카프만(Stephen Karpman)은 '카프만의 드라마 삼각형'으로 알려진 구성도를 만들었다.(왼쪽 참고) 그는 이 구성도에서 세 가지 기본 역할을 제시한다. 먼저 희생자로, 자신에게 일어나는 그 어떤 일에도 책임을 지

역할 바꾸기

말다툼을 할 때, 우리는 카프만의 드라마 삼각형 사이를 돌며 상대방을 하나의 역할에서 다른 역할로 옮겨가도록 밀어붙인다. 만약 당신이 이런 패턴에 갇혀있다면, 잠시 숨을 돌리고 여유를 가져보자. 이때 서로 간의 동의가 있어야 하며, 상대를 몰아붙여서는 안 된다. 그리고 상대와 확언을 시도해보도록 하자.

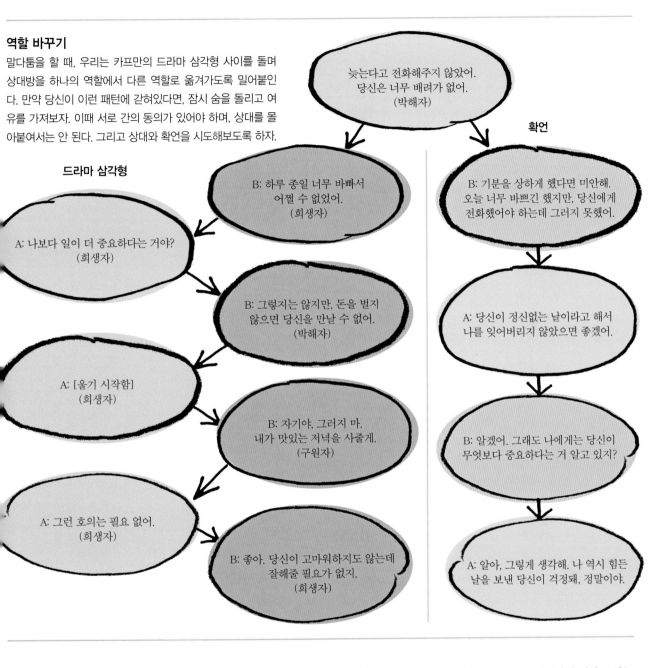

드라마 삼각형

늦는다고 전화해주지 않았어.
당신은 너무 배려가 없어.
(박해자)

A: 나보다 일이 더 중요하다는 거야?
(희생자)

B: 하루 종일 너무 바빠서
어쩔 수 없었어.
(희생자)

B: 그렇지는 않지만, 돈을 벌지
않으면 당신을 만날 수 없어.
(박해자)

A: [울기 시작함]
(희생자)

B: 자기야, 그러지 마.
내가 맛있는 저녁을 사줄게.
(구원자)

A: 그런 호의는 필요 없어.
(희생자)

B: 좋아. 당신이 고마워하지도 않는데
잘해줄 필요가 없지.
(희생자)

확언

B: 기분을 상하게 했다면 미안해.
오늘 너무 바쁘긴 했지만, 당신에게
전화했어야 하는데 그러지 못했어.

A: 당신이 정신없는 날이라고 해서
나를 잊어버리지 않았으면 좋겠어.

B: 알겠어. 그래도 나에게는 당신이
무엇보다 중요하다는 거 알고 있지?

A: 알아, 그렇게 생각해. 나 역시 힘든
날을 보낸 당신이 걱정돼, 정말이야.

지 않는 무기력하고 무고한 존재다. 다음은 박해자로, 희생자를 억압하는 공격적인 존재다. 마지막은 구원자로, 희생자를 도와주거나 구해주기 위해 상황에 개입하는 구세주적인 존재다.

드라마 삼각형 안에서 벌어지는 다툼을 살펴보면, 참가자는 상대의 반응에 따라 대개 역할을 이리저리 옮겨 다닌다. 우리는 이런 역할을 통해 약간의 보상을 받는데, 번의 용어를 빌리면 '인정자극'이라는 것이다. 우리는 상대방이 우리의 존재를 인지하고 있다는 표현을 해주기를 원하는데, 상대의 역할에 맞춰 대응해주는 것은 일종의 인정자극이 된다. 하지만 이런 역할 놀이에서 물러

나 성인 대 성인으로 직접적인 대화를 하는 것이 장기적인 관점에서는 더 좋다. 만약 당신이 말다툼을 하게 된다면, 당신이 상대에게 어떻게 반응하고 있는지를 잘 살펴보자. 그리고 만약 당신이 오래된 역할 패턴을 반복하고 있다면, 서로에게 좀 더 직접적인 방식으로 의사소통하도록 하자.

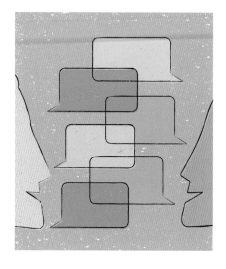

유익한 싸움
다툼을 통해 성장하는 법

우리는 모두 될 수 있는 한 갈등을 피하고 싶어 한다. 하지만 때로는 상대에게 화가 나며, 우리 자신이 상대를 화나게 만들기도 한다는 사실을 인정하자. 어떻게 하면 싸우기 전보다 더 기분 안 좋아지는 일 없이 상대와 문제 상황을 잘 해결할 수 있을까?

상대방에게 화나는 자신의 기분을 그대로 표출하는 것은 관계가 건강하다는 증거일 수 있다. 어쨌거나 상대방이 떠날까 봐 두려워하지 않기 때문이다. 하지만 계속 화난 채로 있는 것보다는 문제를 차분하게 풀어내는 것이 중요하다. 이렇게 하기 위해 가장 좋은 방법은 무엇일까? 상대방이 하는 말에 적극적으로 반응하는 편이 좋을까, 아니면 문제 상황에 개입하지 않고 사태가 진정되기를 기다리는 편이 좋을까?

한발 물러설까, 나아갈까?

이에 대한 답은 당신의 파트너가 얼마만큼 위협을 느끼는가에 따라 다르다. 2013년 미국의 학회지 『사회와 심리병리학』에 실린 연구들은, 연인 간의 다툼은 두 가지 토대를 가지는 것으로 보았다. 그것은 무시받았다는 인지와 위협받았다는 인지이다. 만약 상대가 화가 났다면, "나에게 그런 식으로 말하지 마."(인지된 위협)라고 말하는지, 아니면 "날 무시하는 짓은 그만둬!"(인지된 무시)라고

말하는지를 관찰하는 것은 도움이 된다. 이 두 유형은 각각 반대되는 해결책을 가지므로, 만약 다른 해결책을 제시한다면 상대의 화를 더 돋우는 일밖에는 안 될 것이다.

협력할까, 경쟁할까?

다른 커플들보다 서로에게 더 협조적인 커플이 있는데, 그런 커플을 보면 협력하는 스타일은 더 행복한 관계를 만들어준다고 생각할 것이다. 하지만 이런 커플들도 갈등이 생겼을 때 이런 식으로 협력적으로 해결하려 든다면 스트레스를 받을 것이다.

그렇다면 우리가 할 수 있는 일은 무엇일까? 2006년, 심리학자 제레미 티거맨(Jeremy Tiegerman)은 갈등 해결 프로그램에 참여 중인 커플들을 조사했다. 처음에 그는 협력적

왜 그렇게 화가 났을까?

누군가가 당신에게 소리를 지른다고 해서, 그들이 위협을 느끼지 않는다는 뜻은 아니다. 위협은 '싸우거나 도망가' 반응을 일으킨다. 때로는 이를 제압하려고 들 때, 위협을 만나기도 한다.

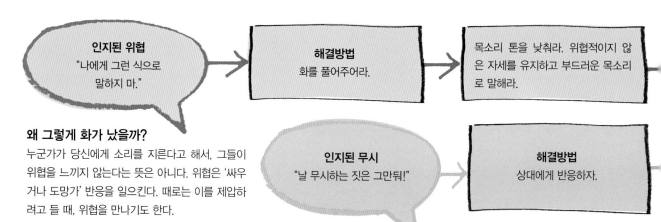

인지된 위협
"나에게 그런 식으로 말하지 마."

해결방법
화를 풀어주어라.

목소리 톤을 낮춰라. 위협적이지 않은 자세를 유지하고 부드러운 목소리로 말해라.

인지된 무시
"날 무시하는 짓은 그만둬!"

해결방법
상대에게 반응하자.

웃어넘기자

말싸움 중에 농담을 하는 것은 도움이 될까? 이는 상황이 어떠한가에 달렸다. 2013년 『인성과 사회심리학 회보』에 실린 미국의 한 연구에서는 갈등을 풀려고 하는 커플들의 모습을 촬영했다. 해당 커플의 애착유형을 평가한 후, 다음과 같이 세 가지 종류의 유머를 분류했다.

유머의 유형 (관련 애착유형)	농담의 종류	유머의 이유
연대적 유머 (전형적인 안정형)	상대방과 즐거움을 공유하는 농담	유대감
자멸적 유머 (전형적인 불안형)	말하는 사람을 깎아내리는 농담	재확신
공격적 유머 (전형적인 회피형)	상대방을 웃음거리로 만드는 농담	우월감

자멸적 유머와 공격적 유머 모두 좋은 반응을 가질 수 없다. 상대방이 특히 매우 괴로운 상태라면 더욱 그렇다. 결국, 연대적 유머가 가장 효과적이라고 증명되었다.

인 커플들은 경쟁적인 커플들보다 더 행복할 것이라고 가정했다. 하지만 결과는 예상과 달랐다. 갈등 해결 스타일은 많은 차이를 만들어내지 않았다. 중요한 것은 커플들이 얼마나 자주, 그리고 얼마나 강렬하게 갈등 상태로 접어드느냐 하는 것이다. 더 빈번한 싸움은 행복을 방해했는데, 그것은 커플들이 갈등 상황을 어떻게 다루는지와는 상관없었다. 여기서 핵심은 그런 상태가 싸움으로 번지기 전에 문제를 풀려고 노력하는 것이 최고의 방법이라는 것이다.

사실상 모든 사람은 싸움을 한다. 하지만 싸움의 차이는 욕구의 차이라는 점을 기억하는 것이 좋다. 그리고 할 수 있는 한, 큰 싸움의 횟수는 최소한으로 줄이는 것이 좋다.

> 대립 상태를 피하라. 적어도 지금은, 당신의 주장을 납득시키려고 하지 말자.

> 힘을 포기해라. 상대가 자신의 목소리를 낼 수 있도록 해주고, 당신이 할 수 있는 한 인정해주도록 하자.

> 상대방의 감정 표현을 열린 마음으로 바라보고, 긍정적인 표현에 주목하면서 의사소통해보자.

> 더 자주 애정 표현을 하고 관계와 대화에 모두 당신이 노력하고 있다는 점을 입증해주자.

🔍 오래 지속되는 다툼

결혼 생활을 오랫동안 유지한 커플들에게서 배울 점은 무엇일까? 2000년, 학회지 『정신요법: 이론, 연구, 실행, 훈련』에 실린 한 연구를 살펴보자. 보스턴칼리지의 리차드 A. 맥케이(Richard A. Mackey)가 이끈 연구팀은 함께 산 지 35년 정도 되는 다양한 배경을 가진 72쌍의 커플을 인터뷰했다. 연구팀은 그들이 갈등 상황을 어떻게 대처하는지를 조사했다. 결론은 상대방의 욕구와 기대치를 살펴볼 줄 알고 서로의 차이점을 받아들일 줄 아는 커플은 관계를 오래 지속한다는 것이다. 약간의 동조는 더 큰 싸움으로 번지는 것을 막아줄 수 있다. 어떤 커플도 모든 일에 의견 일치가 되지는 않는다. 이 점을 인식한다면 좋은 출발을 할 수 있을 것이다.

이불 좀 가져가지 마!

함께 잠자기

긴 일과를 마치고 돌아와, 상대방과 한 이불을 덮고 자는 것이 반가운가? 때로는 천국 같을 수도 있고 때로는 지뢰밭 같을 수도 있다. 어떻게 해야 모두가 행복한 숙면을 취할 수 있을까?

성인들은 평균 7시간에서 9시간의 수면이 필요하다. 만약 상대방과 침대를 공유한다면, 서로 의식하지 않고 살아가야 할 당신 삶의 큰 부분을 차지하게 된다. 함께 잠을 잘 때에 친숙하게 느껴지는 것이 많지 않을 것이다. 수면이란 것은 행복의 필수적인 요소이다. 한 시간만 '수면이 부족'해도 우리의 사고와 면역 체계가 떨어지기 때문에 잠자리를 공유하는 것은 당신의 낮 시간에도 영향을 미친다. 싸움은 건설적인 성숙함이 가장 잘 해결한다. 그런데 하루에 다섯 번씩 잠이 깬다면 제대로 성숙하게 성장할 수가 없다.

이불 속 친근감

물론 가까이 있으면 얼굴을 파묻거나 유혹하기 쉬워지므로 함께 자는 것은 육체적 친밀감을 가지는 데 도움을 준다. 하지만 우리는 안전과 따뜻함도 추구한다. 인간처럼 시력이 약한 포유류에게 야간 활동은 긴장되는 일이다. 동침을 한다는 것은 밤으로부터 서로를 지켜주는 상호 보호 상태가 되어야 한다.

어떤 사람들은 이러한 이유로 동침을 별로 좋아하지 않는다. 예를 들면, 회피형 애착형의 사람들은 혼자 자는 것을 선호하는 경향이 있다. 성관계를 꺼리는 사람이 모두 친근감을 싫어하는 것은 아니다. 단지 그들은 가끔 그들만의 시간이 필요한 것이다.

난 단지 잠이 필요해!

당신은 아마 한 이불 속에 같이 잠드는 것에 어려움을 느끼지 않을지도 모른다. 하지만 3명 중에 1명은 이따금 불면증에 시달리는데 누군가에게 방해받을 걱정이 없으면 비교적 쉽게 잠이 든다고 한다.

만약 당신이 아침형 인간이고 상대방은 올빼미형 인간이거나, 혹은 그 반대라면? 1991년 『결혼과 가족요법 저널』에 실린 150쌍의 연인에 대한 연구에서 잘 맞지 않는 수면 습관은 문제를 야기한다는 것을 발견하였다. 같은 시간에 잠을 자지 않거나 잘

🔍 좋은 하루, 좋은 수면

충분한 숙면을 취하면, 더 나은 하루를 보낼 수 있다. 하지만 그 반대의 경우도 역시 그렇다는 것을 믿을 만한 근거들이 있다.

1 좋은 시작. 피츠버그대학 수면 연구소의 연구에서는 7일간 잠자리를 함께한 29쌍의 수면 습관을 관찰하였고, 각자 상대방에게 수면 일기를 쓰도록 하였다. 그 일기들에는 흥미로운 내용이 들어있었다. 만약 전날 밤에 잠을 잘 잔 날은 더 잘 지냈다고 기록했지만(특히 남자들), 남자들과 여자들(특히 여자들) 모두 사이좋게 지낸 날은 더 잘 잤다고 기록했다.

✔ 잠자리에 드는 습관 또한 우리가 얼마나 잘 잘 수 있는가에 영향을 준다. 미국 심리학회 웹사이트에는 더 나은 수면을 위한 간단한 방법들이 나와 있다.(http://www.apa.org/helpcenter/sleep-disorders.aspx)

2 마음을 열어라. 2014년 『건강심리학』에 실린 미국의 연구에서는 낮 시간 동안 긍정적인 '자기 개방'(혹은 마음을 터놓기)을 경험하면 남자들과 여자들 모두 더 잘 잔다고 보고되었다. 여자들은 수면의 품질이 더 좋았다고 느낀 반면, 남자들은 밤에 잠이 깨는 횟수가 줄었다고 말했다. 좋은 관계의 습관과 잠자리 습관은 선순환이 될 수 있다.

✔ 자기 개방에 대한 자세한 내용은 175쪽과 188-189쪽을 참고하자.

3 화난 상태로 잠자리에 들지 마라. 아무리 피곤하다 하더라도, 그러지 않도록 노력하라. 2011년 『대인관계』 학회지에 실린 미국의 연구에서, 심리학자인 안젤라 힉스(Angela Hicks)와 리사 다이아몬드(Lisa Diamond)는 교제 중인 39쌍의 연인들을 관찰하였다. 그 결과, 언쟁을 해소하지 않고 잠든 모두가 제대로 잠을 잘 수 없었고 아침에 더 우울한 기분으로 일어난다는 것을 발견하였다. 이들 중 가장 심하게 영향을 받은 쪽은 심한 불안형 사람들이었다. 가장 영향을 덜 받은 쪽은 회피형 사람들이었으며, 이는 그들이 자신의 감정을 가장 잘 억제한다는 것을 말해준다. 하지만 그들 역시 잠을 잘 못 이룬 다음 날 아침에 기분이 안 좋은 건 마찬가지였다.

✔ 언쟁 해소하기에 대한 자세한 내용은 198-201쪽을 참고하자.

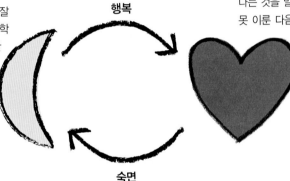

행복

숙면

수 없었던 연인들은 더 많은 논쟁을 하거나, 공동 활동을 덜하고 성관계도 덜할 가능성이 큰 것으로 나타났다. 이러한 하향곡선을 빠져나올 수 있었던 사람들은 융통성 있게 타협점을 찾으려 한 사람들이었다.

결국 숙면이란 것은 같이 자느냐 혼자 자느냐 보다 더 중요할지 모른다. 피츠버그대학의 2013년 연구에 따르면, 불면증에 시달리는 사람들은 부정적인 감정을 처리하는 데 더 많은 어려움을 가지고 있다는 것을 발견했다. 또한 영국의 2010년 연구에서는 수면 부족이 감정을 억제하는 능력을 약하게 하고 주변 자극에 대하여 더욱 충동적으로 반응하도록 만드는 결과가 나타났다. 간단히 말해, 피곤한 사람들은 짜증을 내고 언쟁을 피하기 더욱 어렵다. 휴식을 취하게 되면 상대방과 더욱 진솔하고 건설적인 관계가 될 가능성이 높아지기 때문에, 잠자리가 약간 신경 쓰인다 하더라도 대체로는 충분한 숙면을 취할 수 있게 된다.(위를 참고하자.)

육체적 감정적 친밀감을 만드는 많은 방법이 존재하지만, 잠이 부족한 상대는 당신이 무슨 시도를 하든지 간에 나쁜 성격이 될 것이다.

🌙 7-9 시간

성인들은 일반적으로 7-9시간의 수면이 필요하다. 만약 상대와 잠자리를 같이한다면, 당신 삶의 3분의 1을 같이하는 것이다.

직업의 압박

복잡한 세상에서 평등함 유지하기

완벽한 세상에서는 돈에 대한 걱정 따위는 하지 않고 하루 종일 상대방의 품에 안겨있을 수 있을 것이다. 하지만 불행하게도 우리는 그렇지 못하며 돈이라는 것은 항상 비슷하게 유지되는 것도 아니다. 이제 몇 가지 오래된 논쟁에 대하여 이야기해보자.

요즘 흔히 사용하는 말 중에 '맞벌이 부부'라는 것이 있다. 즉, 남자와 여자 모두 가정을 유지하고 돈을 벌기 위해 직장 생활을 하는 커플을 일컫는 말이다. '전업주부'와 '가장'의 역할로 나누던 시대는 이제 지났다. 평등한 권리 때문만이 아니라 연인 혹은 가족이 더 이상 한 사람의 수입만으로는 유지되기 힘들기 때문이다. 역할의 구분이 사라진 지금, 실제로는 얼마나 균형이 잡혀 있을까?

공평함을 유지하라

아무리 고단한 하루를 보냈다 하더라도, 다음 날 깔끔한 모습으로 출근하기 위해서는 누군가는 빨래를 해야만 한다. 위스콘신대학의 어느 조사에 따르면, 50%의 미국 남성들은 집안일의 대부분 혹은 절반을 하고 있다고 답했지만, 70%의 여성들은 모든 집안일을 자신이 한다고 답했다. 실제로 여성들이 일주일에 28시간을 집안일에 할애하였고 남성들은 16시간을 할애하였기 때문에, 여성들의 주장에 더 힘이 실린다.

당신의 근무 시간, 통근 거리, 그리고 몸 상태에 따라서 50 대 50으로 나누는 것은 불가능할 수도 있다. 또한 비교적 동등하게 나누었다 할지라도, 인정받지 못하는 일에 대해서는 억울함을 야기할 수 있다. 여기서 가장 좋은 방법은 만약 상대방이 당신보다 더 많은 집안일을 했을 때, 당신도 그만큼 일했다고 주장할 게 아니라 그 사실에 대하여 인정해주고 감사하는 것이다.

모두 똑같이?

일을 하는 이성관계는 동등하지 않은 세상에 대해 처리해야만 하는 것들이 있다. 퓨 리서치센터의 2013년 보고에 따르면, 미국 남성이 1달러를 벌 때, 미국 여성은 84센트를 번다고 한다. 심리학자인 제니퍼 로웰(Jennifer Lowell)은 1996년 임금 격차가 62쌍의 연인들에게 미치는 영향에 대한 연구에

1970년에 미국에서는 남녀 모두 주당 근무 시간이 52.4시간이었고, 2009년에는 63시간인 것으로 나타났다.

28:16시간

2013년 미국의 퓨 보고서에 의하면, 집안일에 할애하는 시간이 여성은 주당 28시간인 반면 남성은 16시간으로 나타났다.

40년

1970년에는 여성이 집에 있는 비율이 66%였지만, 2010년에는 거의 40%까지 내려왔다.

84센트:1달러

2013년 미국의 여성들은 남성들이 1달러를 버는 것 대비 84센트를 번다고 한다. 1967년에는 고작 58센트였다.

서 수입은 공통 의사 결정에 영향을 미치는 것을 발견했다. 이는 상대방보다 수입이 적은 사람들은 공통 의사 결정에 있어 상대방이 수입을 기준으로 자신의 의사 결정에 영향력을 행사하는 것을 느낀다고 보고했다.

수입의 평등은 정치적으로나 가정적으로나 굉장히 민감한 주제이다. 그러므로 가급적 의견 충돌을 피해야 한다. 수입과 그에 대한 판단 과정, 그리고 관계에서 그것이 가지는 위상을 연결 짓는 것은 아주 복잡한 문제를 야기할 수 있는 일이다.

공동 전선
불평등은 남자들에게도 쉽지 않으며 자존심을 해치기도 한다. 『인격과 사회심리학술지』에 실린 연구에 따르면, 여성의 자존심은 더 성공한 남성 상대를 만나도 일반적으로 잘 유지되는 반면, 남성들은 같은 경우에 자신들에 대한 나쁜 기분을 느끼는 경향이 있다고 한다. 남자답기 위해서는 더욱 성공해야 한다는 기대는 어느 누구한테도 공평한 것이 아니다. 자신보다 성공한 파트너를 만나게 되어 스스로를 부끄러워하

는 것은 남성들에게 힘들고, 여성들은 자신의 일이 평가 절하되는 것이 힘들다. 상대방이 크게 성공하고 자신이 무능하게 느껴지는 것은 남성들이나 여성들 모두에게 힘든 일이지만 당신이 적이 아니라는 것을 기억하자. 공통의 적은 당신에게 압박감을 주는 고정관념이다.

바쁜 연인들이 충분히 함께할 시간을 찾느라 애쓰고 있을지도 모르지만, 남성과 여성 모두 다른 방식으로 서로를 괴롭히는 경제적 불균형의 가능성이 끼어드는 상황이 있다. 이런 논쟁에서 돈이라는 주제를 최대한 피하고 서로 같은 팀이라는 것을 기억하는 것이 현명하다. 맞벌이에게 집안일을 공평하게 나누는 것은 어려운 일이지만, 서로 최선을 다하고 있다는 것을 믿고 서로를 도와주게 되면, 모두가 더 나아질 것이다.

🔍 급여 불평등

급여 불평등에 대한 흔한 논쟁은 여성들이 덜 버는 것이 저임금 직종에서 일을 하기 때문이라는 편견이 있다. 이에 대해 하버드의 노동경제학자인 클라우디아 골딘(Claudia Goldin)이 2014년 연구에서 교육 수준, 나이 그리고 근무 시간을 맞춘 후에 임금 격차에 대하여 관찰하였다. 그 결과 고급 직종의 종사자들에게조차 격차가 존재한다는 것을 발견하였다. 여성 금융 전문가는 같은 직종 남성 대비 66%에 해당하는 급여를 받고, 여성 의사는 71%, 여성 변호사나 판사는 82%를 받는다.

남성들은 여자친구나 배우자가 자신들이 급여를 덜 받는 것 같다고 말하는 것이 다소 과장된다고 생각할 수도 있지만, 실제 그럴 수도 있다는 이야기다. 따라서 당신이 상대에게 더욱 힘을 주게 되면 관계는 더 좋아질 것이다.

자녀 없는 인생
아기를 가지지 않기로 결정하는 것

만약 당신과 상대방이 아기를 가지길 원치 않는다 하더라도, 당신은 주변에서 하는 말과는 상관없이 여전히 행복한 인생을 상대방과 함께 즐길 수 있다. 하지만 그래도 당신이 고려해야만 하는 몇 가지 문제는 남아있다.

🔍 아기가 결혼 생활이 잘 되도록 만들어주는가?

미국의 심리학자 수잔 호프만(Susan Hoffman)과 로날드 레반트(Ronald Levant)의 연구에서, 아기를 가지지 않기로 계획한 25~35세의 연인들 32쌍과 5년 안에 아기를 가지려고 하는 20쌍의 연인들을 비교했다. 그 결과, 두 그룹 모두 동일하게 행복하고 잘 적응하고 있었다. 아기를 가지지 않기로 한 여성들은 자신들에 대한 고정관념을 덜 가지고 있다는 게 유일한 차이점이었다. 실험이 진행된 때는 1985년이다. 오늘날, 아기를 가지지 않기로 하는 선택은 그때보다 눈에 띄게 늘어났고, 여성들은 아기를 가지지 않는 것이 일반적이지 않다고 덜 느끼게 되었다. 어떤 선택을 하든 좋은 결과가 있었다. 결국, 아기를 가질 계획이 있느냐 없느냐는 당신의 행복에 큰 영향을 주지 않는다.

'무자녀'란 단어가 점점 익숙해지고 있다. 몇 세대 전만 하더라도, 결혼이란 것은 필연적으로 아기들을 의미했었다. 하지만 믿을 만한 피임법이 등장함에 따라 부모가 되지 않고 장기적인 연애 관계를 선택하는 것이 가능하게 되었다. 그리고 그러한 선택을 하는 연인들의 수도 늘어나고 있다.(본의 아니게 자녀를 가지지 못하는 사람들은 전혀 다른 이야기이다. 만약 당신이 아기를 가지기 원하지만 그렇지 못할까 봐 걱정한다면 208-209쪽을 보자.)

생체 시계

시카고에 소재한 임상사회사업 연구소의 게일 델리져(Gail DeLyser)는 2012년의 연구에서 자발적으로 아기를 가지지 않는 여성들을 연구했다. 그들 중 아무도 폐경전후증후군(완전한 폐경 전에 배란이 줄어드는 기간) 혹은 완전히 폐경이 된 여성들은 없었지만, 후회하는 사람들도 없었다. 그들은 자신들의 결정을 되돌릴 수 없는 상황이 되어도 전과 마찬가지로 행복함을 유지했다.

만약 당신이 아기가 없는 관계를 가지고 있지만, 재고의 여지가 있거나 나중에 마음이 변할 것을 걱정하고 있다면, 그 결정이 바꿀 수 없는 결정이라고 가정하지 않으면 된다. 임상심리학자이자 작가인 크리스틴 마이네케(Christine Meinecke)는 아기를 가지지 않는 연인들에 대하여, "연인의 관계라는 것은 필요하다면 얼마든지 재정립될 수 있다."고 지적했다. 단, 만약 당신과 상대방이 서로 동의하지 않는다면, 서로 감수해야 하는 위험성이 높기 때문에 소통은 분명 필수적인 것이다.

우리가 이기적인가?

당신이 원하지 않아서 자발적으로 아기를 가지지 않기로 결정하는 것에 대하여 특별

> 자식을 가지지 않는 사람들은 많지만, 그들의 동기는 동일하지 않다.
>
> – 럿거스대학 사회심리학 연구원, 빈센트 치아치오

늘어나는 소수

우리 부모님 세대보다는 덜하겠지만, 아이를 가지는 것은 여전히 '일반적'이다. 출산에 관한 2012년 국민건강 통계보고서에 따르면, 15–44세에 해당하는 미국 여성의 57.4%가 자녀가 있으며, 42.6%는 자녀가 없다고 한다. 자녀가 없는 여성들 중 34%는 단기적으로는 없지만 앞으로 자녀 계획을 가지고 있고, 2.3%는 자녀를 가질 수 없었으며, 6%는 자녀를 가지지 않기로 결정한 사람들이었다.

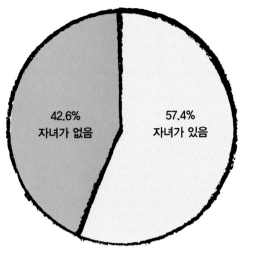

42.6%
자녀가 없음

57.4%
자녀가 있음

34.3%

단기적

6%

자발적

2.3%

비자발적

5명 중 1명

2010년 퓨 보고서에 따르면, 미국 여성 5명 중 1명은 평생 자식을 가지지 않는다고 한다. 1970년대에는 10명 중 1명이었다. 영국의 통계청 수치 또한 비슷한 결과를 보여주고 있다. 5명 중 1명이 그러하고, 1970년대에는 9명 중 1명이었다.

24%

아기를 가지지 않는 여성들은 대부분 교육을 받은 여성들이다. 고등 교육을 받은 40세에서 44세에 해당하는 미국 여성의 거의 4분의 1 수준인 24%가 아기를 갖지 않고 있다.

히 이기적이라고 여기지 않는다. 어쨌든 사람들은 일반적으로 자신들의 바람으로 아기를 가지기 때문에, 그와 반대되는 바람이 있다고 해서 당신의 동기가 더 이기적인 것은 아니다. 빈센트 치아치오(Vincent Ciaccio)의 2003년 연구에서는 부모가 되지 않기로 결정한 457명의 지원자들에 대하여 그 이유를 인터뷰하였고, 그 이유는 다양하였으며 경력, 경제적인 자유, 사생활, 사회생활 그리고 상대방과의 좋은 관계 때문이라고 일반적으로 설명하였다.

치아치오의 말에 따르면, "이러한 이유들은 그들이 원치 않는 부모로서의 책임에 대한 확실한 이해를 보여준다." 다시 말해서, 아기를 가지지 않는 연인들은 일반적으로 자신들의 결정에 대하여 잘 살펴보고 심사숙고하는 분별 있는 사람이다. 이는 물론 정당한 결정일 뿐만 아니라 다른 사람들에게도 합당한 결정이다.

약간의 지지

자발적으로 아기를 가지지 않는 것은 특별히 후회할 만한 결정이 아니다. 하지만 여전히 소수의 선택이라는 것을 인지하는 것이 좋다. 그리고 아기를 가지지 않는 연인들은 자신들의 마음을 바꾸려 하는 다른 이들의 압박을 받을지도 모른다. 만약 당신이 그러한 압박을 받는다고 느껴지면, 아기를 가지지 않는 자들을 지원해주는 많은 온라인 그룹이 있다. 아기를 가지지 않은 연인들 중 온화한 사람들에게는, 다소 열띤 어조라고 느낄지도 모른다.(온라인 습성상 온화하지는 않다.) 당신이 부모가 되고자 하는 성향은 아니지만 부모가 되는 것에 대한 공감을 가지고 있고 당신에게 맞는 지원을 받을 수 있다면, 아마도 당신의 인생을 좀 더 편하게 만들어줄 것이다.

요약하면, 자식을 가진 연인이 아니라 연인 그 자체로 남는 것이 더 나쁘다고 생각할 이유는 없다. 서로의 결정에 대하여 모두 만족하는 한 당신의 관계는 고통받지 않을 것이다.

아기를 가지는 노력
심각한 상황을 재밌게 유지하기

단순히 사랑을 나누는 것과 아기를 가지는 것은 다른 이야기일 수 있다. 이 중 하나는 나머지 하나보다 훨씬 더 재미있어 보인다. 어떻게 하면 육체적인 친밀감을 육체적인 것뿐만 아니라 유대감도 함께 유지하게 할 수 있을까?

어떤 연인들은 우연하게 아이를 가지는 경우가 있다. 하지만 피임약이나 콘돔을 사용하지 않기로 결정하고 진화론적 의미의 성관계, 즉 새로운 생명을 만드는 일을 하는 것은 심리적인 도약이 될 수 있다. 임신에 대한 걱정 없이 일반적인 성관계를 하는 것은 즐거운 일일 수 있지만, 부담감도 가져올 수 있다.

전문가들은 배란기 때까지 성관계를 자제하라고 한다. 어느 의견이 맞는지 정해진 것은 없기 때문에, 무엇이든 당신이 맞다고 생각하는 대로 하는 것이 가장 좋은 방법이다. 만약 당신이 배란일 때까지 성관계를 자제하기로 결심했다 하더라도, 다른 시기에 육감적인 포옹과 장난을 하지 말아야 하는 이유는 없다.

되지 않는 어려움이 있을 수 있다. 만약 그렇다면, 잠시 동안 성과 관련된 대화를 시도해보자. 그렇게 하면 추가적인 자극을 가져올 수 있다.

당신이 매달 달력을 확인하게 되면, 희망과 실망이 반복되는 순환에 말려들 수 있다. 물론 말로는 쉽겠지만, 가장 좋은 방법은 기대감을 낮추고 즐거운 면을 보려고 노력하는 것이다. 아기를 만들기 위해서 성관계가 세상이 깜짝 놀랄 만큼 대단할 필요는 없다. 하지만 불안한 상황에서 서로 도와주고 지지해주며 최대한 무리하지 않는다면, 충분히 좋은 성관계가 될 것이다.

오늘 밤?
당신이 배란주기를 기록하고 매달 열리는 기회의 창문을 놓치지 않으려고 노력하는 중이라면, 성관계가 조금은 기계적이라는 느낌이 들 것이다. 정확한 것은 아니지만, 100쌍 중에 약 84쌍의 연인들이 1년 안에 임신을 한다고 한다. 따라서 그 시기보다 늦다면 약간 불안함을 느낄 수도 있다.

어떤 전문가들은 임신 가능성을 극대화하기 위해서 가능한 많은 성관계를 가지라고 한다. 반면에 어떤

분위기가 잡히지 않는가?
아기를 가지려는 노력이 때로는 마음대로 되지 않을 때가 있다. 하지만 그렇다고 해도 죄책감을 느끼지는 말자. 사람마다 자연적으로 시동이 걸리는 때가 다르고, 무대 공포증은 누구에게나 일어날 수 있는 일이다.

만약 긴장감이 당신을 얼어붙게 만든다면, 둘을 위한 가장 좋은 방법은 서로 기대치를 낮추는 것이다. 예를 들어, 부담감은 여성들 몸의 자연적인 윤활유가 흐르는 것을 방해한다. 혼란스러워하지 말고, 정자에 해가 되지 않는 윤활제를 구입해라.

한편, 남자들은 그러한 상황에서 발기가

많은 연인들은 운이 임신에 큰 역할을 한다는 것을 모르고 있다. 따라서 임신이 되지 않았다는 것을 알았을 때 충격으로 다가올 수 있는 것이다.

– 워릭 의과 대학의 제럴딘 하트숀
(Geraldine Hartshorne)

가능성이 있는 일인가?

대부분 연인들은 피임을 하지 않는 일반적인 성관계를 통해 1년 안에 임신을 한다. 40대의 여성들도 건강한 아기를 낳을 수 있지만, 나이는 분명 출산에 영향을 미친다. 2012년 영국의 한 연구에서는 더 오랜 기간 시도할수록 불임이 되는 경우가 더 많아지는지에 대하여 알아보았고, 돌아오는 달에 임신할 확률이 더 낮아진다는 것을 보여주었다.

나이	임신을 시도한 기간과 다음 달에 임신을 할 확률					
	3개월	6개월	9개월	12개월	24개월	36개월
25	18%	15%	12%	10%	6%	3%
30	16%	13%	11%	9%	4%	2%
35	12%	9%	7%	6%	2%	1%
40	7%	5%	4%	3%	1%	0.5%

불임에 대처하기

아기를 가지길 원하지만 가질 수 없는 연인들의 경험만큼이나 고통스러운 일은 드물 것이다. 이는 진정한 고통이며 무시되어서도 안 된다. 예를 들어, 『인도 심리학 공동체』 학술지에 실린 2010년의 연구에서는 아이를 가지지 못하는 사람들은, 특히 여성의 경우 아이를 가진 연인들보다 더 많은 불안감과 우울증으로 고통받는다고 한다.

체외수정(IVF)과 같은 의료 개입이 도움을 줄 수 있지만, 항상 성공하는 것은 아니기 때문에 그것 나름대로의 어려움을 야기한다. 게다가 의료 요법으로 인한 육체적 감정적 시련 후에는 성관계가 고통스러워질 수 있다. 브리티시컬럼비아대학의 쥬디스 C. 대니룩(Judith C. Daniluk)과 엘리자베스 텐치(Elizabeth Tench)의 연구에서는 임신 촉진 치료에 실패한 38쌍의 연인들에 대하여 33개월간 추적 관찰을 하였다. 그 결과, 그들의 자존심은 점점 회복하기 시작했지만, 좋은 사회적 감정적 도움을 받지 않는 한 성관계가 줄어드는 경향이 나타났다.(도움을 받아들인 연인들은 더 좋아지는 경향이 있었다.)

치료 요법이 성공적이었던 사람들조차도 항상 기분이 회복되는 것은 아니다. 예를 들면, 2004년 스웨덴의 연구에서는 체외수정으로 아이를 가진 부모들은 자연 임신으로 아이를 가진 부모들과 유사한 육아 스트레스를 받지만, 자신들의 출산에 관한 나쁜 감정을 떨쳐버리기 힘들어 하는 것으로 나타났다.

그러한 상황에서, 상대방은 상당한 정신적 고통에 대처해야 할 것이다. 이는 그들에게 매우 다른 영향을 미칠 수도 있다. 추가적인 인내심이 요구되고, 자신과 상대방의 입장을 동시에 공감해야만 한다. 상담을 고려하는 등 가능한 많은 도움을 받아라. 그리고 서로와 본인 스스로에게 인내심을 가지도록 노력하라.

7쌍 중 1쌍

영국에서 임신 문제는 7쌍 중 1쌍이 가지고 있다.

15-25%

주어진 달에 임신이 될 가능성은 대략 15-25%이다.(나이, 건강 상태, 그리고 성관계 횟수와 같은 요소들의 영향을 받는다.)

임신이 되는 가장 좋은 시기는 배란일 혹은 배란일 전후이다. 하지만 이는 사람마다 다를 수 있다.

아기가 곧 태어난다
임신 중에 성관계 유지하기

성관계를 통해 임신하게 되었지만, 임신으로 인해서 성관계를 멈춰야만 하는가? 반드시 그렇지는 않다. 신체 적응력은 40주 동안 독수공방하지 않고 지낼 수 있도록 해준다.

임신 중에 우리 몸, 정신, 그리고 마음은 모두 혼란스러워진다. 어떻게 하면 처음에 임신에 이르게 한 때와 같이 육체적인 친밀감을 포함한 모든 것을 바로 잡을 수가 있을까?

어떤 부부들, 특히 평소에 피임을 철저히 하던 연인들에게 임신은 엄청난 자유가 될 수 있다. 인생에서 한 번쯤은 원치 않는 임신의 걱정 없이 성관계를 가질 수 있다. 하지만 어떤 부부에게는 임신이 성관계를 억제해야 하는 불안감의 시기가 될 수도 있다. 이는 특히 아기에 대한 불안감 때문이다.

> 임신은 많은 대화와
> 서로의 공감이 필요한
> 시기이다.

아기가 다치지는 않을까?
일반적으로 대부분의 임신 중 성관계는 안전하다고 한다. 자궁은 강한 근육을 가지고 있어서, 약간의 성관계로는 무리가 가지는 않는다. 또한 양수가 충격을 흡수하여 아기를 안전하게 보호한다.

그래도 안전을 위해서 의사와 상담을 받으면 마음의 안정을 가질 수 있다. 이때 부끄러워 할 필요는 없다. 좋은 의사는 당신의 즐길 권리를 지키도록 도와줄 것이다.

호르몬 변화
임신을 하게 되면 에스트로겐과 프로게스테론이 분비되고 개인마다 차이는 있지만 구역질이 나고 답답함을 느끼거나 상대방을 당장이라도 물어뜯을 것 같은 드센 암호랑이 같아진다. 이러한 변화에 상대방은 당혹감을 느낄 수도 있다. 호르몬은 사람의 기분을 자극해서 가끔 이런 기분을 따라잡는 데 애를 먹기도 한다. 어떤 상황에서나 서로

배려하는 것은 좋은 일이지만, 여성의 경우 더욱 부족함을 느낄 것이고 더 많은 인내심을 가지고 대해야 할 것이다.

남자의 경우, 정액 안에는 소량의 프로스타글라딘이 포함되어 있다는 것을 알아야 한다. 이는 의사들이 질 좌약이나 유도분만용 젤에 사용되는 호르몬과 같은 것이다. 이것이 놀랍게 들리고 어쩌면 못 믿겠지만, 의사에게 물어보면 아직 성숙하지 않은 자궁경부에는 거의 영향을 미치지 못한다는 대답을 들을 수 있다. 따라서 가끔 어떤 연인들은 임신 후반기에 분만을 유도하기 위해 많은 성관계를 가지기도 한다. 임신 후기에는 몸이 커져서 움직임이 자유롭지 않다. 여기서 가장 필요한 것은 편안한 자세와 낮은 기대감이다.

아름다운 복부?
어떤 여성들은 부풀어 오른 복부가 이전보다 더욱 섹시하다고 생각하는 반면, 어떤 이들은 뚱뚱하고 촌스러우며 달갑지 않은 일로 생각한다. 특히 임신이 되었을 때는 남자들 역시 다른 기분을 느끼기 때문에 많은 대화와 서로의 공감이 필요한 시기이다. 어떤 이들은 임신이란 것이 아주 여성적인 모습으로 보일 것이고, 어떤 이들에게는 자연의 '출입금지' 표시처럼 느껴지기도

하며, 어떤 이들은 아기가 있는 공간에 침범한다는 것은 다소 실례가 되는 것처럼 생각하기도 한다. 만약 임신으로 인하여 상대방과의 관계가 멀어지고 있다면, 삽입 성교 없이도 서로 기쁘게 할 수 있는 많은 방법들이 있다는 것을 잊지 말자. 어쨌든 다양한 경험들이 인생을 즐겁게 만든다면, 당신은 그 기회를 잡는 편이 낫다.

신체적 변화들

가슴은 부풀어 오르고 예민해지거나 부드러워지며, 만삭이 되어감에 따라 종종 모유가 흘러나오기도 한다. 이에 대해 어떤 남성들은 놀라기도 하고, 다른 어떤 남성들은 매력적이라고 생각한다. 또한 생식기 주변 전체에 혈류가 증가하여 예민해진다. 자궁을 위쪽으로 누르게 되면 속쓰림을 유발하기 때문에 특정 자세는 취할 수 없게 된다. 게다가 분만이 가까운 주에는 골반인대가 느슨해져서 걸을 때 통증을 느낀다. 간단히 말해서, 임신한 몸은 예측할 수 없는 상태이고 모든 면에서 당사자를 놀라게 만들 수 있다. 그러므로 어떤 면에서는 성관계를 위해 훌

> 성관계라는 것은 육체적으로
> 친밀해지는 것이지만
> 육체적인 친밀감은
> 성관계 그 이상의 것이다.

륭한 점도 있고 위험한 점도 있다.

임신 기간 동안 열린 마음과 상상력은 당신의 가장 좋은 친구가 될 것이다. 남자는 자위행위를 해야 할 때가 있을지 모르지만 그렇다고 해서 여자를 혼자 놔두어서는 안된다. 성관계라는 것은 육체적으로 친밀해지는 것이지만 육체적인 친밀감은 성관계 그 이상의 것이다. 따라서 성관계가 아닌 다른 종류의 친근함을 주도록 노력하자.

🔍 임신건망증?

어떤 여성들은 임신 중에 '임신건망증' 혹은 단기 기억 상실 증상을 경험한다는 것이 많은 연구들을 통해 확인되고 있다. 일부 임산부의 경우 방금 전에 일어난 일이 기억나지 않는 경우가 종종 있다. 체프먼대학교의 심리학자인 로라 글린(Laura Glynn)은 이러한 현상은 아직 태어나지 않은 아기가 필요로 하는 것에 집중하는 데 도움을 준다고 설명한다. 그 이유가 무엇이 되었든, 상대방은 그녀의 지적능력을 존중하는 것과 산만해진 그녀를 이해하는 것 사이의 균형을 잘 잡아야만 한다.

도와줘! 우리가 무슨 짓을 한 거지?

아무리 임신을 계획했다 하더라도, 실제로 임신을 하면 고통스럽게 느낄 수 있다. 그것은 당신이 책임감 있는 부모로서 진지하게 받아들이고 있다는 좋은 신호이다. 하지만 그러한 공포심이 당신을 단기적으로 혼란스럽게 만든다면, 다른 형태의 친밀감을 시도하여 서로를 놓지 않도록 하라.

무엇보다도, 대화를 하자. 만약 처음으로 임신을 한 것이라면, 당신은 바다 한가운데 떨어진 느낌일 것이다. 그것이 두 사람의 감정과 신체에 어떻게 영향을 미치는지는 예측하기 불가능하다. 따라서 서로 어떤 기분인지 대화를 해야만 한다.

아기가 태어났을 때, 잠을 적게 자야 한다는 사실에 스트레스를 받았다고 해서 죄의식을 느끼지 마라. 또한 만약 상대방이 기쁨을 덜 표현하는 것처럼 느껴진다면, 애정이 천천히 자라나는 유형일 뿐이다. 10명의 엄마들 중 1명이 산후 우울증으로 고통을 받는다. 따라서 모든 상대방은 출산 후 여성의 안녕에 대하여 더 많은 관심을 가져야만 한다. 계속해서 대화하고 같이 문제를 해결해 나간다는 신념을 가져라.

🔍 편안함 혹은 공황 상태?

임신 중 몇 가지 경계해야 할 경험들이 있다.

처음 3개월간

- 아기가 잘 있는지에 대한 불안감. 대부분의 유산은 초기에 일어나기 때문에 쉽게 걱정하기 마련이다.
- 입덧은 그 자체로 힘든 일이고 긴장감은 입덧을 악화시킨다.
- 감정 기복. 여성 호르몬이 영향을 미치기도 하지만, 그녀의 기질과 주변의 도움도 영향을 미친다.
- 피로감 그리고 기운 빠짐. 상대방은 그녀가 얼마나 휴식이 필요한지 결정하도록 해야만 할 것이다.

중간 3개월간

- 몸의 안정적인 느낌이 늘어남에 따라 분위기도 좋아진다. 유산을 걱정하던 여성들은 출산의 가능성이 높아짐에 따라 편안해진다.
- 골반 부위에 혈류가 늘어남에 따라, 성욕이 늘어나고 얼얼함을 느끼게 된다.
- 어떤 여성들은 사회적으로 소외되고, '뚱뚱하며', 매력 없어진 연약한 기분을 느낀다. 또한 상대방의 보호를 더 필요로 한다.
- 태동이 느껴짐에 따라, 아기와의 유대감을 느끼는 것이 더 쉬워진다.

마지막 3개월간

- 분만이 가까워짐에 따라, 불안해지는 것은 자연스러운 일이다. 임신 말기는 특히 불편할 수 있다.
- 육아 휴직을 준비하기 위해 업무 스트레스가 증가할 수 있다.

상대방, 특히 남자들은 관여하지 말아야 하는 것과 보호자로서의 역할 사이에서 혼란스러운 기분이 들 수 있지만 이에 대하여 자유롭게 이야기하지 못한다. 도움을 받을 수 있는 지원망이 반드시 필요하다.

공동 전선

사이좋게 함께하는 육아법

아이들을 어떻게 다룰 것인가에 대한 가치관이 충돌하는 것만큼 부부관계에 부담을 주는 것은 많지 않다. 어떻게 하면 아이가 못되게 굴 때 당신 자신을 조화롭게 유지할 수 있을까?

힘든 한 주를 보내고 지친 금요일 저녁, 아이들은 학교에서 돌아와 소리를 지르고 잘못된 행동을 하고 있다. 그런데 당신의 배우자가 당신의 규율을 무너뜨리고 있다면, 당신은 참을 수 없게 될 것이다. 어떻게 하면 이런 상황을 피할 수 있을까?

✓ 애착을 유지하라

당신의 애착유형은 육아를 할 때도 작용할지 모른다. 불안형 사람들은 버려지는 것을 두려워하기 때문에 장난에 과잉반응하거나 과잉보호를 하게 된다. 반면에 회피형 사람들은 극한의 감정을 불편해하기 때문에 인내심이 부족한 아이들에 대하여 인정 없이 굴거나 무시하는 경우도 있다. 우리는 성인들이 아름다운 상대를 안전한 피난처로 삼는다는 것을 30쪽과 31쪽을 통해 알아보았다. 당신의 아이들이 스트레스를 주게 되면, 당신의 애착유형을 기억하고 배우자에게 사태를 진정시킬 수 있도록 도움을 요청하자. 육아는 대부분 어렵다. 따라서 도움을 청하는 것은 좋은 일이다. 다른 부모들로부터 조언을 구하는 것도 도움이 될 수 있으며, 서로 도와주는 연인들은 그들이 아기를 돌보는 동안에도 서로를 돌보아줄 수도 있다.

🔍 미리 생각하기

2009년 『가족심리학』 학회지에 실린 연구에 따르면, 출산 전에 행복한 관계의 연인들과 계획 임신을 한 연인들이 아기가 태어난 후에도 아기를 사랑할 가능성이 가장 높은 것으로 나타났다. 피임은 단기적으로는 성가신 일이지만, 장기적으로 보면 피임을 통해서 계획 임신을 한 연인들이 자신들의 아기를 사랑할 확률이 높다는 것이다.

당신의 문제를 나열하라

굴곡 없이 아이들 문제를 해결하는 사람은 아무도 없다. 그리고 아이들은 고통스러운 기억은 너무나도 잘 떠올리면서, 자신들은 아무 잘못이 없었다고 기억한다. 이에 부모들은 육아에 필요한 것들을 두 개의 분류로 나열하는 것이 도움이 될 것이다. 아이들이 따라야 한다고 생각하는 합당한 규율을 어겨서 당신을 괴롭히는 문제들과 개인적으로 당신을 괴롭히는 것으로 나누어라.

예를 들어, 어릴 적 나를 때리고 괴롭히던 형제가 있었다고 가정하자. 당신의 자녀들이 격투놀이를 하는 모습을 볼 때, 당신이 생각하는 문제는 아래 도표와 같은 것이다.

두 원은 모두 중요하다. 가족들은 결국 다 같이 살아가야 한다. 배우자와 같이 앉아서 '항상 허용되지 않는 것'들과 '개인적인 문제'들이 무엇인지 알아내고, 당신이 스트레스를 받았을 때 공정함을 잃지 않으면서 서로 도와줄 수 있도록 맞춰보자. 이럴 때 좋은 배우자는 당신을 가장 훌륭한 모습으로 만들어줄 것이다.

규율과 필요
당신의 규율과 개인적인 문제가 겹칠 때, 자녀들에 대하여 참지 못하는 경우가 많다. 이럴 때는 배우자에게 어느 정도의 훈육이 적당할지 조언을 구하는 것이 가장 바람직하다.

확실히 하라

당신의 아이가 벽을 타고 올라가고 있는 순간은 훈육을 위한 중요한 결정들을 할 순간이 아니다. 당신이 필요한 것은 미리 대화를 하는 것이다. 두 개의 리스트를 작성해보자.

1 집안의 규칙. 무엇이 괜찮고 무엇이 안 되는지에 대해 간단하게 만들어두자. 너무 많은 복잡한 규칙들은 아이들을 혼란스럽게 만든다. 그리고 기억해야 하는 것은, 당신이 규칙들을 만들게 되면, 당신 스스로도 그것을 지켜야만 한다. 만약 배우자가 당신이 결정한 것들을 지키지 않는 것을 발견한다면, 아이들이 없을 때 그 규율들을 다시 살펴보아라.

2 처벌. 그 순간에 즉흥적으로 만들어내는 것은 좋은 생각이 아니다. 당신이 공정한 처벌이라고 생각하는 것과 어떤 행동이 보장되어야 하는지에 대하여 합의를 하라.

아이들에게는 일관성이 필요하고 이는 당신에게도 통제력을 가지게 해준다. 자녀들의 나쁜 행동에 과하게 반응하는 이유 중 하나는 그렇게 함으로써 자녀가 그 위기에 대처할 수 없도록 하기 위한 것이다. 당신과 배우자가 합의된 규율을 만들었다면, 당신은 함께 가정 생활을 꾸려 나갈 수 있는 버팀목을 만든 것이다.

오래된 상처 들추기

만약 당신이 힘든 유년 시절을 보냈다면, 당신이 되고 싶어 하는 부모가 되는 것은 어려울 수 있다. 자기는 절대 아이들에게 소리치지 않겠노라고 호언장담했다고 하더라도, 당신의 자녀가 말을 너무 안 듣는 순간에는 오래전의 나쁜 습관들이 나올 수도 있다. 하지만 다행히도, 학술지 『청소년 건강』에 실린 2013년 연구에 따르면, 긍정적인 대화와 배우자로부터의 따뜻함은 그러한 순환을 끊어버리는 데 도움이 된다고 한다.

만약 당신의 부모로부터 이상적인 부모의 모습을 찾지 못하였다면, 당신의 배우자가 훌륭한 협력자이다. 당신의 배우자가 "당신은 좀 진정할 필요가 있어요. 이 문제는 제가 처리할게요."라는 의미의 신호를 사전에 합의하라. 그리고 상황이 어려워졌을 때 그것들을 생각하자.

반대로 당신은 육아에 대해 자신하지만, 당신의 배우자는 문제가 있다고 느끼는 경우도 있다. 이때, 가장 효과적인 방법은 자녀들이 실수를 하더라도 그들의 노력을 존중한다는 것을 강조하는 것이다. 반복되는 폭력적인 행동들을 끊어버리는 것은 어렵고 용기 있는 일이다. 그리고 그런 일에 당신과 배우자가 함께 행동하는 것은 좋은 태도이다.

항상 받아들일 수 없는 것들
몸싸움은 과격해질 수 있고 서로 다치게 하거나 무언가를 부수게 된다.

나의 자녀가 격투놀이를 하는 것은 나를 긴장하게 만든다.

나 자신만의 문제들
몸싸움을 하는 아이들을 보면 나의 끔찍한 유년 시절의 기억을 떠올리게 된다.

부모들의 야간 데이트

즐거운 여가 시간 가지기

부모가 되는 즐거움을 안다면, 배우자와 단둘이 보내는 저녁시간의 진귀한 가치를 알 것이다. 일단 둘이 보낼 수 있는 시간이 있다고 해도, 힘들고 고된 육아시간을 보내고 난 후에 어떻게 하면 진정으로 즐길 수 있을까?

세상에서 가장 훌륭한 부모라고 해도 때로는 두 사람만 즐길 시간이 필요하다. 하지만 짧은 시간 내에 육아를 함께하던 모습에서 데이트하는 커플로 바뀌는 것은 어려운 일이다. 이에 대한 해결책은 무엇일까?

당신 자신을 도와라

밤새 이야기를 나누며 지새우던 연애 초반을 떠올려보자. 이미 모두 들은 이야기일지라도 상대방과 이야기하는 것은 너무나 좋았다. 부모가 된 이후로 당신은 그때보다 약간 더 체계적이어야 한다. 예를 들어, 외출을 하려면 미리 육아도우미와 약속을 정해야 하는데 그렇지 않으면 밖에 나갈 수 없을 것이다.

데이트를 계획하는 중에 대화 주제도 약간 준비해둘 수 있다. 자연스럽지 않을까 봐 걱정하지는 말자. 자녀가 아직 어릴 때에는 어떤 종류의 로맨틱한 유대감도 노력해야 얻을 수 있는 것이다. 배우자와 이야기하기에 재미있을 만한 주제를 미리 생각해보고, 데이트하는 동안 그 주제부터 대화를 시작해 계속 이어나가도록 해보자.

지나치게 흥분하지는 말자

프랑스의 극작가이자 철학자인 볼테르는 "너무 잘하려고 하면 일을 그르친다."고 말했다. 열대 지방의 해변에서 보내는 2주의 시간은 휴식을 취하며 서로에게 사랑을 다시 느끼기에 좋겠지만, 당신은 아마 그보다

> 누군가에게 한 잔의 차를 대접하는 것은 사람들에게 매우 의미 있는 일이다. 이 작은 행동은 깊은 대화만큼이나 중요하다.
> – 에든버러대학교 사회학 교수, 린 자메이슨(Lynn Jamieson)

✏️ 당신의 목표는 무엇인가?

당신의 야간 데이트는 아주 소중하므로 당신이 이 시간을 정말로 의미 있게 만들고자 하는 높은 기대치를 가졌더라도 이해할 수 있다. 여기서 당신의 목표를 추상적이지 않고 구체적으로 그리는 것이 보통은 제일 좋은 방법이다. 하버드 경영대학원에서 실시하고 학회지 『실험심리학』에 실린 연구에 따르면, 예를 들어 누군가를 더 많이 웃게 하겠다고 작정하는 것은 더 큰 만족을 준다고 한다. "누군가를 행복하게 해주겠어."와 같은 광범위하고 모호한 계획보다 더 효과적인 것이다. 목표가 단순할수록 그에 대한 결과가 당신의 기대치와 맞아떨어지고, 보람을 느끼게 될 가능성은 높아진다.

는 작은 것에 만족해야 할 것이다. 자녀의 존재는 당신의 자원에 중압감을 주는데, 몇 가지만 말하자면 시간과 돈, 그리고 에너지가 있다. 만약 당신이 그런 중압감을 이겨내고 비싼 티켓을 사도록 스스로를 압박했다면, 로맨틱한 감정을 느끼기에는 당신은 아마 너무 근심이 많을 것이다.

예산이 한정적이라면, 비싼 레스토랑에 가지 않아도 된다. 근처 커피숍에서 음료 한 잔을 천천히 마시거나 샌드위치를 포장해서 공원 산책을 가보자. 만약 육아도우미를 구하지 못했다면, 집에 있을 TV 전원은 확실히 꺼두자. 그리고 가벼운 대화를 나눌 수 있는 보드게임을 하거나 몸짓을 보고 문제를 알아맞히는 스피드게임처럼 성적 상상력을 깨울 수 있는 게임을 해보자.

어린아이가 있을 때 자신에게 시간을 내는 것을 어려울 수 있다. 하지만 자기 자신을 낮게 평가하지는 말자. 당신은 가족으로서 함께 일해야만 하며, 그 일은 당신이 일적인 관계가 아닌

✅ 너무 힘들어서 눈이 계속 감긴다면?

어린 자녀를 가진 부모들은 특히 더 지쳐있을 수 있다. 피로한 상황에서도 좋은 데이트를 즐길 수 있는 몇 가지 팁을 알아보도록 하자.

✔ 낮 시간의 데이트를 계획하자. 당신이 지쳐 쓰러지기 전인 주중 점심시간이나 오후에 아이를 돌봐줄 육아도우미를 구하자. 그리고 밖에 나가 혼자만의 시간을 즐겨보자.

✔ 침대에서 딱 달라붙어 있자. 어린 시절, 귀신 이야기나 야한 농담을 하면서 친구 집에서 자거나 야영을 했던 기억을 떠올려보자. 즐거운 시간으로 기억될 것이다. 당신의 침대에 아이가 없는 한, 당신의 침대는 항상 데이트에 열려있다. 그곳에서 무서운 이야기를 하거나 서로를 성적으로 흥분시키면서 시간을 보내보자.

✔ 물에 들어가자. 고된 육아로 지친 몸을 물에 푹 담그는 일보다 더 적당한 방법은 없다. 주변에 하이드로테라피나 스파를 즐길 곳이 있다면, 두 사람이 함께 받을 수 있도록 예약해두자. 그런 곳이 없다면 근처 수영장으로 아이가 없는 성인부 자유수영 시간에 맞춰 가보도록 하자. 그곳에서 편하게 물에 뜬 상태로 서로에게 위안이 되는 대화를 나누어보자.

친밀한 커플이라고 느낄 때 훨씬 더 보람 있다. 당신에게 다시 한 번 시간이 많아지는 날이 올 것이다. 그때까지는 자녀와 보내는 시간만큼이나 신중하게 자신만을 위한 즐거운 시간도 계획하기 바란다. 모든 사람이 그런 즐거움을 누릴 가치가 있다면, 당신 역시 그렇다.

✅ 육아도우미가 없다면?

당신이 임산부 모임에서 만난 친구들이나 자녀가 다니고 있는 놀이학교나 어린이집 혹은 학교에서 만난 학부모들은 당신의 새로운 친구들이다. 그들에게 다가가서 각자의 집에서 번갈아가며 하는 '플레이 데이트'를 제안해보도록 하자. 플레이 데이트는 아이들이 함께 놀 수 있도록 부모끼리 정하는 약속으로, 아이가 그런 놀이에 익숙해지면 부모들은 순번을 정해 아이들을 감독하거나 외출할 수 있다.

당신은 육아도우미에게 돈을 지불하는 대신 아이들을 감독하는 것으로 값을 대신 지불할 수 있다. 게다가 순서가 되어 당신이 외출해도 되는 시간에 친구들과 어울려 놀 수 있다는 것도 자녀들에게는 훨씬 좋은 일이다. 물론 그곳에 모인 아이들이 무서워서는 안 되므로, 미리 확인해두도록 하자.

✅ 탁 트인 길을 달려라

가까운 곳에 갈 만한 멋진 장소가 없어서 한 시간도 안 되어서 다시 집으로 돌아왔다면, 자동차를 타고 조용한 드라이브에 나서보자. 엄청나게 긴 장거리 자동차 여행을 할 수는 없더라도, 자동차의 장점을 생각해보자. 자동차는 개인적인 공간이며 그곳에서 단둘만 있을 수 있다. 또한 음악을 선곡할 수 있고, 거처할 공간이 있다. 원한다면 약간의 간식을 챙겨서 대화를 나누며 천천히 운전해보자.

다음 섹스시간에 보아요

섹스시간 정하기

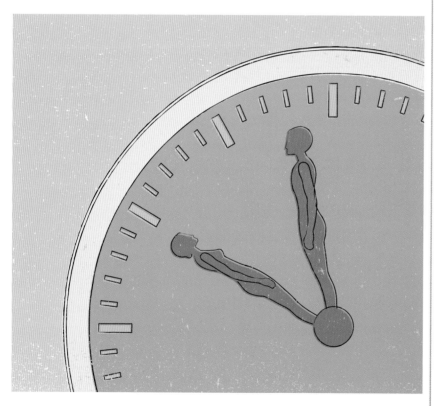

가족을 부양하느라 많은 시간과 힘을 할애하다 보면, 자발적인 성관계를 가지는 것은 생각하지도 못할지 모른다. 하지만 이것이 당신의 성생활이 끝난다는 것을 의미하는 것은 아니다.

자녀들이 어릴 때는 어떤 일이 발생하더라도 대부분 미리 계획된 일이다. 만약 모든 것이 계획되어 있다면, 성관계도 계획에 넣는 것은 어떨까? 성관계를 다른 집안일처럼 할 일 목록에 넣는다는 것이 이상하게 들릴지도 모르지만, 중요한 것은 미리 계획되었다고 해서 성관계 자체가 지루하다는 뜻은 아니라는 것이다.

우리가 원해서 성관계를 가지는 것이라고 가정하는 것은 쉽다. 하지만 그 반대의 경우도 가능하다. 동기가 행동 후에 따라오는 것이다. 예를 들어, 당신은 어질러진 장난감을 보고 그것들을 한두 개씩 치우다가 결국 전부 다 치워야겠다고 생각하고, 거실 전체를 치우게 된 적이 있지 않은가?

당신과 배우자가 키스하고 포옹하기 시작하면, 처음에는 아무 생각 없었지만 점점 흥분될 가능성이 높다. 물론, 이런 방법이 배우자의 의지를 거스르면서 강압적으로 해도 된다는 뜻은 아니다. 건강한 관계에서는 상호 간의 동의가 유일한 토대이다. 신뢰로 다져진 토대 위에서, 당신이 많은 것을 기대하지 않았을지라도 성관계를 시도해보는 것은 놀랍도록 효과적일 수 있다.

순서 바꾸기

미국의 결혼 상담가 미셸 와이너 데이비스 (Michele Weiner Davis)는 "나는 상담 중에 누군가가 내게 '그럴 생각이 없었는데, 관계를 일단 시작하고 나니 정말 좋았어요.'라고 말해줄 때마다 아주 기쁘다."라고 말했

> 동기가 먼저 생기지 않는다.
> 행동이 그렇게 만든다!
> 녹슨 펌프에는 마중물을
> 흘려 넣어야만 한다.
>
> — 의학박사, 데이비드 D. 번스
> (David D. Burns)

여성의 성적 욕구의 복잡한 주기

정신의학 임상교수이자 국제 저명 학술지 『성의학지』의 편집자인 브리티시컬럼비아대학교 소속 로즈메리 바순에 따르면, 여성의 성적 욕구와 성생활은 일방향의 과정이 아니다. 여성들은 성적 욕구에서 시작해 오르가슴으로 나아가는 것이 아니라 다양한 지점에서 시작할 수 있으며, 장기적 관계를 맺고 있는 여성이라면 특히 더 그러하다. 그리고 이들 중 몇몇은 육체적인 단계만으로 시작할 수도 있다. 지금 당장 성관계를 하고 싶은 기분이 들지 않는다면, 다음의 단계 중 어디부터 시작하는 것이 좋을지를 한 번 생각해보자. 그리고 그 단계에서 시작하는 것이 성관계를 더 부담 없게 만드는지를 살펴보도록 하자.

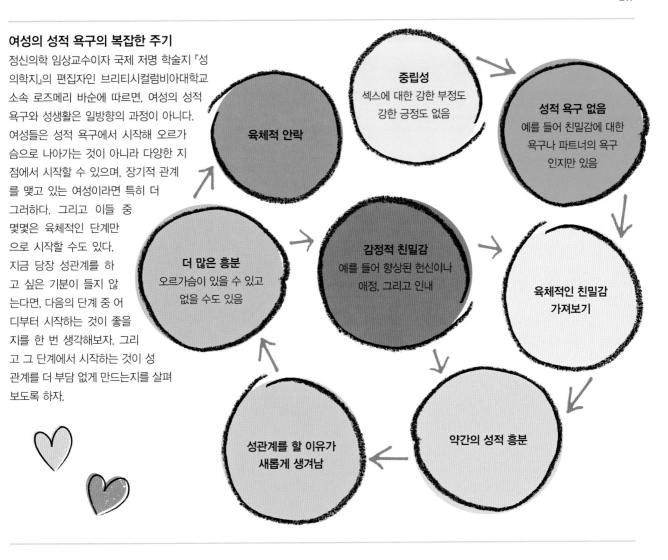

다. 때때로 우리는 시작하고 싶은 기분이 들기 전에 무작정 시작해야만 한다. 와이너 데이비스는 이 조언을 브리티시컬럼비아대학교의 로즈메리 바순(Rosemary Basson)의 연구에서 참고했다. 성적인 욕구는 일반적으로 네 가지 단계로 분류되는데, 성적 욕구의 단계부터 흥분, 절정, 그리고 해소 단계로 구분된다. 바순은 흥분 단계와 성적 욕구 단계가 종종 뒤바뀔 수 있다고 주장하는데, 특히 여성의 경우 성적 욕구는 자발적이기보다 종종 반응적일 때가 있다.(위의 그림을 살펴보자.) 상대방이 먼저 다가오거나 성적 행동을 시작하는 것은 흥분을 불러올 수 있다. 그리고 이런 흥분 상태는 성관계에 대한 욕구를 만들어낸다.

성생활과 육체적 애정표현은 서로에게 자신의 로맨틱한 감정을 전달하는 방식에서 중요한 부분을 차지한다. 확실히 인생의 어떤 국면에 접어들면 지치고 바빠서, 성생활을 할 분위기가 잡히지 않을 때가 있다. 하지만 평소보다 좀 더 전략적으로 행동한다면, 당신의 몸은 생각보다 더 수용력 있게 변할 것이다.

> 열정적인 섹스는 미리 계획된 것이다. 고의적이고 의도적인 섹스는 집중적이며 존재감이 있다.
>
> – 심리치료사이자 『왜 다른 사람과의 섹스를 꿈꾸는가』의 저자, 에스더 페렐(Esther Perel)

불꽃 유지하기

더 밝게 더 오래 타오르기

우리에게 일생의 사랑을 찾는 행운이 왔다면, 어떻게 해야 단조로운 생활에서 벗어나 그 관계를 로맨틱하게 오래 유지할 수 있을까? 로맨틱한 사랑과 감정적 친밀감은 그것이 비록 익숙하다고 할지라도 틀에 박힌 일상이어야만 할 필요는 없다.

언젠가는 당신과 상대방이 할 일이 없어지는 날이 온다. 당신이 은퇴했을 때일 수도 있고 자녀들이 돌보아주지 않아도 될 만큼 커버렸을 때일 수도 있다. 이처럼 주변의 모든 일이 진정되었을 때, 서로에 대한 흥미를 유지하는 방법은 무엇일까?

사랑 안에 머물기

서로에게 완벽하게 익숙해지더라도 커플들은 몇십 년 동안 사랑할 수 있다. 이에 뉴욕 주립대 스토니브룩 캠퍼스의 비앙카 아세베도(Bianca Acevedo)와 아서 아론은 평균 21년 정도의 결혼 생활을 유지하면서 여전히 서로를 몹시 사랑한다고 주장하는 커플들을 관찰했다. 기능적 자기공명영상(fMRI) 장치로 촬영했을 때, 사랑하는 상대의 사진을 보는 것은 그들 뇌의 도파민이 지나는 영역을 밝게 빛나게 했다. 이는 교제 초기 단계에서 주로 나타나는 반응인데, 그렇다고 해서 그들이 막 시작한 연인들처럼 서로만 생각하며 전전긍긍하지도 않았다. 또한 상대방을 좋아하고 애착이 나타나는 것과 관련된 뇌 영역 역시 밝게 빛났다. 그들은 솔직하게 생각하면서도 사랑에 깊게 빠져있고, 진심으로 배우자를 좋아하는 상태를 한 번에 모두 보여주었다. 이렇게 오랫동안 타오르는 로맨스는 실제로 일어나는 일이다.

🔍 당신의 건강에도 이로운 일

결혼은 지속되기만 한다면 당신의 건강에도 유익한 것으로 밝혀졌다. 2009년, 임상심리학자 케이트 스코트(Kate Scott)가 이끈 한 국제 연구는 15개 국가에서 3만 4,493명의 사람을 대상으로 조사를 진행했다. 이 연구는 결혼한 사람들은 우울증과 불안감, 그리고 약물 중독의 위험이 낮았다고 보고했다. 당신을 지지해주는 파트너는 말 그대로 당신의 수명을 연장해줄 것이다.

🔍 당신은 어떻게 해야 할까?

뉴욕주립대학교 스토니브룩의 심리학자 다니엘 오리어리(Daniel O'Leary)와 그의 동료들은 열정적으로 사랑하고 있는 장기 교제 커플을 조사했다. 이 연구를 통해 발견한 것은 다음과 같다.

1 서로에 대해 긍정적인 생각을 가지고 있다. 그들은 서로의 좋은 점을 생각한다.

2 떨어져 있을 때면 서로를 생각한다.

3 정신적으로 딴 생각을 품지 않는다. 서로를 생각하는 순간, 사랑하는 사람의 이미지만이 그들의 온전한 관심 대상이다.

4 신체적이든 정신적이든 새롭고 도전적인 활동을 함께하는 것을 즐긴다. 오리어리는 이 방식이 특히 남성에게 유용하다는 것을 발견했다. 새로운 경험을 함께하는 것은 상대에 대한 감정에 다시금 생기를 불어넣어 준다.

5 함께 시간을 보낸다. 한가하게 집안일을 함께하는 것도 유대감을 향상시켜준다.

6 육체적인 애정표현을 한다. 껴안아주고 쓰다듬어주며, 볼에 입 맞추는 것은 두 사람 사이에 불꽃을 유지해준다.

7 육체적으로 끌린다. 그들은 상대방이 자신을 만질 때, 달아오른다고 말했다.

8 성적인 불꽃을 유지한다. 우리는 사랑하는 사람과 성관계를 가지므로, 사랑의 감정을 양측이 모두 느껴야 가능하다. 이때, 애정을 보여주고 신체 접촉을 즐긴다면 불꽃을 유지하는 데 도움을 줄 수 있다.

9 행복한 사람들이다. 그들은 일반적으로 사랑과 삶 모두에서 행복을 느꼈다. 특히 여성의 경우, 삶에 대한 전반적인 만족감은 로맨스에도 도움이 되었다.

10 상대방이 어디에 있는지 항상 알고자 했다. 스토킹 수준을 넘지 않는 선에서, 서로에게 어떤 일이 일어나고 있는지를 알고자 했으며, 그런 경향은 남성이 더 강했다.

11 서로를 상당히 많이 생각한다. 특히 여성은 상대방에게 온 신경을 기울인다.

12 열정적인 사람이다. 특히 남성의 경우, 삶에 열정을 다하는 것은 배우자에게도 열정을 다하도록 만든다.

요컨대, 서로에게 신비로운 채로 열정적이고 유쾌하게 대하며 친절함을 유지하는 것은 행복한 장기적 관계를 이루는 최고의 비법이다. 그렇게 되면, 이번에는 반대로 행복한 관계가 우리를 발랄하고 친절한 사람으로 만들어줄 것이다.

🔍 평화와 사랑

새로 시작한 로맨스와 오랜 시간 다져진 로맨스의 차이는 특정 뇌 영역에서 나타난다. 새로운 커플에게서는 사람을 기분 좋아지게 하는 오피오이드와 세로토닌 분비가 활발하게 일어나지 않았다. 반면, 장기 교제 관계에서는 상대방의 존재가 해당 뇌 영역을 활성화시키는 것으로 나타났다. 뇌의 이 영역은 불안과 고통을 통제하는 일과 연관되므로 장기적으로 지속된 로맨스는 감정이 안정적일 수 있다. 즉, 장기적인 관계 속에서 당신의 뇌는 적당히 기분 좋은 상태에 놓이게 되며, 이는 당신을 차분하고 만족감을 느끼도록 만든다.

미래 내다보기

현재 싱글이라면, 장기적 목표를 읽는 것이 도움이 될까? 대답은 '그렇다'이다. 만약 당신이 오래 지속될 관계를 원한다면, 상대방을 선택하는 기준을 명확히 하는 것이 좋은 상대를 알아보는 데 도움이 될 것이다. 즉, 삶에서 마주치는 모든 변화를 함께 겪어나갈, 당신에게 딱 어울리는 누군가가 필요하다는 생각을 갖고 있어야 한다. 만약 당신이 이미 좋은 연인이 되어줄 사람을 발견했다고 하더라도, 정리된 기준은 상대와의 미래를 예측할 수 있도록 도와줄 것이다.

사랑이 모든 것에 대한 해답은 아니다. 그래서 사랑에 모든 기대를 거는 사람들은 만족스럽지 못한 연애를 할 가능성이 있다. 사랑이 하는 역할은 관계의 단단한 토대가 되어주는 것이다. 그로부터 당신은 모든 것을 긍정적이며 자신감 있게 해나갈 수 있다. 사랑은 시간이 흐르면서 당신을 정신적으로 더 건강하고 행복하며 당신 그대로의 진짜 모습으로 성장해 나가도록 해줄 것이다.

사랑을 탐색하고 데이트하는 단계를 지나 사랑에 빠지고, 어쩌면 헤어지는 순간까지 자신의 진짜 자아를 최고의 상태로 지키도록 하자. 그리고 눈을 크게 뜨고, 그런 과정을 힘들지 않고 쉽게 만들어줄 사람을 찾아보도록 하자.

찾아보기